P9-BTY-961

Chrétien
Un Canadien pure laine

Catalogage avant publication de la Bibliothèque nationale du Canada

Vastel, Michel

    Chrétien: un Canadien pure laine

    Autobiographie.

    1. Chrétien, Jean, 1934-.   2. Canada – Politique et gouvernement - 1993- .
3. Premiers ministres - Canada - Biographies.   4. Hommes politiques -
Canada - Biographies.   I. Titre.

FC636.C47V37 2003   971.064'8'092   C2003-941722-0

DISTRIBUTEURS EXCLUSIFS:

• Pour le Canada
et les États-Unis:
MESSAGERIES ADP*
955, rue Amherst
Montréal, Québec
H2L 3K4
Tél.: (514) 523-1182
Télécopieur: (514) 939-0406
* Filiale de Sogides ltée

• Pour la France et les autres pays:
INTERFORUM
Immeuble Paryseine, 3, Allée de la Seine
94854 Ivry Cedex
Tél.: 01 49 59 11 89/91
Télécopieur: 01 49 59 11 96
Commandes: Tél.: 02 38 32 71 00
                Télécopieur: 02 38 32 71 28

• Pour la Suisse:
INTERFORUM SUISSE
Case postale 69 - 1701 Fribourg - Suisse
Tél.: (41-26) 460-80-60
Télécopieur: (41-26) 460-80-68
Internet: www.havas.ch
Email: office@havas.ch
DISTRIBUTION: OLF SA
Z.I. 3, Corminbœuf
Case postale 1061
CH-1701 FRIBOURG
Commandes: Tél.: (41-26) 467-53-33
                Télécopieur: (41-26) 467-54-66
                Email: commande@ofl.ch

• Pour la Belgique et le Luxembourg:
INTERFORUM BENELUX
Boulevard de l'Europe 117
B-1301 Wavre
Tél.: (010) 42-03-20
Télécopieur: (010) 41-20-24
http://www.vups.be
Email: into@vups.be

Pour en savoir davantage sur nos publications,
visitez notre site: www.**edhomme**.com
Autres sites à visiter: www.edjour.com •
www.edtypo.com • www.edvlb.com •
www.edhexagone.com

Gouvernement du Québec – Programme de crédit
d'impôt pour l'édition de livres – Gestion SODEC –
www.sodec.gouv.qc.ca

L'Éditeur bénéficie du soutien de la Société de
développement des entreprises culturelles du
Québec pour son programme d'édition.

Nous remercions le Conseil des Arts du Canada de
l'aide accordée à notre programme de publication.

 Conseil des Arts   Canada Council
du Canada   for the Arts

Nous reconnaissons l'aide financière du gouvernement du Canada par l'entremise du Programme
d'aide au développement de l'industrie de l'édition
(PADIÉ) pour nos activités d'édition.

© 2003, Les Éditions de l'Homme,
une division du groupe Sogides

Tous droits réservés

Dépôt légal: 4ᵉ trimestre 2003
Bibliothèque nationale du Québec

ISBN 2-7619-1846-0

Michel
Vastel

Chrétien
Un Canadien pure laine

LES ÉDITIONS DE
L'HOMME

DU MÊME AUTEUR

Le neveu (avec Réal Simard), Montréal, Québec Amérique, 1987.

Trudeau le Québécois, Montréal, Les Éditions de l'Homme, 1989 et 2000.

Bourassa, Montréal, Les Éditions de l'Homme, 1991.

Lucien Bouchard – En attendant la suite…, Montréal, Lanctôt éditeur, 1996.

Landry – Le grand dérangeant, Montréal, Les Éditions de l'Homme, 2001.

À moi…
Après un quart de siècle
à fréquenter Jean Chrétien,
je l'ai bien mérité !

PRÉFACE

Encore un essai biographique ! Certains me demandent pourquoi je me donne tant de peine. À vrai dire, ces livres sont des exutoires.

Les articles des journaux et des magazines sont de moins en moins volumineux. Le travail du journaliste devient ainsi de plus en plus frustrant : il détient tant d'informations qu'il n'a ni le temps ni l'espace nécessaires pour partager avec le lecteur. Et il y a tant de choses que je ne vous ai jamais dites sur Jean Chrétien !

Je ne prétends point doubler l'excellent et volumineux travail de mon collègue Lawrence Martin. Mais comme il arrive si souvent dans le cas des politiques originaires du Québec, leurs biographes anglophones ne font qu'effleurer leur relation avec leurs compatriotes. C'est d'autant plus important dans le cas de Jean Chrétien que sa carrière fut marquée par une véritable obsession pour tout ce qui est « québécois ». Une obsession parfois agaçante, mais un acharnement malgré tout couronné de succès.

À l'encontre de Pierre Elliott Trudeau, les actions de Jean Chrétien ne sont pas soutenues par une vision noble de son pays. À l'encontre de Brian Mulroney, sa fréquentation n'inspire pas beaucoup d'attachement. Jean Chrétien est un politicien tout simplement, avec tout ce que ce mot peut entendre de bon et de mauvais.

Depuis vingt-six ans que je fréquente cet homme intense et coloré, ma mémoire s'encombrait donc de confidences inédites, d'anecdotes secrètes, de faits troublants aussi. Ce livre, c'est d'abord tout ce que vous n'avez pas lu, ni ne lirez jamais, dans les Mémoires de Jean Chrétien ! Cette fois, c'est ma mémoire qui compte...

Ayant inventé en 1977, pour Le Devoir, « *le petit gars de Shawinigan* », *ayant contribué, en 1993, à sa réhabilitation au Québec, il fallait bien que je revive avec lui les moments les plus significatifs de sa carrière. Et de la mienne...*

Comme toujours, mon éditeur Pierre Bourdon a fait preuve d'un enthousiasme encourageant pour cet autre essai politique. Je lui dois même le sous-titre – Un Canadien pure laine *– qui résume si bien l'authenticité de l'homme et ses convictions les plus profondes. Sous sa direction, l'équipe des Éditions de l'Homme s'est, comme toujours, accommodée de mes obligations de chroniqueur politique qui venaient bousculer, à l'occasion, son échéancier de production. Un merci particulier à Nicole Raymond qui a maintenant révisé un quatrième livre sans jamais se lasser de mes trop nombreuses faiblesses de style.*

Mes archives personnelles ne faisaient pas défaut, et Marie Vastel a passé pour moi de longues heures dans les bibliothèques pour retrouver les documents qui me manquaient malgré tout.

Deux amis, Pierre Gaucher et Maurice Godin, ont accepté de lire le manuscrit et grandement contribué à sa qualité ultime. Et mon épouse, Geneviève, aura encore sacrifié un été à un homme politique, m'accompagnant de ses premières lectures et composant avec mes angoisses d'écrivain.

J'ai délibérément décidé de ne pas solliciter un dernier entretien avec le premier ministre Jean Chrétien. Me l'aurait-il seulement accordé ? Cet essai, c'est la vie politique du dernier quart de siècle, au Canada et au Québec, telle que nous l'avons vécue lui et moi. Pour les appréciations, nous attendrons donc ses Mémoires, qu'il nous a promises et que je souhaite plus complètes et plus spontanées que celles de 1985.

M. Chrétien et ses amis, tout comme ses adversaires d'ailleurs, seront sûrement surpris de retrouver ici des confidences qu'ils avaient sans doute oubliées. J'en atteste l'authenticité et en tiens disponibles les transcriptions.

Pour le reste, cher lecteur, ne voyez pas là un traité historique. Prenez seulement un dernier bon moment avec un homme qui ne vous a jamais laissé indifférent.

Stanbridge East, septembre 2003

PROLOGUE

« Je ne suis pas un habitant ! »

La confidence est tombée comme un douloureux aveu : «Si j'étais un habitant, on ne m'offrirait pas du Mozart…»

Je passe cette chaude journée de juin 1993 avec Jean Chrétien. Ce midi, les présidents de sa campagne électorale, le député André Ouellet et la sénatrice Joyce Fairbairn, lui ont remis une paire d'espadrilles Reebok. Rouges, bien entendu !

Nous sommes revenus du quartier général du Parti libéral du Canada, rue Laurier à Ottawa, au pas de course. Puis l'homme a escaladé, deux marches à la fois, les deux étages du Parlement qui le séparent de son bureau de chef de l'Opposition – l'ancien bureau de Mackenzie King. Lorsque je le rejoins enfin, essoufflé, il a déjà laissé tomber la veste et s'est installé confortablement, les deux pieds sur la table basse qui nous sépare.

Le «petit gars de Shawinigan», comme on l'appelle alors, sait qu'il sera premier ministre du Canada dans quelques mois. Je le sais aussi. Et il sait que je le sais. L'éditeur du magazine *L'actualité*, Jean Paré, m'a demandé un autre portrait de Jean Chrétien, le troisième depuis seize ans. Mais cette fois, la commande est différente, et précise : «Dites-nous s'il fera un bon premier ministre, qu'il ne nous fera pas honte !»

La réputation du chef du Parti libéral est telle – «à ce moment-ici», comme il dirait! – et surtout au Québec, que Paré aurait aussi bien pu me demander: «Dites-nous qu'il ne nous fera pas *encore* honte!»

Élu depuis trente ans au pays de Maurice Duplessis et dans un fief créditiste, neuf fois ministre de Lester Pearson ou de Pierre Elliott Trudeau, vice-premier ministre de John Turner, renié par ses meilleurs amis et battu par l'establishment de son parti, avocat courtisé par les riches, père ébranlé par l'égarement d'un soir de son fils, grand-père émerveillé de passer, avec ses petits-enfants, le temps qu'il n'a pas pu accorder à sa fille et à ses deux garçons. Et toujours marié avec sa première et sa seule blonde, Aline Chainé…

Et depuis ce 23 juin 1990 où les militants libéraux l'ont enfin acclamé, dès le premier tour de scrutin, chef de leur parti, l'homme a fait tout ce qu'on attendait de lui. Il a unifié le parti en nommant ses deux adversaires, Sheila Copps et Paul Martin, aux plus hautes responsabilités. Il a rassemblé une solide équipe de candidats. Et il a réfléchi – avec les plus grands penseurs de l'Occident – à ce que devrait être le nouvel État libéral et aux projets de *son* gouvernement.

– Alors, comment se fait-il que les gens disent encore: «Chrétien, il ne fait pas très premier ministre»?

Ma question – la dernière heureusement! – le heurte de plein fouet. Il l'écarte d'abord d'un revers de la main.

– Duplessis avait-il l'air d'un premier ministre, lui? Et Ronald Reagan, faisait-il président des États-Unis d'Amérique?

Je ne dis rien. Alors il devient amer, presque méchant…

– J'ai l'allure autant que n'importe quel autre, lance-t-il de sa voix rauque des mauvais jours. Les gens qui se prennent pour d'autres, ces roturiers qui deviennent des connaisseurs de vin mais qui ne veulent pas dire d'où ils viennent, ces nouveaux riches qui veulent impressionner avec leur argent… moi, ils ne m'épatent pas!

Je ne dis toujours rien. Entre nous deux, le silence devient de plus en plus embarrassant. L'homme se raidit alors sur son fauteuil.

– Je n'ai rien à prouver! dit-il en se levant, me montrant presque la lourde porte de chêne de son bureau. Il sait pourtant que je ne fais qu'exprimer les doutes des élites du pays qui ne l'ont jamais vraiment aimé…

Il a dû lire la déception sur mon visage. Tant de temps passé ensemble depuis seize ans, des heures et des heures d'entretien, des regards parfois complices, parfois courroucés… Et toujours pas de réponse à cette question, *la* question: «Nous fera-t-il honte, dans sa nouvelle confrérie des chefs d'État et de gouvernement?»

Jean Chrétien fait une pause, met une main sur mon bras, me fixe dans les yeux sans voir la petite lumière rouge qui trahit l'indiscrétion de mon enregistreuse. Alors il raconte, d'un ton monotone et presque banal…

– L'autre jour, j'étais de passage à Francfort. De l'aéroport, je décide d'appeler Hans Matthöfer, président d'un des plus grands conglomérats financiers d'Allemagne. Nous nous sommes connus en 1978 alors que, tous deux ministres des Finances, nous participions au Sommet des pays industrialisés à Bonn. Hans organise aussitôt un dîner en mon honneur, avec quelques hommes d'affaires influents. *Frau* Matthöfer s'y est présentée avec un foulard esquimau que ma femme lui avait donné quinze ans plus tôt. Et à la fin du repas, mon hôte me remet l'enregistrement d'un concerto pour piano à six mains: le troisième pianiste était Helmut Schmidt, l'ancien chancelier d'Allemagne… Si j'étais un habitant, on ne m'offrirait pas du Mozart! conclut Jean Chrétien d'un ton sans appel.

La porte de son bureau est maintenant ouverte. Au moment où je la franchis, je me retourne un instant pour lui serrer la main. Une élémentaire politesse? L'appréciation du journaliste qui tient une bonne histoire? L'admiration surtout, pour un politique plutôt ordinaire, mais qui s'est rendu si loin…

C'est encore lui qui a le dernier mot, murmuré d'un ton à la fois triste et suppliant: «Pourquoi faut-il étaler tout cela?»

Je n'ai malheureusement pas de réponse à cela. Le «petit gars de Shawinigan» a fini par croire à son personnage. Il se fait même un point d'honneur de lui rester fidèle. Parce que les Canadiens l'aiment comme ça… Et parce que les Québécois le détestent pour ça!

«Que voulez-vous, je ne suis pas capable de jouer à l'homme d'État!» me disait-il en 1977.

«Je n'ai pas d'engagement avec le Destin!» me répétait-il en 1990…

Trois fois élu premier ministre du Canada, comme Sir Wilfrid Laurier. Jamais aussi impopulaire que Pierre Trudeau, ou Brian Mulroney. Mais chaque fois qu'il ouvre la bouche, ici et surtout à l'étranger, beaucoup se posent toujours la même question: «Va-t-il *encore* nous faire honte?»

Tant il est vrai qu'il ne suffit pas d'aimer Mozart pour «faire premier ministre»…

CHAPITRE PREMIER

Un « petit gars »... Vraiment ?

Le matin du lundi 14 novembre 1977, la manchette s'étale en première page du quotidien *Le Devoir* : « Le "p'tit gars de Shawinigan" électrise la Chambre de commerce ». Et un exergue dit tout : « Il stigmatise le dessein péquiste... »

Sur deux colonnes, s'étale la photo du ministre des Finances du Canada : l'œil vengeur, le nez écrasé, la bouche crispée, une mèche de cheveux tombant sur le large front. Et le poing levé. « Dites-moi lequel depuis douze mois, du gouvernement fédéral ou du gouvernement péquiste, a le plus contribué au bien-être économique des Québécois ? » demande l'homme à ce public déjà convaincu de la réponse.

Un an plus tôt exactement, le 15 novembre 1976, le Parti québécois a pris le pouvoir à Québec. Et le premier ministre libéral, Robert Bourassa, défait dans sa propre circonscription de Mercier à Montréal, s'est retiré à l'étranger. « Je fus pris par surprise », raconte Jean Chrétien. Il n'est pas le seul !

Le Canada anglais est en état de choc. Et les milieux d'affaires du Québec craignent le parti pris social-démocrate des ministres de René Lévesque. On se cherche un sauveur pour prendre la tête du Parti libéral à Québec et défendre la cause du fédéralisme. Le nom de Jean Chrétien est sur toutes les lèvres. Depuis le 16 septembre 1977, il est devenu « le premier Canadien français ministre des Finances». C'est dans ce climat qu'il se présente au congrès annuel de la Chambre de commerce du Québec...

Les gens d'affaires viennent d'adopter une résolution qui ne laisse aucun doute sur leur attitude face au projet du nouveau gouvernement:

«Pour ce qui est de l'association du Québec avec le reste du Canada, le projet du Parti québécois a très peu de chances de se réaliser;

«L'indépendance aurait une répercussion très défavorable sur la vie économique du Québec et le niveau de vie de ses citoyens;

«Et c'est le fédéralisme qui offre aux Canadiens français les meilleures possibilités d'organiser leur vie économique.»

Les propos de Jean Chrétien vont sonner comme une douce musique à leurs oreilles...

Le déjeuner de clôture du congrès se tient dans le décor victorien de la salle de bal de l'hôtel *Château Frontenac*, à Québec. Pour la circonstance, les bureaucrates d'Ottawa ont préparé un discours-fleuve, interminable énumération de toutes les interventions fédérales au Québec «qui représentent une somme de plus de 700 millions de dollars». Mais ces largesses, affirme le ministre, n'auront qu'un effet limité tant que durera l'incertitude politique créée par l'option séparatiste du Parti québécois et par certaines politiques comme la loi 101 et la francisation des sièges sociaux des entreprises, un salaire minimum parmi les plus élevés du monde, une loi contre les briseurs de grève, la nationalisation d'une partie de l'industrie de l'amiante...

Ce n'est pas habituel, pour un ministre fédéral, de critiquer ainsi les politiques d'un gouvernement provincial. Mais avec le Parti québécois, on peut tout se permettre. Déjà! «La présence au pouvoir du Parti québécois et certaines de ses politiques commencent à produire des résultats inquiétants», affirme Jean Chrétien.

Mais les fonctionnaires, en particulier ceux des Finances, écrivent généralement des discours ennuyeux, truffés de statistiques et bourrés de sophismes du genre : « Les coûts d'emprunt du gouvernement du Québec se sont accrus depuis l'accession au pouvoir d'un parti séparatiste. L'élargissement de l'écart avec les emprunts de l'Ontario est ce qu'on pourrait appeler la "prime du séparatisme". »

Le gourou de la presse anglaise à Ottawa, Charles Lynch, qui écrit pour tous les quotidiens de la chaîne Southam, dont *The Montreal Gazette*, ne se gêne pas pour critiquer ce discours. « Ce texte manque d'arguments positifs en faveur de l'unité du Canada », écrit-il.

Mais Lynch n'était pas à Québec, ce dimanche midi. Il n'avait lu que la copie officielle, distribuée à l'avance à Ottawa par un service de presse zélé. Le président de la Chambre de commerce, James Doyle, présente le ministre fédéral comme « un bon ami à nous qui, dans ses nouvelles fonctions, fait battre notre cœur » !

Ils allaient aussi battre des mains...

« Après une telle ouverture, racontai-je dans le journal du lendemain, le récital de M. Jean Chrétien devait être à la hauteur : d'abord un premier mouvement, léger, où le virtuose met les rieurs de son côté. Et puis un second mouvement, très lent, plutôt grave, écrit dans les deux langues à Ottawa, où l'artiste effectue une série de variations sur son thème principal : "Dites-moi lequel, depuis douze mois, du gouvernement fédéral ou du gouvernement péquiste, a le plus contribué au bien-être économique des Québécois ?"... S'il y avait eu des chœurs, on eût probablement perçu, venant du lointain, cet inutile écho : "Je vous demande un peu !"...

« Et puis le final : court, enlevé, brillant, un peu cassé par l'émotion, où on brode sur le pétrole de l'Athabaska, le gaz de l'Arctique, la potasse de la Saskatchewan, les forêts du Québec, le *golden horseshoe* industriel de l'Ontario et même les petits poissons de l'Atlantique puisque, par les vertus d'une

Convention internationale sur le droit de la mer, les limites du territoire canadien viennent d'être repoussées de 200 milles au large des côtes de Terre-Neuve et de la Colombie-Britannique.

« Après un tel exploit, tout le monde s'est levé. Quelques femmes ont pleuré. Et d'influents hommes d'affaires ont pris M. Chrétien par le bras en lui glissant à l'oreille : "Tout ça c'est bien beau, mais quand vas-tu faire le pas décisif?" »

Jean Chrétien ne sait pas lire les textes rédigés à l'avance. Ils sont, de toute manière, généralement ennuyeux. Mais lorsqu'il improvise, pour le meilleur et pour le pire, il est toujours inspirant !

Et surtout, dans ce climat de morosité qui prévaut à ce moment-là parmi les fédéralistes, l'homme montre les poings. Il s'en prend à l'incertitude créée par la seule présence de « séparatistes » au pouvoir à Québec et il les met au défi de tenir leur référendum « au plus sacrant ». Il crie son attachement à « mon pays l'Atlantique, mon pays le Pacifique ». Il n'a même pas besoin, comme Pierre Trudeau, d'ajouter : « On *va-tu* lâcher ça? » Cela va sans dire pour Jean Chrétien !

Enfin, reprenant le thème qu'il affectionne le plus et dont il fera sa marque de commerce, il évoque ses débuts modestes à Ottawa et promet de prouver qu'il est peut-être « plus français que n'importe qui au gouvernement du Québec parce que lui a été défendre le Québec là où ce n'était pas toujours facile… »

Le directeur de l'information du *Devoir* était à l'époque Pierre Loignon, un professionnel qui savait mettre en valeur les nouvelles les plus banales. Cette performance de Jean Chrétien, par exemple, n'était pas vraiment nouvelle mais elle n'avait jamais été racontée avec autant d'enthousiasme dans un quotidien du Québec. C'est Loignon qui me mit dans la tête l'idée de parler du « p'tit gars de Shawinigan ».

C'était un jeu de mots bien sûr. La Shawinigan Water & Power Company était la plus importante des compagnies d'électricité nationalisées en 1963 par René Lévesque, ministre des Ressources naturelles dans le gouvernement libéral de Jean Lesage. Pierre Loignon avait occupé un emploi d'été à la Shawinigan Water & Power et l'image lui était venue tout naturellement.

Mais c'est vrai que le « p'tit gars » avait « électrisé » ces gens d'affaires à la recherche d'un sauveur. Jean Chrétien avait beau leur répéter qu'il n'était pas « devenu [le 16 septembre précédent] le premier Canadien français ministre des Finances à Ottawa pour quelques mois seulement », ils ne rêvaient que de lui. Ils l'avaient apprécié au Conseil du Trésor de même qu'à l'Industrie et au Commerce et ils le trouvaient, à juste titre d'ailleurs, plutôt conservateur.

Et une chose était bien visible ce week-end-là à Québec : l'enthousiasme soulevé par le ministre fédéral contrastait avec l'accueil tout juste poli réservé, vingt-quatre heures plus tôt, à son collègue québécois, Bernard Landry, ministre d'État au développement économique de René Lévesque.

Jean Chrétien avait déjà à son service un conseiller politique originaire de Montréal, Eddie Goldenberg. Comme tous les jeunes anglophones de la métropole, celui-ci lisait régulièrement la *Montreal Gazette* et il n'avait pas du tout apprécié les critiques de Charles Lynch. Pour montrer au chroniqueur politique qu'il était dans l'erreur, il lui avait fait tenir, dès le lundi matin, une traduction de mon article dans *Le Devoir*.

« *I was wrong* », s'excuse Lynch le mercredi suivant. Le titre de sa chronique – « Le p'tit gars *really knocked'em dead* » – se passe de toute traduction ! Et de citer abondamment « *Le Devoir correspondent* ».

Le chroniqueur explique qu'il n'aime pas vraiment Jean Chrétien mais qu'il l'admire beaucoup, voyant en lui la plus brillante étoile du Cabinet Trudeau et le meilleur vendeur de l'idéal canadien aux gens du Québec. Et comme « p'tit gars », pour cet anglophone unilingue, se prononce un peu comme « *Tiger* » – le tigre ! – la légende du « petit gars » était née…

Dix ans plus tard, dans ses Mémoires – *Dans la fosse aux lions* –, Jean Chrétien donne une version des événements qui en dit long sur sa paranoïa à l'égard des journalistes du Québec...

«Un jour, écrit-il, quand j'étais ministre des Finances, j'ai eu l'occasion de prononcer des discours au Québec sur la nécessité pour nous de rester dans le Canada. J'avais une bonne couverture dans la presse anglophone. Quant aux journalistes francophones, ils venaient me voir après le discours, posaient quelques questions sur les taux d'intérêt ou l'inflation et rédigeaient un article sur ce sujet sans souffler mot de mon discours sur le Canada. Par contre, si un ministre du Parti québécois faisait un bon discours sur l'indépendance, on le reproduisait presque *in extenso* et on passait sous silence les problèmes de son ministère. Il faut apprendre à vivre avec cette mentalité et si possible essayer d'en rire.»

Or il se trouve que ce même 14 novembre 1977, en plus de l'article de première page que Charles Lynch trouva élogieux, *Le Devoir* publiait, dans sa page d'opinions, le texte intégral du discours de Jean Chrétien! Cela occupait même plus d'une page complète du quotidien.

Bien entendu, dans le même article, je ne m'étais pas privé de souligner l'accueil vraiment peu enthousiaste auquel le «ministre du Parti québécois» avait eu droit la veille. Et le journal n'avait certainement pas publié le texte de son allocution! Bernard Landry en fut tellement chagriné d'ailleurs qu'il me prit publiquement à partie, m'accusant d'être à la solde de la CIA américaine, rien de moins!

Ce jour-là, c'est Jean Chrétien qui avait eu droit au traitement qu'il disait réservé aux ministres du Parti québécois. Mais cette obsession presque maladive du ministre fédéral pour l'attitude de ses compatriotes, en particulier les journalistes et les intellectuels du Québec, n'a rien de malicieux ni de pervers. En fait, elle trahit le drame de bien des Québécois en poste à Ottawa.

En 1977, Jean Chrétien est devenu un personnage important, il dirige de gros ministères, et ses rapports avec les Québécois sont de plus en plus distants, filtrés par une bureaucratie unilingue anglaise. À cette époque, *Le Devoir* est encore un journal influent. Les éditoriaux de Claude Ryan sont souvent cités. Mais personne ne le lit et les revues de presse des ministères fédéraux l'ignorent. Je me souviens qu'un jour, visitant un sous-ministre important, j'étais tombé, dans un coin de l'antichambre de son bureau, sur une pile d'exemplaires du *Devoir*... tous encore enroulés dans un élastique !

Jean Chrétien, comme tous ses compatriotes en poste à Ottawa, n'a plus le temps de lire les journaux et il ignore ce qui se dit de lui ou de ses ministères. Les seuls articles dont il a connaissance sont ceux du *Ottawa Citizen* ou de la *Gazette* que les fonctionnaires portent à son attention. Sa seule vision du Québec et de la politique québécoise est celle que lui transmettent des journalistes anglophones et, pire encore, des chroniqueurs mal intentionnés qui entretiennent sa paranoïa.

D'ailleurs, dans les moments de crise à Ottawa, c'est-à-dire lorsque le Parti québécois devient menaçant, des services spéciaux du gouvernement fédéral établissent un « profil » détaillé des journalistes francophones, analysant soigneusement leurs écrits et leurs interventions à la radio ou à la télévision, et les classant en sympathisants, hostiles, susceptibles de collaborer, ou à ignorer...

(Un quart de siècle plus tard, un autre Québécois – un intellectuel celui-là ! – se plaignait, après quelques mois à Ottawa seulement, d'être démonisé par la presse québécoise. « Il n'y a que la *Gazette* qui me rende justice ! » dit Stéphane Dion, citant ses revues de presse.)

Au fil des années ainsi passées à Ottawa, l'incompréhension s'installe, la méfiance s'incruste, le dialogue finit par être rompu. Toute la carrière de Jean Chrétien sera ainsi marquée par ces rapports difficiles entre lui et ce qu'il appelle tour à tour, d'un ton méprisant, les élites, les intellectuels, les snobs d'Outremont. «À cause de mon style populiste, j'ai toujours été mal vu par les intellectuels du Québec», écrit-il dans ses Mémoires.

En fait, je soupçonne qu'il a fini, avec le temps, par prendre un malin plaisir à provoquer ces «élites» jusqu'au jour où certains ont fini par le traiter de «traître», ce qui le blessa beaucoup.

Personnage inventé en quelque sorte, Jean Chrétien a passé sa carrière politique à tenter de rester fidèle à son image. C'est que l'accueil que lui réservaient ses publics – les membres de la Chambre de commerce du Québec, par exemple – le flattait beaucoup, comme s'il prenait alors une revanche sur Pierre Elliott Trudeau. «C'est le Québécois qu'il nous faut», disait-on du premier ministre Trudeau au Canada anglais. «Chrétien est le soldat qu'il faut à Trudeau», aurait-on pu ajouter. Et l'homme de citer des anecdotes sur ses rapports tumultueux avec les «intellectuels du Québec», le directeur du *Devoir*, Claude Ryan, en particulier, comme un vétéran exhibe ses cicatrices de guerre!

Le mythe du «petit gars» a eu la vie dure. On a même tenté de le perpétuer avec Brian Mulroney – «le petit gars de Baie-Comeau». Mais le surnom allait bien mal à cet admirateur des régimes présidentiels à l'américaine. Dans le cas de Jean Chrétien, l'image lui allait tellement bien et il s'appliquait tellement à lui rester fidèle qu'on finit par le lui reprocher lorsqu'il devint premier ministre.

«C'est comme ça que les gens m'aiment», me dit-il un jour pour s'excuser de ses manières de rustre devant un parterre de diplomates.

Un «petit gars»? Jean Chrétien n'est ni petit par sa taille ni ordinaire dans ses ambitions. Ni bête ni méchant non plus, contrairement à ce que prétendent nombre de ses compatriotes.

Il fut en quelque sorte un bon ministre, devenu le premier de tous par défaut, et cultivant toujours les mêmes défauts…

CHAPITRE 2

« Ver à chou »

La ville ne s'appelait même pas Shawinigan !

Le 11 janvier 1934, Marie Boisvert accoucha de son dix-huitième enfant. Celui-ci aurait pu décéder à la naissance ou en bas âge, comme dix de ses frères et sœurs. Ce n'était d'ailleurs pas un gros bébé, ce qui explique qu'il traîna, jusqu'à l'adolescence, le surnom de « Ti-Jean ».

Jean Chrétien fait souvent référence à ses « cousins de Saint-Albert en Alberta » qui, à eux seuls, pouvaient – presque ! – faire élire un député libéral. C'est que son grand-père maternel, Philippe Boisvert, avait émigré dans le nord de la province au début du siècle, laissant toutefois derrière lui sa fille Marie. À dix-sept ans, elle était en âge d'épouser Wellie Chrétien.

Baie-de-Shawinigan était ce qu'on appelait alors une *company town*. Elle avait été fondée par un Belge, Hubert Biermans, qui y avait construit la première usine de fabrication de pâte à papier de la région. À Baie-de-Shawinigan – une petite banlieue de Shawinigan –, on travaillait pour la Belgo, on résidait dans une maison de la Belgo et, selon son rang dans la compagnie, on habitait en bas ou en haut de la ville.

Jean Chrétien était né en bas, dans une maison de la rue principale de Baie-de-Shawinigan, près de l'usine, mais il passa la plus grande partie de son enfance en haut, dans le quartier qu'on appelait Belgoville, et sur la rue Biermans à part ça! «Bien que ma famille fût loin d'être riche, raconte "Ti-Jean", elle avait la réputation d'avoir bien réussi dans la classe ouvrière de Baie-de-Shawinigan où j'ai été élevé: nous étions les aristocrates de la place!»

Avec neuf bouches à nourrir, Wellie Chrétien ajoutait à son salaire de contremaître à la Belgo ses indemnités de secrétaire de la municipalité et vendait à l'occasion des contrats d'assurance vie. Marie Boisvert cultivait un grand jardin et passait ses automnes à faire des conserves et des confitures pour l'hiver. Bref, on vivait plutôt bien chez les Chrétien.

Un fils gynécologue, un autre spécialiste de la recherche médicale – aujourd'hui directeur scientifique de l'Institut de recherche en santé de l'Hôpital d'Ottawa –, un troisième pharmacien, deux filles infirmières et une autre assistante sociale, sans parler des deux commerçants de la famille, Wellie et Marie Chrétien réussirent à payer de bonnes études à leurs enfants. Il faut dire aussi que, lorsque les plus jeunes comme Jean et Michel furent en âge de fréquenter le collège, Maurice, l'aîné, pratiquait déjà la médecine et contribuait à l'éducation de ses jeunes frères.

«Et nous héritions des vêtements des plus grands», raconte Jean Chrétien.

Les parents mirent du temps à se rendre compte que «Ti-Jean» était sourd de l'oreille droite. Ce handicap de naissance, déjà incommodant à l'école, va particulièrement compliquer la vie du politique. Qu'il s'agisse d'entretiens télévisés ou de tête-à-tête avec des chefs d'État ou de gouvernement, il faut discrètement modifier les plans de table pour placer ses interlocuteurs du bon côté et lui permettre de les entendre.

On a longtemps cru que cette surdité avait la même origine que la crispation musculaire qui lui déforme le côté gauche du visage. Jean Chrétien n'a jamais rien fait pour dissiper la confusion, parlant dans ses Mémoires d'une «paralysie partielle de naissance qui m'a laissé sourd de l'oreille droite et m'a déformé la bouche».

En fait, ce rictus de la bouche serait venu plus tard, provoqué par une profonde engelure. Son excellent biographe, Lawrence Martin – *The Will to Win* –, raconte que cela survint alors que «Ti-Jean» se rendait, par un froid mordant, à l'église où on célébrait le mariage de sa sœur Gisèle.

À cette époque-là, on ne parlait pas non plus de la dyslexie qui semblait affecter plusieurs membres de la famille, mais lorsque «Ti-Jean» devint un homme politique important et qu'il commença à lire des discours rédigés à l'avance, on se posa des questions. En fait, le dyslexique éprouve de la difficulté à apprendre à lire. Selon son frère Maurice, Jean Chrétien souffrait plutôt de «dyslalie», un trouble de l'élocution. Certains sons étant plus difficiles à prononcer pour celui qui en est atteint, cela donne lieu à des lapsus parfois hilarants, parfois embarrassants. Je me souviens qu'à l'occasion d'un dîner officiel à la Maison du Peuple, à Beijing – que Jean Chrétien prononce d'ailleurs «Bégin»! –, le premier ministre du Canada articula le nom de son homologue chinois, Li Peng, de sept façons différentes dans le même discours!

Cet homme qui aime à l'occasion pratiquer l'autodénigrement fit de ces petits défauts de véritables atouts. Jean Chrétien accepte volontiers d'en rire lui-même: «En politique, il faut s'attendre à des caricatures cruelles, me dit-il un jour. J'ai un défaut physique que la nature m'a donné: ça ne me dérange pas et ça facilite la vie d'un caricaturiste.»

Mais pour le jeune homme qui se présentait au Séminaire de Joliette, cette caractéristique l'exposait à la risée de ses camarades. Est-ce pour cela qu'encore plus que ses frères, Guy et Michel, qui s'y trouvaient en même temps que lui, Jean devait toujours se faire remarquer? «Je fus le mouton noir de la famille», admet-il lui-même. C'est un euphémisme!

L'abbé François Lanoue, que j'ai rencontré pour lui parler d'un autre de ses anciens élèves, Bernard Landry, se souvient très bien de cet adolescent qu'il avait surnommé «ver à chou» tant il le trouvait turbulent.

Le Séminaire de Joliette était tenu par les Clercs de Saint-Viateur, un ordre fondé en France. Cela n'avait pas le prestige, ni ne coûtait le prix, du collège Brébeuf de Montréal tenu par les Jésuites. Mais bien des personnages l'ont fréquenté : le philosophe Jacques Dufresne, l'écrivain Yves Beauchemin et, bien sûr, deux premiers ministres, Jean Chrétien et Bernard Landry.

«Le plus surprenant, c'est Chrétien», me dit un jour l'abbé Lanoue. Lui, historien des Acadiens de la région de Lanaudière à ses heures, se désespérait un peu, jusqu'à en avoir des larmes aux yeux, des rêves séparatistes de Bernard Landry. Jean Chrétien aurait dû être un modèle et un préféré pour ce brave prêtre qui enseignait aux jeunes de «s'occuper de leurs frères canadiens, de l'Est et de l'Ouest». Mais jamais se fût-il imaginé que cet élève, turbulent à s'en faire renvoyer du collège, puisse un jour devenir premier ministre du Canada !

«C'est même le seul élève à qui j'aie jamais tiré l'oreille», avoue le saint homme d'un air coupable.

Un trait de Jean Chrétien – qui le conduira un jour jusqu'au ministère des Finances du Canada – est de se sous-estimer au point de tout faire pour éviter la concurrence directe et ainsi mettre toutes les chances de son côté. Chaque étudiant devait choisir un instrument pour être enrôlé dans l'Harmonie. Pour être sûr d'être retenu, et participer au plus grand nombre de concerts, Jean Chrétien choisit le cor, qui n'intéressait personne.

Mais le son du cor ne passe pas inaperçu, même dans un ensemble de cuivres et d'instruments à vent ! Chaque fausse note qu'émettait Jean Chrétien provoquait le désespoir de son chef d'orchestre. En fait, ses performances étaient devenues une légende et chaque fois qu'il faisait un mauvais coup – c'est-à-dire assez souvent ! –, les bons Clercs de Saint-Viateur soupiraient : «Comme à l'Harmonie, toujours à contretemps !»

Jean Chrétien finira par se faire renvoyer du Séminaire de Joliette : ses résultats ne satisfaisaient pas les Clercs de Saint-Viateur. Il faut dire aussi qu'ils devaient s'accommoder de la présence de trois frères Chrétien : c'était beaucoup pour la quiétude du collège ! Ils invitèrent donc le moins performant des trois à partir. « Ti-Jean » finira donc ses études classiques au séminaire Saint-Joseph de Trois-Rivières, le collège de nul autre que Maurice Duplessis. Une inspiration en somme…

Le jour de son arrivée au collège, ses valises encore à la main, Jean Chrétien croisa un vieux copain, Marcel Chartier qui, lui, venait de se faire mettre dehors. En lui serrant la main une dernière fois, Chartier glissa dans la paume de son ami « Ti-Jean » une vieille clef, le passe-partout qui donnait accès à toutes les portes du séminaire, d'entrée comme de sortie ! La liste des quatre cents coups de Jean Chrétien ne s'arrêterait donc pas à Joliette… D'ailleurs, après s'être encore fait renvoyer du Collège de Trois-Rivières pour escapade nocturne – le fameux passe-partout ! – pendant la période des examens, le jeune homme dut se cacher chez un ami de son frère à Montréal jusqu'à la fin de l'année scolaire.

Maurice Duplessis visitait souvent son ancien collège et c'est là que le « petit gars de Shawinigan » allait avoir avec lui cette fameuse rencontre dont la narration a déridé tant d'assemblées de libéraux. Chrétien raconte lui-même…

– Quand il entendit mon nom, Duplessis demanda : « de Shawinigan ? »

– Oui.

– Ton père s'appelle bien Wellie Chrétien ?

– Oui.

– Ton grand-père, c'était François Chrétien, maire de Saint-Étienne-des-Grès ?

– Oui, répondit encore Jean Chrétien qui devait être bien impressionné pour ne répondre ainsi que par monosyllabes.

– Alors, conclut le premier ministre, t'es un maudit rouge!

Quand Jean Chrétien parle du chef de l'Union nationale, premier ministre de la province de Québec pendant plus de deux décennies – de 1936 à 1939 puis de 1944 à 1959 –, on devine qu'il éprouvait de l'admiration pour cet homme. Était-ce pour sa longévité? Ou pour son talent à communiquer avec le peuple? Sûrement pas en tout cas – mais c'était peut-être un phénomène de compensation! – pour son célèbre slogan: «Coopération, oui! Assimilation, jamais!» Dans ses vieux jours, Jean Chrétien, le parrain de la Charte des droits et libertés, rêvera sans doute malgré tout à l'affectueux surnom que les électeurs de la Mauricie avaient donné à Duplessis: «L'intrépide défenseur de nos droits»… Il n'aura jamais droit à tant d'éloges de la part de ses compatriotes.

On parle beaucoup de Duplessis à propos de la Mauricie, mais on aurait tout aussi bien pu dire que Jean Chrétien vient du pays de Réal Caouette, le coloré chef du Crédit social, et de son successeur, Camil Samson, que Chrétien va retrouver sur les tribunes référendaires en 1980. C'est aussi la patrie d'un maire célèbre de Montréal, J.-A. Mongrain, de même que d'un autre chef de l'Union nationale, Maurice Bellemare. Bref, le «petit gars de Shawinigan» avait de la racine. Et il ne la ferait pas mentir!

Une fois de plus, Jean Chrétien s'en fit plutôt une couronne d'épines pour se poser en victime de ses compatriotes, ce qui ne manque jamais de susciter de la sympathie dans le reste du Canada. «On doit se rappeler que la vallée du Saint-Maurice est une région fertile en politiciens hauts en couleur, aux discours pleins d'humour, de blagues et d'expressions populaires, raconte-t-il. Comme je me battais contre des populistes, il me fallait adopter leur style, ce qui contrariait et choquait nos intellectuels [encore eux…], qui soulignaient mes origines modestes et prétendaient que je n'avais pas d'éducation…»

Il est vrai que Jean Chrétien est allé à bonne école. Pour sa troisième campagne électorale, et sa deuxième réélection dans la circonscription de Saint-Maurice, en 1968, il faisait face à un adversaire créditiste qui n'aimait pas beaucoup la libéralisation des mœurs encouragée par le ministre de la Justice, un certain Pierre Elliott Trudeau. « Homosexualité, divorce, avortement, c'est pas Chrétien ! » martelait son adversaire créditiste. En pleine « Trudeaumanie », la majorité de Chrétien tomba à 1 697 voix, une de ses deux plus faibles en quarante ans de vie politique.

Et il avait le « rouge » dans le sang, ce Chrétien ! Son grand-père – le maire de Saint-Étienne-des-Grès –, organisateur libéral, ne se cachait pas pour distribuer de l'alcool aux électeurs ! Car Jean Chrétien a aussi connu cette génération de politiciens – celle de son grand-père et de son arrière-grand-père – qui achetaient les suffrages de leurs concitoyens. Il n'est pas sûr qu'il ait approuvé, cependant...

Bien que Chrétien ne fût pas religieux du tout – il vantait même l'anticléricalisme des libéraux ! –, ce régime de patronage et de pots-de-vin lui répugnait parce qu'il servait surtout, selon lui, à mousser la ferveur nationaliste des Québécois. « Duplessis s'est fait une jupe du drapeau québécois (le fleurdelisé) pour cacher ses parties honteuses ! » disait-on dans son temps. Chrétien est plutôt de cette école – comme son père le lui a enseigné d'ailleurs – qui croit que le salut des Canadiens français se trouve dans leur alliance avec le Canada plutôt que dans leur repli sur le Québec.

Tous les amis de Jean Chrétien, et plusieurs membres de sa famille, prétendent que « Ti-Jean » s'orienta vers des études de droit pour préparer sa carrière politique. « Mon père avait toujours rêvé d'avoir un politicien dans la famille et m'avait poussé à devenir avocat, selon lui un bon moyen d'entrer en politique, écrit-il. C'est exactement le choix que je fis à l'âge de vingt ans. » Ce n'est pas tout à fait vrai...

En 1994, l'Université Laval de Québec réalisa soudain que deux de ses anciens élèves, Jean Chrétien (*classe 1958*) et Lucien Bouchard (*classe 1963*), étaient assis face à face à la Chambre des communes, «séparés par deux longueurs d'épée» comme le veut la tradition britannique, l'un premier ministre et l'autre chef de l'Opposition officielle. On me demanda de rencontrer les deux hommes pour les inviter à partager quelques souvenirs avec la revue des diplômés, *Contact*.

«On avait une vie estudiantine pas mal agréable sur la rue Couillard, me raconta Jean Chrétien. Les cours se tenaient de 8 h à 10 h et de 16 h à 18 h: cela nous laissait pas mal de temps libre pour flâner dans les petites rues du Vieux-Québec et discuter de politique.»

«Flâner» est le mot juste car, à cette époque – et contrairement à ce bambocheur de Brian Mulroney, un autre premier ministre diplômé de la même faculté de droit –, Jean Chrétien fréquentait déjà Aline Chainé, une splendide jeune femme dont il était amoureux fou. En fait, «Ti-Jean» sortait si peu, accordant tous ses loisirs à sa fiancée de Shawinigan, que ses amis lui trouvèrent un autre surnom: «Jean Fidèle».

Jean Chrétien étant tout de même issu d'une famille libérale, c'est tout naturellement qu'il faisait campagne pour son député provincial, René Hamel. C'est lors d'une de ces campagnes, prétend-il, que Duplessis aurait menacé de ne pas construire un pont sur la rivière Saint-Maurice si les gens continuaient à voter libéral… «Je traverserai la rivière à la nage, mais je ne la traverserai jamais à genoux!» aurait alors rétorqué Jean Chrétien.

Belle formule en effet, invérifiable aujourd'hui, mais vraisemblable quand on connaît le talent de l'homme pour la répartie. Les étudiants de la faculté de droit n'en ont-ils pas fait leur président? «Entre Maurice Duplessis au provincial et [le premier ministre conservateur] John Diefenbaker au fédéral, et le clergé partout, m'expliqua-t-il un jour, nous, les libres-penseurs, on était complètement dans l'opposition. »

Petit détail intéressant et qui confirme peut-être qu'au temps de la jeunesse de Jean Chrétien – la fin des années 1950 – le droit ne menait pas forcément à la politique : de tous ses camarades de la promotion 1958, seulement trois feront acte de candidature et un seul, lui-même, sera élu. À l'époque de Brian Mulroney et de Lucien Bouchard par contre – le début des années 1960 –, neuf étudiants, dont Mulroney et Bouchard, de même que plusieurs sénateurs et un président du Parti progressiste-conservateur, se lanceront en politique.

Alors, la politique était-elle vraiment une vocation de jeunesse pour Jean Chrétien ? « Ma seule ambition était de siéger au Palais de justice de Québec », m'avoua-t-il en ce printemps de 1994 où nous évoquions ses souvenirs de potache... Autant pour la légende !

Les cheminements de Jean Chrétien et de Lucien Bouchard sont tout de même étrangement semblables. À la blague, je leur disais parfois que, tout compte fait, ils n'étaient l'un et l'autre que « de petits avocats de province ». Le premier était flatté... le second enragé !

Mais il est vrai que l'un et l'autre viennent de petites villes de province : Baie-de-Shawinigan dans un cas, Saint-Cœur-de-Marie dans l'autre. Issus de régions – la Mauricie et le Lac-Saint-Jean – plutôt pauvres, ils n'avaient pas les moyens de s'offrir des collèges prestigieux comme Brébeuf à Montréal. Quant à l'université, la fréquentation de celle de Montréal ou de McGill, dans la grande ville, exigeait de coûteux frais de résidence. « Cela devait bien nous donner une meilleure connaissance du Québec profond que les citadins de l'Université de Montréal », m'expliqua un jour Lucien Bouchard.

Puis quand, enfin diplômés, ils ont voulu se lancer dans la pratique du droit, ils sont retournés l'un et l'autre, qui à

Shawinigan, qui à Chicoutimi, dans leur région plutôt que de partir à la conquête de la métropole.

Jean Chrétien a toujours conservé un certain ressentiment, mêlé d'envie, pour les élites de la grande ville. Par exemple, lorsqu'il veut expliquer la défaite des libéraux de Lester Pearson aux mains des conservateurs de John Diefenbaker – un autre «petit gars» de Prince-Albert, en Saskatchewan – en 1958, il explique: «Les Canadiens français n'avaient plus ce sentiment d'appartenance au Parti libéral, devenu trop élitiste, un peu trop *Montréal*.» On aura noté l'équation: «Montréal» égale «élitisme»!

Jamais n'ai-je autant senti les complexes que Jean Chrétien nourrissait à l'égard des privilégiés de la grande ville que ce 5 avril 1990, alors que nous discutions des changements qui étaient intervenus dans sa vie depuis sa retraite de 1986. Il était sorti de la politique, il avait gagné sa vie comme simple avocat, il se rendait compte que ses talents n'étaient pas limités à un seul champ d'activité. Soudain, il ajouta cette phrase qui en dit long sur les frustrations qu'il avait accumulées au fil des années contre ses collègues – Pierre Trudeau, Marc Lalonde, Francis Fox –, ceux qui faisaient partie de ce qu'il appelait «la coterie du 24 Sussex», la résidence du premier ministre, à laquelle il se vantait de ne pas appartenir…

«Quand vous venez du Québec rural et que vous vous faites regarder de haut par les gens de Montréal pendant toute votre carrière parce que vous n'avez pas été baptisé à Saint-Viateur d'Outremont, réussir en affaires, cela vous donne une nouvelle assurance.»

Après leur mariage en septembre 1957, Aline Chainé et Jean Chrétien s'étaient installés dans un petit appartement de la rue Sainte-Geneviève, en plein cœur du Vieux-Québec. Lorsque le «petit gars» fut reçu au Barreau du Québec, en 1959, il avait donc le choix entre rester dans la Vieille Capitale et retourner dans sa région natale.

À vrai dire, ce n'était pas vraiment un choix puisqu'en Mauricie il avait sa famille, ses amis, tous de bons libéraux. Et son style s'accommodait certainement mieux avec les gens simples de la rue principale de Shawinigan qu'avec les bourgeois de la Grande-Allée. Le 8 avril 1963, Jean Chrétien sera donc député de Saint-Maurice – Laflèche. (L'ironie du sort voulut que ce Laflèche, évêque de son état, ait pratiquement excommunié le grand-père de Jean Chrétien parce qu'il était libéral. C'est à ce Monseigneur qu'on devait, paraît-il, la fameuse formule : « Le ciel est bleu et l'enfer est rouge ! » On ne s'étonnera donc pas que cinq ans plus tard, la circonscription de Jean Chrétien ait été rebaptisée « Saint-Maurice », tout simplement…)

Quand on est un député « du Québec rural », comme dirait Chrétien, sa place toute désignée est dans la dernière rangée de la Chambre des communes, collé aux rideaux qui séparent celle-ci du salon des députés. « Un jour, je serai là ! » aurait dit le jeune Chrétien à un collègue néo-démocrate de l'Ontario, Doug Fisher – qu'il appelait incidemment *« dog »* (le chien !) – en désignant la première rangée, celle des ministres. « Faudra travailler fort », de répliquer Fisher.

En arrivant à Ottawa, Jean Chrétien « travaille » surtout à apprendre l'anglais, fréquentant un curieux assortiment de collègues de Terre-Neuve, de la Colombie-Britannique et de l'Ontario, ce qui n'était pas forcément la meilleure façon d'acquérir un bon accent anglais ! C'est sans doute à ce moment-là que, par désespoir, il décida de conserver son accent français… Ce qui l'autorisait à se comparer à nul autre que le chanteur Maurice Chevalier.

Il avait plus de problèmes avec le vocabulaire, n'hésitant pas à inventer un mot plutôt que d'avouer son ignorance. C'est de cette époque mémorable que datent les anecdotes comme celle sur « la poche de Claude Ryan » et celle sur « le soutien-gorge de ses électrices ». Faut-il les raconter encore une fois ? (Après les avoir tant entendues, je me refuse à les citer encore et vous condamne, cher lecteur, à les lire dans une note de bas de page[1] !)

En fait, à force de répéter ces anecdotes, Jean Chrétien les a banalisées. De grivoises elles sont devenues vulgaires. Et de gaffeur sympathique, le «petit gars de Shawinigan» est peu à peu devenu un ennuyeux radoteur.

Tout de même, après seulement un an au Parlement, Jean Chrétien réalise un véritable fait d'armes. Il présente un projet de loi privé – un projet qui n'engage pas la responsabilité du gouvernement – pour faire changer le nom de la compagnie aérienne nationale de Trans-Canada Airlines en Air Canada. L'astuce du député de Saint-Maurice – Laflèche fut d'aller voir un ami dans chacun des trois partis – le conservateur Rémi Paul, le créditiste Réal Caouette et un néo-démocrate de Vancouver, Bob Prettie – et de les convaincre de l'appuyer. À la surprise générale, le projet de loi fut adopté en quelques minutes. Chrétien avait appris très vite !

En effet, pour réussir à Ottawa, il faut remplir plusieurs conditions dont on reparlera plus tard pour évoquer la carrière de celui qui fut, tout compte fait, «un bon ministre». L'une de ces conditions est de savoir conquérir les appuis des députés avant même de présenter une nouvelle politique au Parlement. Après tout, les députés ne sont pas tous des *nobodies* comme le prétendait Pierre Elliott Trudeau.

Le «petit gars de Shawinigan» commençait à être un peu connu à Ottawa – remarqué en tout cas pour son accent! – mais il s'ennuyait ferme dans cette capitale qu'il décrit ainsi dans ses Mémoires: «À l'époque [1963], Ottawa était une ville très anglaise et on parlait très peu le français au Parle-

---

1. Un jour qu'on lui demandait ce qu'il pensait de Claude Ryan, directeur du *Devoir*, Jean Chrétien répondit: «Il est un peu solennel et, en sa présence, on a l'impression d'être en face d'un évêque: faut quasiment se mettre à genoux et lui baiser la bague – *kiss his bague*.» En anglais, *bag* signifie «poche». Quant à la recette de Jean Chrétien pour gagner les élections: «Visiter les usines, serrer les mains de tout le monde. À 5 h du matin, les gens passaient si vite que j'avais seulement le temps de leur taper amicalement le bras – *the bra…*» En anglais, *bra* signifie «soutien-gorge».

ment, sauf chez les gardiens de sécurité, les serveuses et les employés à l'entretien. Les Canadiens français se sentaient des étrangers dans leur capitale nationale [*sic!*]…»

C'est sans doute pour cela qu'Aline Chainé était restée en Mauricie, élevant sa petite fille, France. Jean Chrétien retournait chaque week-end dans sa circonscription mais les nouvelles de la maison devenaient de plus en plus préoccupantes. Aline avait fait deux fausses couches. Et la naissance de leur fils, Hubert, fut difficile.

Il est donc bien compréhensible que Jean Chrétien ait été tenté par un siège à l'Assemblée nationale, beaucoup plus proche de chez lui et où on parlait uniquement le français. Il raconte volontiers que c'est René Lévesque, ministre des Ressources naturelles dans le gouvernement de Jean Lesage, qui lui aurait offert la circonscription provinciale de Saint-Maurice au cours d'un «excellent» repas au *Georges-V,* un restaurant huppé de la Grande-Allée à Québec.

– Jean, tu n'as aucun avenir à Ottawa. Dans cinq ans, Ottawa n'existera plus pour nous! aurait dit René Lévesque.

– Dis donc, Lévesque, es-tu séparatiste? de s'étonner Chrétien.

C'est à peu près la fin de l'incident, bien que Jean Chrétien ait pris la peine, par la suite, de vérifier avec le premier ministre lui-même, Jean Lesage, s'il était vrai que sa candidature l'intéressait… Sans doute pensait-il que la première rangée des fauteuils de l'Assemblée nationale – celle des ministres – serait plus rapidement accessible que celle de la Chambre des communes à Ottawa.

L'anecdote est invérifiable et un peu douteuse. René Lévesque n'en pipe mot dans ses propres Mémoires. Et son biographe le plus sérieux, Pierre Godin, n'en dit pas un mot non plus. En fait, quand on connaît l'opinion de Lévesque sur Jean Chrétien, on peut douter que le chef du Parti libéral du Québec lui ait confié une mission aussi délicate.

Mais l'anecdote sert bien l'image d'un Jean Chrétien dont les convictions fédéralistes ne fléchissent jamais, même pour une proposition séduisante. D'ailleurs, l'histoire – telle que racontée par Jean Chrétien – a une suite. Lester Pearson, minoritaire, est en difficulté au Parlement à ce moment-là. Plusieurs de ses ministres francophones, impliqués dans des affaires douteuses, sont acculés à la démission… Ayant eu vent du flirt de son député de Saint-Maurice – Laflèche avec les libéraux provinciaux, le premier ministre l'appelle.

– Jean, crois-tu au Canada?

– Bien sûr que je crois au Canada! répond Chrétien. Et si vous me le demandez, monsieur le premier ministre, je n'irai pas au provincial.

La demande de Pearson, assortie de la vague promesse d'un poste de secrétaire parlementaire, constitue une offre qui ne se refuse pas. En juillet 1965, Jean Chrétien devient donc «secrétaire parlementaire du premier ministre», un poste symbolique certes, mais qui vient avec un léger supplément de revenu et un bureau dans le prestigieux entourage du chef du gouvernement.

Les affaires vont donc bien à Ottawa pour le «petit gars»…

En ce temps-là, les victoires étaient serrées et les gouvernements minoritaires. Le 8 novembre 1965, Jean Chrétien se retrouve encore une fois devant ses électeurs de la Mauricie qui le renvoient à Ottawa avec une majorité accrue de 5 000 voix. Mais cette fois, il n'est plus seul: trois candidats québécois de prestige – les «trois colombes» Jean Marchand, Gérard Pelletier et Pierre Trudeau – entrent eux aussi à la Chambre des communes. Par la grande porte…

Jean Chrétien qui, secrétaire parlementaire, se voyait déjà dans l'antichambre du Conseil des ministres, comprend que son tour viendra une autre fois. Mais c'est pour la bonne cause. Le recrutement de ces «trois colombes» au Parlement du Canada «briserait le ghetto des intellectuels [toujours eux!] québécois qui restaient volontairement au Québec», juge Chrétien…

CHAPITRE 3

Un bon ministre

Après l'élection générale de 1963, comme le veut la coutume, le premier ministre, Lester Pearson, avait fait circuler parmi ses députés un questionnaire leur demandant d'indiquer les comités parlementaires auxquels ils aimeraient siéger. Une fois de plus, comme lorsqu'il avait choisi le cor pour s'assurer de faire partie de l'Harmonie du Séminaire de Joliette, Jean Chrétien décida de mettre toutes les chances de son côté: «le comité des Finances», précisa-t-il.

Il avoue lui-même que tout ce qu'il connaissait aux finances publiques et à la politique monétaire, c'est ce que ses adversaires créditistes de la Mauricie, Réal Caouette en particulier, lui avaient appris dans leurs discours électoraux. Du genre: le Canada a un problème d'endettement? Il suffit de faire marcher la planche à billets pour l'effacer rapidement!

En bon autodidacte qu'il a toujours été, Jean Chrétien affichait d'ailleurs un souverain mépris pour les théoriciens. «Vous savez, m'expliqua-t-il un jour, au bureau du ministre des Finances, vous ne vous demandez pas à tout bout de champ ce qu'auraient fait à votre place Adam Smith ou John Maynard Keynes!» Au moins connaissait-il les noms du chantre du laisser-faire et de l'inventeur des budgets contracycliques!

Comme il s'y attendait, Jean Chrétien ne fut pas nommé ministre après l'élection de 1965. Pire encore, c'est Pierre Trudeau qui prit sa place comme secrétaire parlementaire du premier ministre. Bon prince, Lester Pearson se donna tout de même la peine de s'en expliquer. «Je vais plutôt te nommer secrétaire parlementaire du ministre des Finances, lui dit-il. Tu vas acquérir un bagage en économie et en finances publiques [Il avait dû se rendre compte que le jeune député en avait besoin!] et éventuellement, du moins je l'espère, tu seras le premier Canadien français à devenir ministre des Finances.»

Le député de Saint-Maurice, qui vient de franchir la trentaine, ne croit pas trop aux promesses de son patron, mais il est pris à son propre piège. N'a-t-il pas exprimé sa préférence pour les Finances après tout?

Le ministre en question est Mitchell Sharp, qui jouit d'une grande notoriété au Parti libéral du Canada. Il a été sous-ministre de C.D. Howe, le tout-puissant ministre de l'Industrie de Mackenzie King. Et il succède à Walter Gordon, père du Pacte de l'automobile et gourou de la gauche libérale. Sharp est quant à lui un conservateur, ce qui ne sera certainement pas sans influencer son nouveau secrétaire parlementaire.

Le 7 janvier 1966, quand Jean Chrétien entre dans le bureau de Mitchell Sharp, se forme alors le couple le plus insolite de la politique canadienne. Sharp est diplômé de la London School of Economics et il adore débattre de questions complexes avec ses fonctionnaires. C'est aussi un anglophone de Winnipeg, parfaitement unilingue donc, tout comme son sous-ministre, Robert Bryce, et le gouverneur de la Banque du Canada, Louis Rasminsky.

La première fois que Chrétien assiste à l'une de leurs réunions où il est question de l'émission d'obligations, de taux de change, de balance des paiements, de masse monétaire et d'autres notions tout aussi mystérieuses pour un jeune avocat de Shawinigan, le ministre des Finances croit bon de faire une mise en garde.

– Jean, ce que tu as entendu aujourd'hui est ultrasecret et tu ne dois pas en dire un mot à qui que ce soit…

– T'en fais pas, Mitch, je n'ai pas compris un traître mot!

Bien sûr qu'il n'a rien compris, mais cela tient autant à son ignorance de la science économique qu'à la qualité de son anglais.

Le ministre avait une secrétaire personnelle, Ginette Dugal, francophone comme Chrétien. Pour se reposer de ces séances fastidieuses sur l'état de l'économie, le jeune secrétaire parlementaire allait s'asseoir dans le bureau de «Ginette» et potinait avec elle. «Ils potinaient beaucoup!» observe Mitchell Sharp.

Le ministre des Finances aura été le vrai mentor de Jean Chrétien en politique. Veuf, il se remaria avec son ancienne secrétaire en 1976. Pendant des années, lui-même devenu ministre des Finances, candidat à la direction de son parti ou simple avocat, Jean Chrétien visitait régulièrement la maison des Sharp à Ottawa. Comme dans le bon vieux temps, il échangeait les derniers potins de la colline parlementaire avec Ginette. Sharp, lui, en profitait pour dire, brutalement s'il le fallait, ses quatre vérités à son élève. «Mitchell n'a pas l'air content de moi aujourd'hui», disait piteusement le «petit gars de Shawinigan» en rejoignant Ginette dans la cuisine.

«Mitchell m'a tout appris», me confia un jour Jean Chrétien. Quand je rapportai ces propos à l'intéressé, celui-ci rétorqua en riant: «Si ça pouvait être vrai!» N'empêche que trente-sept ans après leur première rencontre, lorsque «le petit gars», devenu premier ministre, chercha un «directeur de conscience» qui puisse confesser ses futurs ministres et l'assurer que rien dans leur passé ne viendrait l'embarrasser, c'est à Mitchell Sharp qu'il fit appel tout naturellement.

Au contact de Sharp, Jean Chrétien apprit quelque chose de très important: ce sont les fonctionnaires qui mènent à Ottawa. Comme il le dit, un ministre ne se demande pas ce que la théorie économique lui dicterait s'il devait prendre une décision lui-même. Le ministre attend que ses fonctionnaires lui proposent une solution.

Inévitablement, plusieurs écoles de pensée se forment dans les ministères. Le talent de Chrétien consiste à les écouter toutes. Puis, ayant soupesé le bien-fondé des unes et des autres, il en choisit une, à laquelle il se tient, et qu'il défend adroitement dans les méandres du groupe parlementaire, puis des comités ministériels, jusqu'au Conseil des ministres et enfin au Parlement.

« Si le ministre mène à bien ses projets et gagne la confiance du Cabinet, son ministère devient un endroit de travail stimulant, la presse s'y intéresse et tout va pour le mieux dans le meilleur des mondes », écrit-il lui-même. Sa règle de conduite est simple : si le ministre est influent, les fonctionnaires sont puissants... (Ou l'inverse !) Si le ministre est faible, les fonctionnaires l'abandonnent... Car ce n'est jamais de leur faute !

Jean Chrétien se fit ainsi, dans la bureaucratie fédérale, une solide réputation de *doer*, un homme d'action. Tout au long de sa carrière politique, et jusqu'au moment où, chef de l'Opposition, il se préparait à devenir premier ministre, il bénéficia d'une extraordinaire loyauté des mandarins fédéraux qui lui vouaient une grande admiration.

Mitchell Sharp était content de son « élève » et il ne fut sans doute pas étranger à sa promotion, le 4 avril 1967, au rang de ministre, ministre sans portefeuille certes, mais toujours aux Finances. À trente-trois ans, il fut alors, pour quelque temps, le plus jeune ministre de l'histoire du gouvernement fédéral. Jean Chrétien avait maintenant un pied dans la salle du Conseil des ministres et n'en sortirait plus jamais.

Le « petit gars » avait pris assez d'assurance pour être convaincu qu'il devait cette promotion à son seul talent. « En deux ans aux côtés de Mitchell Sharp, j'ai sûrement appris autant qu'à l'École des hautes études commerciales », me dit-il avec un petit sourire en coin. Faut-il préciser que l'un des professeurs émérites de l'École est un certain Jacques Parizeau avec lequel Jean Chrétien aura quelques mémorables escarmouches?

Il devint ministre en même temps que Pierre Trudeau – ministre de la Justice – et que John Turner – Registraire général du Canada – et il eut droit, de ce fait, à quelques commentaires élogieux dans *Le Devoir*. «M. Chrétien est un bon type d'homme pratique, écrivit Claude Ryan, M. Trudeau est un intellectuel racé et M. Turner se situe quelque part entre les deux…»

Le poste de ministre a ses avantages: la limousine bien sûr, mais surtout le personnel politique. Jean Chrétien engage notamment John Rae, frère d'un futur premier ministre de l'Ontario, Bob Rae. John Rae deviendra vice-président directeur de Power Corporation du Canada tout en organisant chacune des campagnes électorales de Chrétien.

Mais un ministre fait aussi des discours, beaucoup de discours… Peu de temps après son accession au Cabinet, Jean Chrétien est invité à en prononcer un devant l'Association des Allemands du Canada à Toronto. On lui suggère de traiter de la question suivante: «Est-ce que le Québec doit avoir un statut particulier comme province?»

Le sujet étant délicat, et la conférence devant être prononcée en anglais, le ministre demande l'aide de John Rae. Essentiellement, la réponse à la question qui lui est posée se résume à ceci: «Ceux qui sont en faveur d'un statut particulier sont *souvent* des séparatistes qui ne veulent pas admettre qu'ils sont séparatistes…» Jean Chrétien prend soin de soumettre son texte au ministre de la Justice, responsable des relations avec les provinces.

«Tu as tout à fait raison! commente Pierre Trudeau. Ça va faire mal et tu vas t'attirer des ennuis, mais tu as raison!»

Cela allait même faire plus mal que prévu puisque, dans la version française du discours d'abord rédigé en anglais, le mot « souvent » disparaît. Jean Chrétien dit qu'il ne s'en est pas aperçu à la relecture. Mais la phrase – « Tous ceux qui sont en faveur du statut particulier sont des séparatistes... » – l'aurait-elle surprise de toute manière ?

« Au Québec, toute la presse hurlait, les intellectuels s'acharnaient contre moi », raconte Jean Chrétien dans ses Mémoires. Il n'y eut guère que Pierre Trudeau pour le réconforter : « Nous autres, nous avons toujours su ce que nous voulions », lui dit-il pour le consoler. Déjà, en 1967, ce « nous » de Pierre Trudeau et de Jean Chrétien désigne les Québécois en poste à Ottawa et non les autres, ceux qui font carrière au gouvernement du Québec !

Que vous soyez ministre avec ou sans portefeuille, cela vous donne le droit de siéger au Conseil des ministres. Jean Chrétien en est donc, ce 25 juillet 1967, au lendemain du cri de ralliement du général de Gaulle, sur le balcon de l'hôtel de ville de Montréal, pour un... « Québec libre » ! On y débat ferme de la nécessité de protester contre cette ingérence du président de la République française dans la politique intérieure canadienne. Jean Chrétien est du débat deux fois plutôt qu'une, et « le plus vociférant de tous », prétend-il.

Son ascension est rapide : le 18 janvier 1968, il devient ministre du Revenu. Cette fois, il dirige un vrai ministère – les impôts et les douanes – et il est surtout occupé à mousser la candidature de Mitchell Sharp à la direction du Parti libéral du Canada.

Chrétien est ainsi... Les ministres du Québec, encouragés par Jean Marchand, appuient évidemment la candidature de Pierre Elliott Trudeau. Mais le député de Saint-Maurice, par fidélité au ministre qui lui a tant appris, se rallie à celle d'un anglophone unilingue. Il rompt ainsi avec la sacro-sainte règle de l'alternance entre anglophones et francophones chère aux libéraux, une entorse à la tradition qui reviendra le hanter lorsque ce sera son propre tour de briguer la direction du parti.

L'affaire se termine bien malgré tout. Mitchell Sharp n'a pratiquement pas d'appuis et décide de se rallier à Pierre Trudeau. Il envoie Jean Chrétien négocier la reddition, ce qui ne peut pas nuire à sa carrière. On connaît la suite: Trudeau gagne, devient premier ministre le 20 avril 1968... et laisse Jean Chrétien à ses déclarations d'impôts!

Il n'est même pas certain qu'après les élections générales du 25 juin 1968, le premier ministre ait voulu faire une faveur à Jean Chrétien en le nommant, le 6 juillet, ministre des Affaires indiennes et du Nord canadien. À l'époque, ce ministère devait avoir des portes en forme de tourniquet: sept titulaires différents s'y étaient succédé en six ans! Et Trudeau tint des propos ambigus pour expliquer sa décision: «Au moins, personne ne pourra dire que tu as des idées préconçues sur le sujet! Tu fais partie d'un groupe minoritaire, tu ne parles pas très bien l'anglais, tu as connu la pauvreté dans ta jeunesse: tu pourrais très bien devenir un ministre qui comprend les Indiens!» Chrétien avait le profil de l'emploi... Et de l'Indien en somme!

Contrairement à ce que certains ont pu prétendre, Jean Chrétien ne joua pas un rôle très important pendant la Crise d'octobre 1970. D'ailleurs, il voyageait dans les territoires du Nord lorsqu'un ministre de Robert Bourassa, Pierre Laporte, fut assassiné par un petit groupe de militants du Front de libération du Québec.

Il n'en tient pas moins à justifier son rôle. «En principe, j'étais opposé à l'utilisation de cette loi exceptionnelle [la *Loi sur les mesures de guerre*], révèle-t-il. Je pensais qu'il fallait trouver un compromis.» (C'était aussi l'opinion de Mitchell Sharp, ministre des Affaires étrangères à ce moment-là.)

Après le fait, Jean Chrétien tente de justifier ce recours à la *Loi sur les mesures de guerre* qui donnait des pouvoirs discrétionnaires à la police et mena à l'arrestation de plus de 400 Québécois soupçonnés de sympathie avec le FLQ... «Pour transporter un réfrigérateur, on a le choix entre une bicyclette et un camion à remorque… [Marc Lalonde parlait pour sa part d'un deux-par-quatre pour tuer une mouche!] J'admets sans peine que les pouvoirs accordés à la police étaient excessifs […] mais Pierre Trudeau élimina le chantage politique au Canada pour une longue, longue période.»

Pour conclure cet épisode, disons que Jean Chrétien, qui n'avait aucune raison de s'en mêler, se montra solidaire de Pierre Trudeau et de ses collègues, sans enthousiasme certes, mais sans grand remords non plus…

Le ministère des Affaires indiennes et du Nord canadien est gigantesque, et son titulaire est en quelque sorte le tuteur légal de tous les aborigènes du Canada, ce qui faisait dire à Jean Chrétien qu'il était «le dernier empereur à régner encore en Amérique»!

Dans un Livre blanc qui eut l'effet d'une bombe, en 1969, le nouveau ministre propose de saborder son propre ministère et de remettre aux Indiens leur territoire pour qu'ils l'administrent eux-mêmes. C'est la première fois qu'à Ottawa on parle sérieusement de «gouvernement autonome». Mais le projet est très mal reçu par les aborigènes eux-mêmes qui soupçonnent le gouvernement fédéral de préparer leur assimilation.

Jean Chrétien est aussi le premier ministre des Affaires indiennes à mettre à la disposition des autochtones des fonds virtuellement illimités pour leur permettre de contester, devant les tribunaux, ses propres lois… et celles des autres gouvernements. C'est ainsi qu'au début des années 1970, il finance la contestation du projet de la Baie James par les Cris. Robert Bourassa ne le trouve pas drôle!

(En 1971, Hydro-Québec a annoncé le harnachement des rivières de la Baie James, au nord-ouest de la province. Ce «projet du siècle» consacra le virage du Québec vers l'hydro-électricité plutôt que vers le nucléaire comme en Ontario. D'abord contesté par les Cris, il mena au premier traité de l'histoire moderne entre un gouvernement blanc et des populations autochtones.)

Le «petit gars de Shawinigan» prend surtout un goût particulier à ses responsabilités sur le Grand Nord. Et il éprouve beaucoup de fierté à ouvrir de nouveaux parcs nationaux: dix en quatre ans, dont un dans sa propre circonscription de Saint-Maurice.

Toutefois, l'ouverture de ce Parc de la Mauricie se négocie difficilement: le gouvernement de l'Union nationale, et son ministre le plus nationaliste en particulier, Marcel Masse, s'y opposent farouchement. Pendant la campagne électorale provinciale du printemps 1970, les candidats du Parti québécois dénoncent cette «intrusion fédérale». Mais c'est finalement le libéral Robert Bourassa qui gagne l'élection et Jean Chrétien aura son parc.

C'est à cette occasion que je fis sa connaissance. J'étais alors un jeune conseiller politique de l'un des deux fonctionnaires les plus puissants du gouvernement du Québec, Claude Rouleau, un ingénieur qui avait aussi agi comme trésorier de la campagne au leadership de Robert Bourassa. L'homme avait la haute main sur tout l'aménagement du territoire. Or, l'ouverture d'un parc naturel de 536 kilomètres carrés implique un nouveau découpage du territoire, ainsi que la construction de routes et de ponts.

Rouleau travaillait tard le soir dans son bureau de la Grande-Allée à Québec et, avant de partir, j'avais l'habitude d'aller le saluer. D'ordinaire, nous en profitions pour discuter des dossiers en cours. Ce soir-là, sa porte était fermée mais il me laissait généralement m'installer, même lorsqu'il traitait d'affaires confidentielles avec des visiteurs. J'entrai et le saluai, remarquant à peine un homme assis devant une immense carte étalée sur la table de conférence. «Tu as reconnu M. Chrétien, le ministre des Affaires indiennes à Ottawa», me dit Rouleau.

Je dus avoir l'air franchement idiot en saluant distraitement cet homme que je ne connaissais pas, et dont le titre ne m'impressionnait guère. Comme, fidèle à nos habitudes, je semblais vouloir m'incruster, dérangeant manifestement le visiteur, Rouleau m'invita à les laisser seuls. C'est ainsi que ma première image de Jean Chrétien est celle d'un ministre fédéral inconnu négociant des bouts de chemin avec le bras droit de Robert Bourassa...

Un autre événement survint pendant le séjour de Jean Chrétien aux Affaires indiennes, plus personnel celui-là, et qui finira mal. En 1970, Jean Chrétien et Aline Chainé décidèrent d'adopter un jeune enfant du Grand Nord. C'était son idée à elle, qu'il appuya immédiatement avec enthousiasme. Ils laissèrent le frère du ministre, Michel, choisir l'enfant dans les Territoires du Nord-Ouest, où il travaillait alors.

Jean Chrétien aurait pu en tirer un capital politique, surtout auprès de ses administrés, les Indiens eux-mêmes. Mais il n'en fit rien. L'histoire du jeune Michel Chrétien, de toute manière, allait rapidement tourner au drame.

Le couple Chrétien reconnaîtra plus tard que personne ne l'avait prévenu que les adoptions d'enfants autochtones par des Blancs se soldent souvent par des échecs. Michel était un enfant taciturne, plutôt mal à l'aise dans cette famille de politiciens. Et son père adoptif était rarement là. Quand il vola de ses propres ailes, l'alcool, la drogue, les filles – autant de choses dont les Chrétien auraient tant voulu le protéger – firent son malheur.

(Lorsque Michel, à vingt-trois ans, se retrouvera devant un tribunal, faisant face à des accusations d'agression sexuelle, de sodomie et de séquestration d'une femme rencontrée dans un bar de la rue Sainte-Catherine à Montréal, Jean Chrétien, malgré ses fonctions de chef de l'Opposition officielle à la Chambre des communes, n'abandonnera jamais son fils, l'accompagnant silencieusement tout au long du procès. «Aline et Jean Chrétien assurent [leur fils] de leur appui absolu dans ces circonstances difficiles et s'en remettent à son avocat pour lui assurer une défense pleine et entière», rapporta laconiquement un communiqué de presse de son bureau...)

Le 8 août 1974, Jean Chrétien accède enfin au titre de «premier Canadien français», comme le lui avait prédit Lester Pearson, mais c'est à la présidence du Conseil du Trésor que cela se produit. Il s'agit d'une fonction obscure pour le grand public. Les électeurs de la circonscription de Saint-Maurice crurent même à une rétrogradation de leur député. «Pourquoi Trudeau ne t'a-t-il pas renommé ministre?» lui demandaient-ils, voyant qu'il était maintenant «président» du Conseil du Trésor!

Mais l'homme est puissant et il joue son rôle avec un enthousiasme qui révèle son penchant conservateur. Une étude interne de l'époque révèle en effet que seulement la moitié des projets des ministères fédéraux obtiennent l'approbation du Conseil.

Jean Chrétien se fait beaucoup d'ennemis et Pierre Trudeau, à qui les ministres viennent se plaindre de la pingrerie de Chrétien, lui glisse un jour à l'oreille: «Nous devrions peut-être changer de place tous les deux!»

John Turner est alors ministre des Finances et souhaite réduire son déficit de 500 millions de dollars, une somme considérable pour l'époque. «Politiquement parlant, remarque Chrétien, il n'est pas plus difficile de couper un milliard de dollars que 500 millions, n'est-ce pas? Alors allons-y!» Il a pour sous-ministre Gordon Osbaldeston, un des mandarins les plus puissants du régime. Le «petit gars de Shawinigan» est tout fier d'annoncer au premier ministre, quelques jours plus tard, qu'il a réduit le budget des dépenses du gouvernement fédéral de 1 milliard 70 millions de dollars!

Après deux ans de Jean Chrétien au Trésor, le rythme annuel de croissance des dépenses fédérales est réduit de 26 à 10%. Pour montrer l'exemple lui-même, il s'impose une limite de 2 000 $ pour le réaménagement de son bureau du parlement alors que la norme, à l'époque, est jusqu'à dix fois supérieure. Bref le *Financial Post*, qui surveille ces choses de près, déborde d'enthousiasme et le surnomme *Docteur No*.

Encore une fois, Chrétien a réussi en s'appuyant sur un fonctionnaire de grand calibre. Il ne faut donc pas s'étonner que, lorsque Trudeau veut l'envoyer à l'Industrie et au Commerce, deux ans plus tard, il exige de garder Gordon Osbaldeston avec lui.

Le passage de Jean Chrétien à l'Industrie ne durera qu'un an mais il s'y fait remarquer, en particulier par les gens d'affaires de Montréal, pour la rapidité avec laquelle il règle de vieux dossiers comme celui du programme de recherche de Canadair pour le développement du *Challenger* – l'avion d'affaires qui fera la fortune de Bombardier –, celui des chantiers maritimes dont il double les subventions et même le cas d'une usine de produits chimiques appartenant à Gulf Oil Canada, dans sa ville de Shawinigan.

Mais l'opération la plus spectaculaire est le sauvetage, en quelques semaines, des «secteurs mous» de l'industrie québécoise que sont le textile, le vêtement et la chaussure.

Dans ces secteurs, le Canada ne produit à l'époque que 40% de ce qu'il consomme et Jean Chrétien décide – sans même consulter ses collègues du Cabinet! – d'imposer temporairement des restrictions aux importations. L'économiste Jacques Parizeau – qui allait bientôt devenir ministre des Finances du Québec – reconnaissait privément que le comportement du ministre fédéral était «très courageux».

Cette forme de protectionnisme aurait pu soulever une tempête aux États-Unis, mais Jean Chrétien est aussi responsable de l'Agence de tamisage des investissements étrangers et, à ce titre, se montre particulièrement accueillant pour le grand capital américain.

Il ne faut donc pas chercher une idéologie derrière les décisions de Jean Chrétien. Tour à tour interventionniste – John Maynard Keynes! – ou partisan du laisser-faire – Adam Smith! –, pragmatique en somme, il règle les dossiers au mieux de son instinct politique et démontre surtout un extraordinaire acharnement à prouver qu'il est «capable».

Ces succès n'ont jamais changé l'homme. Dans sa circonscription de Saint-Maurice, il est toujours resté le petit gars de la place. Et à Ottawa, il fut toujours un ministre très accessible. Il déménagea rue Bower, près du canal Rideau, dans une coquette maison achetée d'un ancien collègue, Edgar Benson. Son numéro de téléphone était toujours dans l'annuaire.

Un jour que nous voulions, ma femme et moi, promener nos petites filles sur le canal Rideau, cherchant en vain un endroit où stationner notre voiture, Jean Chrétien nous offrit de la laisser dans l'entrée de son garage. Il était comme ça, Chrétien!

Deux ans avec Mitchell Sharp, dix ans au Cabinet dans des ministères – Revenu, Trésor, Industrie et Commerce – à vocation économique, cela fait dire aux milieux d'affaires que « tout compte fait, Chrétien a plus d'expérience que Trudeau » ! Et l'influent *Financial Post,* qui continue de le suivre de près, finit par conclure : « Il faut reconnaître que Chrétien est prêt pour les Finances. »

Cela devra attendre encore un peu…

Le 15 novembre 1976, en effet, le Parti québécois prend le pouvoir à Québec. Le ministre fédéral le prend très mal : « On a pris une belle brosse le 15 novembre, mais on va avoir mal à la tête longtemps ! »

Les bons coups du ministre fédéral de l'Industrie et du Commerce sont certes appréciés par les syndicats et les patrons. Mais en face de lui, à Québec, un super ministre du Développement économique, Bernard Landry, et son homologue à l'Industrie, Rodrigue Tremblay, instituent le procès du fédéralisme, dressent les « comptes économiques » de la nation et ne trouvent rien de bon à dire de ce Jean Chrétien.

« Ils sont toujours pris dans les cordes des drapeaux à Québec », déplore le ministre fédéral, prenant particulièrement ombrage du fait que ses collègues provinciaux refusent de collaborer à ses conférences de presse pour annoncer ses bons coups. «Le pire, me confie-t-il un soir de déprime au cours de l'été 1977, c'est qu'au lieu de se voir attribuer les mérites dus à ses efforts constructifs, le gouvernement fédéral est blâmé pour les difficultés économiques.»

Jean Chrétien commence à dire partout, et même à l'étranger, que «ça va mal au Québec». Contrairement à l'Ontario, une province avec laquelle il a des relations «très *business*», le Québec refuse de collaborer avec lui, en particulier au cours de ses missions à l'étranger, lui que l'industrie aéronautique, par exemple, appelle son «brillant commis-voyageur».

Bref, le ton monte entre Ottawa et Québec. Jean Chrétien devient rapidement la «tête de turc» des péquistes. Est-ce par la force des circonstances ou s'est-il lancé lui-même dans la mêlée?

Peu à peu, il devient évident que Jean Chrétien mène deux carrières politiques de front: l'une à Ottawa et l'autre à Québec.

Au Québec, l'homme joue les Lucky Luke, un doigt toujours posé sur la gâchette, celui qui «tire plus vite que son ombre». Qui parle plus vite que son ombre aussi! Les Canadiens anglais l'ont d'ailleurs rapidement surnommé: «*the fastest gun in the East*»! Et ses Dalton sont les ministres péquistes pour lesquels il éprouve une inimitié parfois viscérale, souvent agaçante. J'y reviendrai...

Quant à la carrière de Jean Chrétien dans le reste du Canada, elle inspire bien des éloges et un certain respect, même sur les banquettes de l'opposition à Ottawa, tout comme dans les milieux industriels du Québec. «On est allé de surprise en surprise avec Chrétien», souligne un président du Conseil économique du Canada, André Raynauld.

Après seulement un an à l'Industrie et au Commerce, le 16 septembre 1977, Pierre Trudeau le nomme aux Finances. Douze ans après, la prédiction de Lester Pearson se réalise:

pour la première fois dans l'histoire du gouvernement fédéral, le ministre des Finances est un Canadien français.

À l'époque, les milieux d'affaires sont à couteaux tirés avec le gouvernement de Pierre Trudeau qui leur a imposé un régime de contrôle des prix et des salaires. C'est Jean Chrétien, encore plus que John Turner, qui va changer cela. Il recommande aussi que son ministre d'État soit Len Marchand, le premier autochtone à accéder au Cabinet fédéral. Le «petit gars de Shawinigan» déride les assemblées de chambres de commerce en lançant: «Ça prenait un Canadien français et un Indien pour réconcilier les milieux d'affaires avec Trudeau!»

Il y a beaucoup de vrai dans cette boutade. L'ascension de Chrétien coïncide en effet avec le départ de Jean Marchand – celui-ci se présente sans succès aux élections provinciales de 1976 – et de Gérard Pelletier – nommé ambassadeur à Paris. L'un et l'autre étaient surtout préoccupés par les questions sociales et culturelles alors que Jean Chrétien joue à fond la carte de l'élève qui veut dépasser le maître – Mitchell Sharp. C'est le ministre le plus favorable aux milieux d'affaires.

En confiant le jeune député de Saint-Maurice à Mitchell Sharp, Lester Pearson a espéré qu'il «acquière un bagage en économie et en finances publiques». On réalise rapidement que tel n'est pas le cas.

Le ministre des Finances est, après le chef du gouvernement, le porte-parole le plus sollicité par les députés de l'opposition à la Chambre des communes, par les journalistes, par les milieux financiers et industriels, par les acheteurs étrangers d'obligations. Bien vite on se rend compte que le «petit gars» ne regarde pas seulement les théoriciens de haut. Il ne lit pas leurs rapports non plus!

Ce doit être pour cela qu'un jour Eddie Goldenberg me fit venir à son bureau du cabinet du ministre des Finances. Sans doute encouragé par le ton de mes écrits sur Jean Chrétien –

plutôt flatteurs, j'en conviens –, il m'offrit de travailler pour lui. Affecté au bureau du sous-ministre, Tom Shoyama, je devrais faire le lien avec le bureau du ministre. En fait, je devrais résumer, en quelques pages, les longs rapports des experts du ministère – un travail de journaliste en somme –, les mettant ainsi à la portée du ministre.

J'aurais ainsi rejoint, dans l'entourage de Jean Chrétien, les nombreux Québécois – Canadiens français, pardon! – dont il s'est entouré et qui ont fait une fort belle carrière à Ottawa. Mais le travail en anglais ne me tentait pas – il était sans doute au-delà de mes capacités de l'époque! – et je déclinai l'offre.

C'est donc en «observateur» que j'assistai au désastre qui faillit mettre un terme à la carrière politique de Jean Chrétien…

CHAPITRE 4

La croisée des chemins

L'élection du Parti québécois déclenche un profond changement dans l'attitude de Jean Chrétien à l'égard de ses compatriotes du Québec. Il ne se contente plus d'être un bon ministre à Ottawa, il s'investit également de la responsabilité de défendre le Canada au Québec – plutôt que l'inverse ! Et il part en croisade bien avant qu'une campagne référendaire sur la souveraineté du Québec ne lui en impose l'obligation.

C'est bien sûr le rôle de tous les ministres fédéraux de défendre le gouvernement du Canada dans leur région – encore que les Québécois souhaitent qu'à l'instar des ministres originaires de l'Ontario, de Terre-Neuve ou de l'Alberta, leurs ministres fassent aussi la promotion des intérêts du Québec au sein de l'administration fédérale. Les préjugés sont tels, au Canada anglais, à l'époque, que les ministres québécois se font accuser d'acheter leurs compatriotes avec l'argent des autres. Alors ils sont généralement plus prudents, et les plus zélés se posent en champions de «l'intérêt national». Aucun ne met autant d'acharnement que Jean Chrétien à vanter les mérites du régime fédéral dans sa province.

Le «petit gars de Shawinigan» traite volontiers le Québec de «province», en appuyant sur le «r» qu'il roule lourdement. Fédéraliste «inconditionnel», comme il dit, il insiste pour être présenté comme un «Canadien français». Le mot «Québécois» lui-même provoque chez lui de soudaines colères.

À l'époque où il devient ministre des Finances, le magazine *L'actualité*, auquel je collabore régulièrement, se présente, en page de couverture, comme «Le magazine des Québécois». «Ça veut dire quoi, ça, *québécois*? me demande Jean Chrétien à brûle-pourpoint en 1977, alors que je suis assis dans son bureau. Que vous n'êtes pas le magazine des cousins de Saint-Boniface au Manitoba?» (Quelques mois plus tard, le magazine fit d'ailleurs disparaître les mots «offensants» de sa page de couverture, mais Jean Chrétien n'en a jamais remercié son président, Jean Paré, qu'on ne pouvait certainement pas soupçonner de sympathies séparatistes…)

Tout au long de l'année 1977, il y a un vide politique au Québec. Avec la démission de Robert Bourassa aussitôt après l'élection du 15 novembre 1976, le camp fédéraliste est décapité. Cela peut expliquer que Jean Chrétien s'attribue le rôle de lanceur de relève. Un rôle dans lequel il trouve aussi des intérêts personnels…

Cela ne va pas très bien à ce moment-là pour les libéraux à Ottawa. Le ministre des Finances, John Turner, est parti en claquant la porte et a été remplacé par Donald Macdonald, un avocat de Toronto. Pierre Trudeau lui-même se sent isolé après le départ du gouvernement de ses amis Jean Marchand et Gérard Pelletier. Et sa femme, Margaret, l'a quitté en mars 1977. Quant au Parti libéral, de plus en plus impopulaire, il perd peu à peu la plupart des élections complémentaires qu'il déclenche.

Entre un avenir de plus en plus incertain à Ottawa et la perspective d'une deuxième carrière à Québec, Jean Chrétien a-t-il hésité? Il en discute avec son ami Donald Macdonald au cours de l'été 1977, lors d'un week-end à sa résidence secondaire du lac des Piles. «Il faut que je décide si je me lance en politique provinciale, dit-il à Macdonald. Tu devras

alors rester à Ottawa, car je ne pense pas que le gouvernement puisse se payer le luxe de perdre deux autres ministres
importants en même temps. Si, de ton côté, tu décidais de
demeurer au gouvernement, je serais sans doute tenté d'aller
à Québec à cause des pressions qui s'exercent sur moi...»

En fait, ce sont surtout les élites financières et industrielles
de la province qui souhaitent voir Jean Chrétien prendre la
tête du Parti libéral du Québec. Pour ce qui est des députés et
des militants du PLQ, ils rêvent plutôt au directeur du *Devoir*,
Claude Ryan.

Alors que je me trouve à Québec pour la présentation
d'un budget de Jacques Parizeau, le député libéral de Baie-
Saint-Paul, Raymond Mailloux, me demande de venir à son
bureau. Il me raconte que des députés libéraux ont discrètement invité Claude Ryan à faire des conférences devant de
petits groupes, un peu partout dans la province. Étrangement, le directeur du *Devoir* impressionne considérablement
ces auditoires du Québec profond. Les libéraux provinciaux
le courtisent et souhaitent sa candidature. Mailloux me
demande si j'accepterais de transmettre le message au directeur de mon journal.

Je m'étonne un peu que des membres de l'Assemblée
nationale, d'anciens ministres de Robert Bourassa de surcroît, n'osent contacter eux-mêmes le directeur du *Devoir*.
Ce n'est donc pas pour rien que Jean Chrétien le compare
au pape!

Je revois encore la réaction de Claude Ryan, le crayon
entre les dents, lorsque je lui révélai que près de vingt députés
libéraux appuieraient sa candidature. Lui aussi faisait donc
l'objet de pressions.

C'est à cette époque, au début de l'été 1977, que Jean
Chrétien multiplie les discours et les interventions contre le
Parti québécois. Il veut devenir le champion des forces fédéralistes et pour mettre toutes les chances de son côté, il se
confie au... directeur du *Devoir*.

Claude Ryan demande alors à son rédacteur en chef, Michel Roy, d'assister à l'entretien et Jean Chrétien tente de démontrer aux deux hommes qu'il est le meilleur candidat à la direction du Parti libéral. À Claude Ryan qui lui fait part des pressions dont il est lui aussi l'objet, il déclare : « Vous êtes journaliste, c'est votre vie et vous excellez dans ce métier difficile et important. Si j'étais vous, je n'entrerais pas dans l'arène politique, je resterais directeur du *Devoir.* »

Le lendemain, les détails de cette conversation que Chrétien croyait privée se retrouvent en première page du journal, sous la signature de Michel Roy ! Il se sent trahi et il est obligé de discuter de la possibilité de son départ d'Ottawa avec son patron, Pierre Trudeau. Celui-ci ne le décourage pas – ni ne l'encourage d'ailleurs !

C'est que, plus le temps passe, plus les actions de Claude Ryan montent à la Bourse provinciale. Le Parti libéral du Québec veut se refaire une virginité et le directeur du *Devoir* est perçu comme un parangon de vertu. Qui plus est, certains pensent qu'à ces « intellectuels » que sont les ministres péquistes, il faut opposer un autre intellectuel.

Finalement, c'est Donald Macdonald lui-même qui précipite les événements en quittant un gouvernement qu'il juge « au bout de son rouleau ». Jean Chrétien restera donc à Ottawa et Claude Ryan, après avoir mis tout l'automne de 1977 à se décider, annonce sa candidature à la direction du Parti libéral du Québec le 10 janvier 1978. Il l'emportera facilement contre son seul adversaire, l'ancien ministre Raymond Garneau.

Encore une fois, on avait préféré un « intellectuel » à Jean Chrétien. Il en fut très meurtri…

Jean Chrétien est devenu ministre des Finances le 16 septembre 1977. Moins de deux semaines plus tard, il déclenche une première tempête au Québec et se fait traiter d'« amateur » et d'« incompétent » par son homologue québécois, Jacques Parizeau…

Aussitôt après sa nomination, le nouveau ministre se rend en effet à Washington pour une réunion du Fonds monétaire international (FMI). Toujours friand de coups d'éclat, il choisit de prononcer tout son discours en français. Après tout, n'y a-t-il pas quatre langues officielles au FMI? Les journalistes anglophones, en particulier le correspondant de la Canadian Broadcasting Corporation, s'étonnent et protestent. Cela ne se fait pas de parler français dans une réunion internationale à Washington! «Quand je prononce un discours en anglais, les journalistes francophones ne protestent pas, eux!» réplique Jean Chrétien, assez satisfait de son effet.

Après la réunion, Arthur Burns, président de la *Federal Reserve*, la banque centrale américaine, offre à Jean Chrétien de le reconduire à son hôtel dans sa propre limousine. S'attendant à une discussion sérieuse sur la politique internationale, le «petit gars» bat le rappel de toutes ses connaissances de macro-économie. À sa grande surprise, pendant le court trajet, Burns n'aborde qu'un sujet: la situation économique au Québec.

Arrivé à son hôtel, le ministre des Finances dîne avec le correspondant de *La Presse* à Washington, Jean Pelletier. Il raconte sa conversation avec Arthur Burns et trouve, comme toujours, une formule qui frappe: depuis que les séparatistes ont pris le pouvoir, cela va tellement mal au Québec que la province est menacée de devenir «un gros Nouveau-Brunswick»! C'est surtout la manchette du quotidien qui est «grosse» le lendemain matin!

Jacques Parizeau est hors de lui et convoque aussitôt une conférence de presse pour dénoncer les «âneries» proférées par Jean Chrétien. «Le fait que les gouvernements de Québec et d'Ottawa poursuivent des objectifs politiques tout à fait opposés n'autorise personne à faire des déclarations irresponsables en matière économique et à prendre les gens pour des valises», lance le ministre péquiste.

Le ton était donné. Pendant les vingt mois où il sera ministre des Finances, Jean Chrétien n'arrêtera pas de se quereller avec les ministres péquistes. C'est à cette époque qu'il visitait les chambres de commerce avec son discours sur «mon pays l'Atlantique, mon pays le Pacifique», collectionnant les ovations et méritant son surnom de «petit gars de Shawinigan».

Avec le temps, surtout après que Claude Ryan a été élu chef du parti provincial, Jean Chrétien dérange au Québec. Il fait ombrage à Ryan. Et à force de se répéter, il commence à embarrasser ses collègues à Ottawa. C'est alors que son premier budget d'avril 1978, et celui que Pierre Trudeau présentera à sa place au mois d'août suivant, vont tourner au désastre politique…

L'inflation est difficile à maîtriser, et le taux de chômage élevé: la situation économique est préoccupante. Jean Chrétien souhaite réduire les taxes à la consommation pour stimuler les achats et faire tourner les usines. Mais la taxe de vente est de compétence provinciale. Rompant avec la tradition du secret budgétaire, il consulte ses collègues des provinces. La rencontre avec Jacques Parizeau, ministre des Finances du Québec, se tient à l'Hôtel Bonaventure de Montréal, en présence du Trésorier de l'Ontario, Darcy McKeough.

Les trois hommes se connaissent bien. L'Ontario, qui serait le premier bénéficiaire de cette mesure puisque la majorité des biens de consommation canadiens sont fabriqués dans cette province, appuie l'idée du ministre fédéral avec enthousiasme. Jacques Parizeau ne s'y oppose pas. En fait, il semble bien qu'il l'ait approuvée sans en parler à son premier ministre, René Lévesque, ni à ses collègues du Cabinet provincial.

Deux ministres de Lévesque en particulier, Bernard Landry et Rodrigue Tremblay – «diplômé de l'université Stanford en Californie», insistait ce dernier! –, qui ne sont pas fâchés de mettre «Monsieur» dans l'embarras, s'opposent à la proposition fédérale. «Maurice Duplessis a dû aller jusqu'en Cour suprême pour faire reconnaître que la taxe de vente est une forme de taxation directe, donc de compétence provinciale», rappelle Rodrigue Tremblay. Pas question de remettre ces gains en cause, surtout pas pour sortir Jean Chrétien d'embarras. Et René Lévesque n'arrête pas de demander à Parizeau : « As-tu signé quelque chose ? »

Le lendemain de la présentation du budget, le gouvernement du Québec dénonce cette nouvelle «intrusion fédérale». Jean Chrétien ne peut même pas dire qu'il a consulté ses collègues provinciaux, car alors il aurait avoué qu'il avait trahi le secret budgétaire. En privé, Chrétien m'assure que Darcy McKeough me confirmera que Jacques Parizeau avait donné son accord. Mais le Trésorier de l'Ontario, que je rejoins au téléphone à Toronto, refuse de sortir son collègue fédéral de l'embarras.

C'est la levée de boucliers au Québec, tout le monde accusant Jean Chrétien d'avoir tenté un coup de force. Bien des observateurs prétendent même que cette «affaire de la taxe de vente» a irrémédiablement atteint sa crédibilité. C'est vrai qu'aux yeux de ses collègues à Ottawa et des hauts fonctionnaires, le «petit gars de Shawinigan» passe pour un grand naïf de s'être fié à la parole d'un ministre péquiste. Mais en fin de compte, c'est lui qui aura le dernier mot.

Puisqu'il ne peut obliger le Québec à réduire sa taxe de vente – même en échange d'une compensation financière d'Ottawa –, il enverra directement un chèque de 85 $ à tous les contribuables québécois. Ils l'ont à peu près tous encaissé, même les partisans du Parti québécois ! Toujours aussi gouailleur, Chrétien s'est senti obligé d'ajouter, à l'endroit de ses adversaires politiques : « Votre nationalisme et vos beaux principes ne valent pas 85 $! »

Si, dans le reste du Canada, Jean Chrétien s'en est tiré avec quelques blessures à l'amour-propre, au Québec, par contre, il a eu carrément l'air d'un maladroit qui avait voulu jouer au plus fin avec Jacques Parizeau et avait perdu la face. Le coup fatal allait venir quelques mois plus tard...

Au mois d'août 1978, Jean Chrétien est à Bonn – le pays de Hans Matthöfer, l'amateur de Mozart! – avec Pierre Trudeau, pour le Sommet des pays industrialisés. Le sujet de l'heure est l'inflation galopante qui menace la stabilité des grandes économies mondiales : les prix montent en flèche, les profits des entreprises explosent, les salaires suivent. Les chefs d'État et de gouvernement conviennent de briser ce cercle infernal.

Sur le chemin du retour, Pierre Trudeau annonce à Jean Chrétien qu'il fera un discours télévisé à la nation. Le ministre des Finances part se reposer au bord du lac des Piles et c'est à la télévision qu'il apprend que le premier ministre a écrit pour lui un véritable budget : réduction de deux milliards de dollars des dépenses fédérales, baisse des impôts et gel de l'embauche dans la fonction publique.

La crédibilité de Pierre Trudeau en matière de politiques économiques n'a jamais été très élevée. En cet été de 1978, dans la dernière année de son mandat et après dix ans au pouvoir, elle est à son plus bas. Son directeur de cabinet, Jim Coutts, espérait en faisant cela – aux dépens du ministre des Finances – redorer le blason de son patron, qui avait fréquenté Harvard et la London School of Economics sans en rapporter aucun diplôme.

Jean Chrétien est meurtri. Un jour que je vais manger un sandwich au bar de l'hôtel Four Seasons, non loin du ministère des Finances, rue O'Connor, je vois Jean Chrétien seul à sa table, la mine basse. Le ministre le plus puissant du Cabinet Trudeau réduit ainsi à manger seul, sans courtisans? Je n'avais jamais vu ça! Pendant l'heure que je partage avec lui, il me semble tellement déprimé que je le crois fini…

John Turner avait démissionné pour moins que cela après tout, et Donald Macdonald eût claqué la porte si Trudeau s'était conduit avec lui de façon aussi cavalière. Jean Chrétien, lui, décide de rester. Il prétend, dans ses Mémoires, qu'il s'inquiétait des conséquences possibles de sa démission au Québec: «Elle aurait sûrement apporté de l'eau au moulin péquiste», dit-il.

Mais une fois encore, il trouvait un intérêt personnel à ravaler son amour-propre blessé et à s'accrocher. On parlait en effet de plus en plus ouvertement du départ de Pierre Trudeau à cette époque. Le premier ministre songeait même à se retirer à Montréal pour éloigner ses trois fils de leur mère dont les frasques, dans les discothèques de New York, choquaient la population. La seule chose qui incitait Trudeau à rester, c'était la menace d'un référendum sur la souveraineté au Québec. Et l'entourage du premier ministre lui répétait que même obligé de déclencher des élections, comme cela survint finalement le 26 mars 1979, il battrait facilement le nouveau chef du Parti progressiste-conservateur, ce Joe Clark que la presse ne cessait de ridiculiser.

Le 22 mai 1979, cependant, Joe Clark réalise l'exploit de battre Pierre Elliott Trudeau. Bien que minoritaire aux Communes, il espère pouvoir gouverner au moins deux ans avec l'appui d'une demi-douzaine de créditistes du Québec, et surtout grâce à la complicité des libéraux qui voudront sans doute prendre le temps de changer de chef avant de devoir retourner devant le peuple.

C'est à ce moment que, chef de l'Opposition officielle, Pierre Trudeau fait un autre pied de nez aux nationalistes du Québec et aux libéraux provinciaux. Malgré les protestations de Claude Ryan, il nomme Jean Chrétien responsable du dossier des relations fédérales-provinciales. Les péquistes n'en auront donc pas fini des attaques du «petit gars de Shawinigan»!

Après avoir passé un été à faire du canot dans les Territoires du Nord-Ouest, puis à parcourir les sentiers du Tibet où il se laisse pousser la barbe, Pierre Trudeau annonce sa démission le 21 novembre. La course à la direction du Parti libéral est bel et bien ouverte, et c'est Donald Macdonald, le favori des médias de Toronto, qui semble partir avec une longueur d'avance.

Quant à Jean Chrétien, une nouvelle fois il affirme faire l'objet de beaucoup de pressions : «Je suis le plus connu et le plus populaire», dit-il. Et il a déjà conclu un pacte avec Donald Macdonald : des deux anciens ministres des Finances, c'est celui qui a le plus de chances de battre John Turner qui restera jusqu'au bout, l'autre lui apportant automatiquement son appui.

Jean Chrétien ne se croit probablement pas capable de l'emporter, mais il joue habilement ses cartes pour devenir le «*kingmaker*». Avec le titre de vice-premier ministre peut-être, c'est lui qui aurait mené la bataille contre les «méchants séparatistes». Convaincu de gagner, il serait devenu un véritable héros au Canada anglais et, qui sait? après sept ou huit ans peut-être, le poste de chef du Parti libéral du Canada et le titre de premier ministre lui reviendraient de droit...

Mais à la surprise générale, le gouvernement de Joe Clark est défait le 13 décembre 1979. Jean Chrétien est furieux : il négociait déjà avec quelques députés néo-démocrates des Prairies leur complicité pour ne pas renverser le gouvernement et permettre la tenue d'une campagne à la direction du Parti libéral. Pierre Trudeau et ses stratèges, ceux-là mêmes qui avaient tourné Jean Chrétien en ridicule au mois d'août 1978, en décident autrement.

Une élection générale est immédiatement déclenchée et Pierre Trudeau revient sur sa décision, renvoyant John Turner et Donald Macdonald à leurs officines d'avocats, et Jean Chrétien sur les sentiers de la campagne électorale pour la septième fois!

Le bilan de ces trois années n'est pas brillant pour Jean Chrétien : une tentative ratée à Québec en 1977, une occasion perdue à Ottawa en 1979, et un séjour sur les banquettes de l'opposition. Les choses ne vont vraiment pas très bien pour le «petit gars de Shawinigan» à Ottawa...

CHAPITRE 5

Un « franc-tireur »
en embuscade… la nuit!

« J'acceptai et je devins dès lors le franc-tireur de Pierre Trudeau… »

« Franc-tireur », Jean Chrétien? Conscrit de Pierre Elliott Trudeau plutôt, et bon soldat ou mercenaire selon les occasions, tirant sur tout ce qui bouge au Québec, au cœur ou en bas de la ceinture.

Stratège aussi, magouillant dans le secret des suites d'hôtel, en pleine nuit, des alliances avec ses concitoyens du Canada anglais.

Bravache rejeté par ses compatriotes, cette première campagne du Québec – il y en aura d'autres! – le conduira enfin, en habit à queue-de-pie, et aux côtés de Sa Majesté Elizabeth II, aux plus grands honneurs comme aux pires insultes.

Qu'accepta-t-il au juste, ce 3 mars 1980?

Le 18 février précédent, les libéraux ont été reportés au pouvoir à Ottawa. Et le Québec a parlé fort! Soixante-quatorze circonscriptions de la province, sur 75, ont voté « rouge ». Un seul conservateur, Roch La Salle, dans la circonscription de Joliette, a survécu à ce raz-de-marée. Les Québécois constituent désormais la moitié du groupe parlementaire libéral à la Chambre des communes : un vrai mandat pour les batailles qui s'annoncent!

Jean Chrétien souhaite retourner au ministère des Finances, jugeant sans doute que ses preuves restent à faire. «Je suis peut-être un des gars les mieux préparés», dit-il le lendemain des élections. Mais le Néo-Écossais Allan MacEachen et le Québécois Marc Lalonde ont concocté, au début de la campagne électorale, un Programme énergétique national qui ressemblait fort à une «nationalisation» du pétrole de l'Ouest – de l'Alberta en particulier.

On a d'ailleurs beaucoup plus parlé de pétrole que de Constitution au cours de cette campagne électorale. Après les chocs pétroliers de 1973 et de 1979, le prix du baril grimpe en flèche et les provinces canadiennes productrices de pétrole et de gaz s'enrichissent rapidement, aux dépens de l'Ontario et du Québec. Les libéraux de Pierre Trudeau, le Québécois, veulent imposer un prix *made in Canada* tandis que les conservateurs de Joe Clark, lui-même albertain, favorisent un marché entièrement libre et des prix alignés sur le marché mondial. Voilà un affrontement, avec les provinces de l'Ouest, aussi explosif que celui qui se prépare avec le Québec. Mais la guerre du pétrole ne durera pas aussi longtemps…

Trudeau décide qu'Allan MacEachen aux Finances et Marc Lalonde à l'Énergie mettront eux-mêmes leur plan à exécution.

Comme deuxième choix, le «petit gars de Shawinigan» se verrait bien aux Affaires étrangères. «La maison brûle et tu veux être à Paris ou à Washington!» objecte le premier ministre.

La maison qui brûle ainsi est celle du Canada. Le gouvernement de René Lévesque, croyant profiter du départ de Pierre Trudeau, a précipité les événements. Il a fait connaître, le 20 mars 1980, le texte de la question référendaire et le débat sur la souveraineté-association est lancé. Tout le monde s'entend d'ailleurs pour dire que le chef du camp fédéraliste,

Claude Ryan, leader du Parti libéral du Québec, a raté la première manche. Et s'il continue ainsi, c'est la partie entière – le Canada donc – qu'il perdra peut-être.

Quand il revient au pouvoir, Pierre Trudeau prend en effet connaissance d'un sondage commandé par son prédécesseur, Joe Clark : le Oui (à la souveraineté) obtient 46 % des intentions de vote ; le Non 43 % et il reste 11 % d'indécis dont on croit qu'ils basculeront, en majorité, dans le camp du Non. L'option souverainiste se rapproche donc dangereusement de la barre des 50 % !

Il faut un soldat, un vrai batailleur de rues, pour stopper l'élan des souverainistes. Jean Chrétien sera celui-là. Et pour le consoler de ne point aller ni aux Finances ni aux Affaires étrangères, Pierre Trudeau le comble de titres, à défaut d'honneurs : ministre de la Justice, Procureur général du Canada, ministre d'État pour le Développement social, ministre chargé des négociations constitutionnelles, et responsable de la participation fédérale à la campagne référendaire du Québec !

La loi québécoise sur les consultations populaires stipule que le chef de l'Opposition officielle à l'Assemblée nationale est le chef du « Comité des Québécois pour le Non ». Aucun rôle n'est prévu pour le représentant du gouvernement fédéral et Joe Clark n'en a pas réclamé non plus, considérant qu'il s'agit d'une affaire à régler « entre Québécois ». Justement, fort de ses 74 députés – davantage que les 71 députés du Parti québécois élus à l'Assemblée nationale le 15 novembre 1976 –, le nouveau gouvernement libéral de Pierre Trudeau exige une place dans le Comité du Non. Après bien des tergiversations, Claude Ryan cède : Jean Chrétien finit par agir comme coprésident de la campagne des fédéralistes.

Cette campagne commence plutôt mal d'ailleurs. L'ancien premier ministre, Robert Bourassa, revenu enseigner à l'Université de Montréal, refuse par exemple d'être vu sur la même tribune que Pierre Trudeau. Il préfère en découdre avec le fondateur du Rassemblement pour l'indépendance nationale, Pierre Bourgault, avec qui il fait la tournée des collèges et des universités.

Le chef du Parti libéral du Québec se querelle en public avec Jean Chrétien. On se dispute même sur le slogan! «Mon Non est québécois», proposait Claude Ryan, ce qui ne plaisait pas aux stratèges fédéraux, à Jean Chrétien en particulier qui n'apprécie guère cette distinction entre «Québécois» et «Canadien». Pour lui, le Non est canadien.

Le ministre fédéral trouve une formule plus directe: «La séparation, non merci!» et les fédéralistes finissent par utiliser un «Non merci!» pratique et passe-partout, que les ministères fédéraux peuvent apprêter à toutes les sauces dans leurs campagnes de publicité. La ministre fédérale de la Santé, Monique Bégin, l'utilise par exemple dans une campagne contre l'alcool! C'est peu subtil mais subliminal…

Jean Chrétien n'est pas seul dans cette campagne. Son premier ministre a créé un comité de stratégie qui rassemble Marc Lalonde, ancien responsable des relations fédérales-provinciales, Michael Pitfield, greffier du Conseil privé, Jim Coutts, le nouveau secrétaire principal du premier ministre, et enfin Gordon Robertson, sous-ministre de Lalonde. Il y a aussi le secrétaire associé du Cabinet fédéral, Michael Kirby, un spécialiste de la stratégie militaire (!) qui va employer, comme on le verra, tout son talent à piéger le Québec…

On a aussi créé un Centre d'information sur l'unité canadienne placé sous la direction de Paul Tellier, jeune fonctionnaire venu de Québec dix ans plus tôt, qui dispose d'un budget de 30 à 50 millions de dollars pour effectuer des sondages et financer des campagnes de publicité. Il prépare aussi de petites études sur les contradictions du projet du gouvernement péquiste, qu'il diffuse généreusement au Québec «en guise de contribution à la discussion publique».

Tellier aussi, comme Jean Chrétien deux ans plus tôt, m'offre d'entrer au service de son Groupe. Sur le fond, j'avoue que cela ne me dérangeait pas beaucoup. Élevé avec l'Europe, je trouvais moi aussi que les mots «souveraineté» et «association» allaient bien mal ensemble. À un an de l'élection de François Mitterrand en France – qui parlerait bientôt de «fédéralisme européen» –, ce projet de «séparation» aussitôt suivi d'une nouvelle union économique obligeant le Québec à abandonner de grands pans de sa souveraineté au profit d'un gouvernement central ne me semblait pas très logique. Pour dire le vrai, si l'idée d'un Québec indépendant m'apparaissait réalisable, l'union avec le reste du Canada, à deux donc, n'était pas réaliste.

Mais c'est surtout la nature du travail que Tellier me proposait qui ne m'intéressait pas. J'aurais, selon lui, rédigé des notes argumentaires pour Pierre Trudeau. «Et Marc Lalonde?» lui demandai-je. «Lalonde, c'est Lalonde: il est le principal conseiller du premier ministre», répondit Tellier. La discussion finit là: je ne me voyais pas passer ma vie à rédiger des documents que Trudeau ne lirait pas et qui se perdraient, tronqués, modifiés, dans quelque paragraphe d'un discours de Jean Chrétien… Que lui-même ne prononcerait pas de toute manière !

Décidément, je n'étais pas destiné à faire carrière au gouvernement du Canada !

L'organisation du Comité des Québécois pour le Non n'est pas très bien rodée lorsque le gouvernement fédéral décide de s'en mêler: des salles trop grandes et trop d'orateurs, chacun des partis provinciaux – le Parti libéral, le Crédit social, l'Union nationale – et même des représentants des partis fédéraux voulant y mettre son grain de sel.

Pendant ce temps-là, le camp du Oui a le vent dans les voiles. Les Regroupements pour le Oui poussent comme des champignons: des économistes pour le Oui, des avocats pour le Oui, des scientifiques pour le Oui, des gens d'affaires pour le Oui et, bien sûr, des artistes pour le Oui. À peu près tous les corps constitués de la province veulent en être et forment des Regroupements pour le Oui.

À un mois du scrutin, Pierre Trudeau est inquiet, et ne se gêne pas pour le dire publiquement: «Je sens une lacune du côté des forces du Non. Le PQ a été assez habile à faire croire qu'il suffit d'avoir un peu de fierté pour voter Oui…»

Pour une fois, Claude Ryan et Jean Chrétien sont d'accord: Trudeau a torpillé un bateau qui prenait déjà l'eau!

Le rôle de Jean Chrétien est de faire ressortir les conséquences négatives d'un vote favorable au Oui. «Ils veulent un mandat, pour faire quoi? demande-t-il. Pour nous faire perdre notre passeport canadien, pour nous faire perdre notre citoyenneté, pour nous faire perdre les richesses qui nous ont toujours appartenu…»

Deux de ces richesses étaient, bien entendu, le pétrole de l'Alberta et le gaz naturel de l'Arctique. Pierre Trudeau avait fait campagne contre le projet du gouvernement conservateur d'augmenter le prix du gallon d'essence de 18 cents (environ 5 cents le litre), puis de l'aligner sur le prix mondial. Le fameux Programme énergétique national protégerait les Québécois – et les Ontariens – contre une telle flambée des prix… Et Jean Chrétien de comparer «le prix d'une *tank à gaz* [*sic!*]… ou un réservoir d'essence, comme dirait M. Landry!» aux prix pratiqués en France.

À d'autres occasions, le député de Saint-Maurice, en bon émule de Maurice Duplessis, verse dans le populisme, s'en prenant aux «rêves des bourgeois de la Grande-Allée à Québec ou d'Outremont à Montréal de devenir des ambassadeurs du Québec dans un [*sic*] gros Cadillac avec chauffeur et le *flag su'l'hood*».

Vers la fin de la campagne, surtout devant des groupes anglophones ou allophones comme à Saint-Léonard, le 23 avril 1980, il s'emporte carrément, tombant dans les attaques personnelles contre les membres du Parti québécois et les militants du Oui: «Les péquistes, c'est de la gangrène dans le système. La pourriture est rendue au pouce. Si ça continue, il va falloir couper le bras!»

Ces sorties, d'un goût douteux, ne se trouvent pas dans les discours qu'on lui prépare à Ottawa. Mais on dirait que la fréquentation quotidienne de Claude Ryan et le lyrisme des partisans du Oui – les artistes en particulier – l'incitent à « faire peuple » pour s'en démarquer. Il l'admet d'ailleurs, et en tire quelque gloriole, dans ses Mémoires : « Mon langage populaire, farci d'argot et même de mots anglais, avait le don de susciter les foudres de nos intellectuels [...] À René Lévesque on pardonnait tous ses écarts de langage mais pas à moi », conclut-il d'un ton dépité.

Jean Chrétien se plaint notamment que, dans les assemblées publiques, des jeunes le chahutent et le conspuent. « Ils me détestent, dit-il d'un air faussement surpris. Mais cela me fait mal. J'aime les miens et c'est pour les servir que je suis allé à Ottawa... »

Il faut dire que les ministres fédéraux se croient tout permis et en rajoutent à l'occasion. Marc Lalonde y va de ses études sur « le déficit énergétique de 16 milliards de dollars » auquel le Québec, privé des approvisionnements canadiens, ferait face. Monique Bégin, ministre du Bien-être social, fait planer sur les jeunes familles et les personnes âgées la menace de perdre leurs allocations familiales ou le Supplément de revenu garanti, alors versés par Ottawa. On laisse même entendre qu'un Québec indépendant ne pourrait plus importer des oranges de la Californie !

On parle beaucoup de Jean Chrétien à ce moment-là parce qu'il est la vedette désignée par Pierre Trudeau pour cette campagne référendaire. Mais on oublie que c'est aussi « le petit gars de Shawinigan » qui, le premier, a évoqué le coup de force qui surviendra après le vote référendaire. Le 31 mars 1980, en effet, Jean Chrétien, à l'Université de Montréal, regrette que personne à Ottawa n'ait répliqué aux attaques du gouvernement du Québec pendant le débat sur la question référendaire. « Ce fut un procès par contumace », déplore-t-il, reprochant aux libéraux de Claude Ryan de n'avoir pas défendu le gouvernement fédéral, ni même cherché à rétablir les faits.

«Un Oui au référendum, dit alors le ministre de la Justice aux étudiants, signifiera en réalité un vote pour le *statu quo* et mènera à une impasse puisque les autres provinces ont affirmé qu'elles ne négocieraient pas la souveraineté-association.» C'est donc bien Jean Chrétien qui, très tôt dans la campagne référendaire du Québec, «donne la ligne» en quelque sorte.

Et six semaines avant Pierre Trudeau, le ministre de la Justice, «responsable des négociations constitutionnelles», ajoute: «Un Non représentera un nouveau point de départ pour le Canada puisqu'il permettra d'en venir à de nouveaux accords avec la province de Québec.»

La stratégie est claire: le gouvernement fédéral transforme le Non à la souveraineté en promesse de changement. La contribution du «franc-tireur» de Pierre Trudeau est importante. En fait, laissés à eux-mêmes, les libéraux provinciaux de Claude Ryan n'auraient sans doute pas neutralisé l'enthousiasme que le président du Comité des Québécois pour le Oui et ses troupes avaient réussi à soulever. Ce succès de Jean Chrétien enrage littéralement René Lévesque qui écrit dans ses Mémoires: «Ce Québec pitoyable, rabougri, personne ne savait l'évoquer avec plus de verve qu'un Jean Chrétien éructant sa caricature d'un Claude Morin [ministre des Affaires intergouvernementales canadiennes et auteur de la question référendaire] promu ambassadeur dans quelque pays également sous-développé…»

Le jugement est sévère, mais partagé à cette époque par bon nombre de Québécois, y compris des partisans du Non qui trouvent que les coups volent parfois bien bas. Et ils en tiennent Jean Chrétien responsable.

On connaît le résultat, sans appel: le Non l'emporte avec 59,6 % des suffrages exprimés, et le Oui n'obtient que 40,4 %.

René Lévesque n'est même pas certain d'avoir convaincu une majorité de Québécois francophones.

D'Ottawa, Pierre Trudeau a le triomphe très digne : « Si l'on fait le décompte des amitiés brisées, des amours écorchées, des fiertés blessées, dit-il à la télévision, il n'en est aucun parmi nous qui n'ait quelque meurtrissure à guérir dans les jours et les semaines à venir… »

Jean Chrétien n'aura pas, quant à lui, le droit de triompher. Après le discours du premier ministre fédéral, Claude Ryan refuse que le ministre fédéral de la Justice s'exprime à son tour. Il s'en faut alors de peu que les caméras de télévision surprennent un Jean Chrétien furieux cherchant à s'emparer du micro que Ryan tient fermement et refuse de lui passer ! Puis, se rendant dans les studios de Radio-Canada à Montréal – « sa » télévision d'État, comme il la considérait ! –, le « petit gars de Shawinigan » constate tristement que personne ne veut lui adresser la parole, certains détournant même la tête pour ne pas être obligés de le saluer.

Chrétien a le vague à l'âme. Lui non plus n'a pas le goût de fêter bruyamment la victoire. Il est exténué, de toute manière, car c'est sa troisième campagne électorale en un an. Il a perdu sept kilos. Pourtant, son patron ne lui donnera même pas vingt-quatre heures pour se reposer…

À moins d'une semaine du jour du scrutin, le 14 mai, au Centre Paul-Sauvé de Montréal, Pierre Trudeau avait mis sa tête – et celle de Jean Chrétien ! – sur le billot en quelque sorte.

« Si la réponse à la question référendaire est Non, a-t-il déclaré, nous avons tous dit que ce Non sera interprété comme un mandat pour changer la Constitution, pour renouveler le fédéralisme. Ce n'est pas moi qui le dis tout seul. […] Ce n'est pas seulement les neuf premiers ministres des autres provinces. Ce sont les 75 députés élus par cette province pour aller les représenter à Ottawa qui disent : un Non, ça veut dire du changement. […] Nous mettons notre tête en jeu, nous, députés québécois, parce que nous le disons aux Québécois de voter Non, et nous vous disons à vous des autres provinces que nous n'accepterons pas ensuite que ce Non soit interprété par vous comme une indication que tout va bien puis que tout peut rester comme c'était auparavant. Nous voulons du changement, nous mettons nos sièges en jeu pour avoir du changement. »

On a beaucoup épilogué sur le sens de cet engagement. Les idées de Pierre Trudeau étaient tout de même connues depuis ce jour de septembre 1967 où, ministre de la Justice de Lester Pearson, il proposait de « rapatrier » l'Acte de l'Amérique du Nord britannique après qu'on lui eut ajouté une formule d'amendement et une Déclaration des droits de l'homme et du citoyen. (La Constitution canadienne était encore une loi britannique à ce moment-là et toute modification devait être approuvée par le Parlement de Westminster.)

Depuis qu'il est premier ministre, d'abord en 1971 puis en 1976, Pierre Trudeau n'a jamais abordé la question du partage des compétences avec les provinces dans les projets de réforme constitutionnelle qu'il leur a soumis. Ce fut d'ailleurs la raison de l'échec de 1971 à Victoria, le Québec réclamant en vain de nouveaux pouvoirs dans le domaine social. Trudeau n'évoquait donc probablement pas un autre partage des pouvoirs entre Ottawa et les provinces le 14 mai 1980 à Montréal. Mais qu'est-ce que les Québécois avaient compris ?

Le chef du camp fédéraliste, Claude Ryan, qui se trouvait sur la même tribune que Pierre Trudeau ce 14 mai 1980, avait présenté, quelques mois plus tôt, un « Livre beige », *Une nouvelle fédération canadienne,* dont la moitié portait justement sur le partage des compétences. Pour dire le moins, la déclaration du premier ministre du Canada, dans l'atmosphère tendue de cette fin de campagne référendaire, prêtait à interprétation.

Jean Chrétien va rapidement clarifier tout cela ! De franc-tireur, il devient négociateur en chef et s'engage dans un invraisemblable marathon constitutionnel…

Après avoir eu droit à une ovation de tous les députés de la Chambre des communes, le 21 mai, le ministre de la Justice, chargé des négociations constitutionnelles, se met en route vers toutes les capitales provinciales. (Lui qui s'était tant vanté, pendant la campagne référendaire, d'avoir racheté en 1976 l'entreprise Canadair, que l'américaine General Dynamics voulait mettre en faillite, il aura le plaisir de disposer d'un avion d'affaires privé. Ce ne sera pas du luxe…)

Le mardi 21 mai au soir – à tout seigneur, tout honneur –, Jean Chrétien dîne au chic *Albany Club* de Toronto avec le premier ministre de l'Ontario, Bill Davis. Celui-ci est venu faire un discours au Québec pendant la campagne référendaire, jugeant d'un ton hautain que le projet du Parti québécois relevait d'une «mentalité de ghetto indigne du peuple canadien-français…» Jean Chrétien peut donc compter sur lui et dort bien cette nuit-là. Mais pas longtemps…

Le Canada a l'avantage de s'étaler sur six fuseaux horaires: cela facilite les navettes diplomatiques! Le mercredi 22 mai, le négociateur fédéral part donc très tôt de Toronto pour Winnipeg où il prend le petit-déjeuner avec le premier ministre conservateur du Manitoba, Sterling Lyon. Un dur à cuire celui-là! À Regina, son déjeuner avec le premier ministre de la Saskatchewan, Allan Blakeney, se passe beaucoup mieux. Le décalage horaire aidant, Jean Chrétien arrive à temps pour prendre le thé avec le premier ministre de l'Alberta, Peter Lougheed, mais comme celui-ci, à l'instar de René Lévesque, ne traite qu'avec le premier ministre du Canada, la rencontre est brève. Jean Chrétien a donc le temps d'arriver à Victoria pour un dîner avec le premier ministre de la Colombie-Britannique, William Bennett.

Évidemment, lorsqu'on revient sur ses pas au Canada, c'est-à-dire qu'on voyage d'ouest en est, il faut rattraper quatre heures de décalage horaire – et même quatre heures et demie si on veut se rendre jusqu'à Terre-Neuve! Parti très tôt de Victoria le matin du jeudi 23 mai, Jean Chrétien arrive à

Charlottetown, la capitale de l'Île-du-Prince-Édouard, juste à temps pour prendre le thé avec le premier ministre Angus MacLean – une courte visite de courtoisie. Puis le ministre fédéral est attendu à Halifax pour un souper de crabe et de homard avec John Buchanan, un autre conservateur.

Le vendredi 24 mai enfin, Jean Chrétien rencontre le premier ministre de Terre-Neuve, Brian Peckford, qui ne lui offre même pas une tasse de café! Celui-là, qui dira bientôt – en direct à la télévision nationale de surcroît! – qu'il préfère le Canada de René Lévesque à celui de Pierre Trudeau, est un coriace. Le déjeuner avec Richard Hatfield à Fredericton, la capitale du Nouveau-Brunswick, se passera beaucoup mieux. Hatfield et Davis seront les alliés d'Ottawa tout au long de la négociation qui s'amorce.

Jean Chrétien aurait bien pu s'arrêter à Québec, qui se trouvait sur son chemin du retour, mais René Lévesque et son ministre des Affaires intergouvernementales, Claude Morin, boudent encore et ne sont certainement pas d'humeur à inviter Jean Chrétien dans quelque restaurant de la Grande-Allée!

On retiendra tout de même que, dès les premiers jours d'une opération qui va durer dix-huit mois, Jean Chrétien négocie avec les seules provinces anglaises, ce qui ne semble pas le déranger outre mesure. Mais il faut bien admettre que, déjà, c'est le Québec lui-même qui s'exclut du processus!

Pour la petite histoire, Jean Chrétien raconte lui-même qu'aussitôt après avoir présenté son rapport au premier ministre, il part pour la Floride avec son épouse. En pleine nuit, l'automobile qu'il a louée à l'aéroport de Miami pour se rendre à Boca Raton tombe en panne et il termine sa route en faisant, avec Aline Chrétien, de l'auto-stop sur les routes de la Floride. Cela prouve au moins deux choses: Jean Chrétien sait conduire une automobile et, même après avoir sauvé le Canada, il restait toujours un inconnu aux États-Unis...

Avant de partir en vacances aux États-Unis, Jean Chrétien a ramené de sa tournée des provinces trois convictions profondes :

* Les provinces veulent sérieusement respecter les promesses qu'elles ont faites pendant la campagne référendaire : elles souhaitent des progrès importants…
* il faut battre le fer pendant qu'il est chaud et…
* il n'est pas nécessaire d'attendre que le leader des fédéralistes du Québec, Claude Ryan, soit élu premier ministre de sa province et devienne l'interlocuteur du reste du Canada.

« Nous devons présumer que tous les gouvernements agissent de bonne foi et j'espère que ça va marcher », dit Jean Chrétien, laissant croire qu'il est prêt à négocier avec – le diable? – René Lévesque.

Cela ne fait évidemment pas l'affaire des libéraux du Québec qui flairent le piège : si le gouvernement de Pierre Trudeau s'apprête à dire non au Québec – ou « Non merci »! – ce sera plus facile face à des « séparatistes ».

Le 7 juin, Pierre Trudeau a invité ses collègues à sa résidence officielle de la rue Sussex à Ottawa. Chacun met ses cartes sur la table, c'est-à-dire que les provinces exigent d'abord que la négociation porte sur le partage des pouvoirs entre les deux ordres de gouvernement. « Je ne vais pas vous abandonner la boutique! » rétorque Trudeau.

Le gouvernement fédéral propose en effet une opération en deux temps : rapatrier d'abord la Constitution assortie d'une nouvelle formule d'amendement déjà discutée à Victoria en 1971 – et qui accordait incidemment un droit de veto au Québec –, et d'une Charte des droits et libertés. C'est la proposition de 1967 qui refait une nouvelle fois surface : Trudeau a de la suite dans les idées !

Par la suite, si les provinces tiennent tellement à négocier le partage des pouvoirs, Ottawa aura une proposition à leur faire. En échange de concessions modestes dans des domaines comme l'immigration, le droit de la famille, la propriété des ressources naturelles, le gouvernement fédéral souhaite renforcer le marché commun canadien, se donnant au passage le pouvoir d'arbitrer les différends commerciaux entre les provinces.

Les premiers ministres confient à Jean Chrétien et à Roy Romanow, son homologue de la Saskatchewan, la présidence conjointe d'un véritable cirque ambulant dont les acrobates sont des avocats et des professeurs d'université qui passent leurs nuits à exprimer en termes incompréhensibles les idées que les ministres ont échangées pendant la journée précédente. Le cirque se déplace, une semaine à la fois, de Montréal à Toronto, à Vancouver, et enfin à Ottawa.

Chrétien réussit assez bien d'ailleurs. Après une journée de débats, les ministres prennent une bière, assistent à une partie de baseball, envahissent les meilleurs restaurants. Des amitiés se créent. On a ainsi surnommé ces conférences le *Uke and Tuque Road Show* – la tournée du Canadien d'origine ukrainienne, Romanow, et du Canadien français, Chrétien.

Le «petit gars de Shawinigan» arrive même à tenir des conversations détendues avec ses collègues du Québec, le ministre Claude Charron en particulier qui «chaperonne» en quelque sorte, au nom de René Lévesque et surtout du Parti québécois, son collègue Claude Morin. C'est au cours d'une de ces conversations, à Vancouver, que Charron fournit, sans le vouloir, le plus beau prétexte dont Jean Chrétien et ses collègues du reste du Canada pouvaient rêver...

Selon la version de Jean Chrétien lui-même, confirmée par Pierre Trudeau, les deux hommes auraient évoqué la possibilité qu'une entente soit conclue entre Ottawa et les provinces avant la fin de l'été 1980. Et le ministre fédéral de rêver que le Québec s'y rallie...

«Écoute, Jean, de répliquer Claude Charron, tu perds ton temps. Nous sommes des souverainistes. Rénover les institutions canadiennes, ça ne nous intéresse pas. L'indépendance, c'est le premier article de notre programme et nous allons nous y tenir. Nous ne pouvons signer rien d'autre, nous ne signerons jamais…»

Jean Chrétien s'empresse de rapporter ces propos à son patron, Pierre Trudeau, et surtout à ses collègues des autres provinces. Après ces confidences de Claude Charron, la plupart des ministres responsables de la réforme constitutionnelle dans le reste du Canada sont convaincus qu'il n'y aura jamais moyen de s'entendre avec le Québec…

Le débat sur l'union économique canadienne est celui qui tient le plus à cœur à Jean Chrétien. Ministre des Finances, il s'y est autrefois intéressé. Et diverses études sur l'expérience européenne, commandées pour démontrer aux Québécois l'impossibilité d'une union à deux – la «souveraineté-association» –, sont aussi arrivées à la conclusion que le Canada n'était pas vraiment un marché commun.

Cette discussion sur le partage des pouvoirs économiques constitue une vraie partie de bras de fer et, comme il ne s'agit pas d'avocasseries de nature constitutionnelle, Jean Chrétien s'y sent très à l'aise. Le gouvernement fédéral veut profiter de l'occasion pour vérifier à quel point le front commun des provinces est solide. Cela sera utile lorsque viendra le temps de la dernière épreuve de force. Jean Chrétien va s'acquitter de sa tâche de façon remarquable…

Les provinces, qui ont créé toutes sortes de «barrières» entre elles pour protéger leur main-d'œuvre, par exemple, ou leurs entreprises – et le Québec de la Révolution tranquille ne s'en est pas privé ! –, n'aiment pas du tout la proposition fédérale. Leur porte-parole, Roy Romanow, un néo-démocrate pourtant, assez favorable au renforcement des pouvoirs du gouvernement central, explose le vendredi 17 juillet à Toronto. «Vous voulez effectuer une opération au cerveau avec un hachoir à viande !» lance-t-il à Jean Chrétien.

Littéralement «terrifiées», c'est le mot qu'elles utilisent, les provinces se rendent compte que le gouvernement fédéral veut carrément les mettre en tutelle. Et elles se tournent vers leur «expert» du Québec, Claude Morin – un «séparatiste»! –, pour qu'il leur prépare une contre-offre. Jean Chrétien n'aime pas du tout voir ainsi les provinces anglaises pactiser avec le diable et il sort le grand jeu. Le soir, dans une suite du chic *Harbour Castle* de Toronto, il me raconte son après-midi...

«Quand j'ai entendu les propos de Roy Romanow et que j'ai vu la contre-proposition des provinces, inspirée par Claude Morin, j'ai décidé de leur faire un grand numéro...

«Hé! Je viens de faire un débat pendant deux mois au Québec», leur ai-je rappelé. Les ministres provinciaux sont immédiatement secoués par le ton rageur de la voix de Jean Chrétien. «J'ai dit aux Québécois : on va faire une belle Constitution. Un seul pays. Deux langues officielles. Les droits fondamentaux dans la Constitution, y compris les droits à l'éducation dans leur langue pour l'une ou l'autre des minorités. Un pays où la richesse pourra être partagée entre tous les Canadiens...

«C'est ça la vision que j'ai vendue pendant toute la campagne référendaire. C'est ça que j'ai dit aux Québécois et je leur ai dit aussi que cette vue-là est partagée par le reste du Canada. Mais je me demande si c'est vrai aujourd'hui...»

«Ça a fait réfléchir bien du monde», me raconte Jean Chrétien, plutôt content de son petit effet. Le ministre fédéral, qui avait la confidence facile avec moi à l'époque, me raconte encore qu'il a menacé les provinces anglaises de leur refaire «le coup du 20 mai». Il leur a rappelé que cette question du partage des pouvoirs n'intéresse pas beaucoup Pierre Trudeau, que pour lui la question importante est le rapatriement de la Constitution avec une Charte des droits et libertés, la seule réforme qui intéresse le peuple. Et le peuple pourrait être appelé à décider lui-même de son sort...

« Oh ! j'en veux plus de référendum, dit le ministre en prenant son air faussement modeste de "petit gars". J'en veux vraiment pas, mais si nous n'arrivons pas à nous entendre, il n'est pas écarté qu'un jour on soit obligé de demander aux Canadiens : "Qu'est-ce que vous en pensez ?" Et la leçon du référendum québécois, c'est que lorsque les gens sont obligés d'exprimer leur loyauté ou leur attachement au Canada, c'est plus fort qu'on ne le pense… »

Les ministres provinciaux sont abasourdis ! Ils comprennent que, cette fois, Trudeau est sérieux. Et Jean Chrétien, fort de sa victoire référendaire tout de même récente, leur lance un dernier ultimatum : « Il n'y a pas que des premiers ministres dans les provinces, il y a nous du gouvernement fédéral aussi ! Quand un premier ministre prétendra parler au nom de sa province, on a vu ce que ça a donné au Québec le 20 mai dernier. Moi, je sais que les Québécois pensent que je parle en leur nom aussi bien que Claude Morin à cette conférence-ci. »

La menace d'un référendum national, la crainte de se retrouver dans le même camp que Lévesque pour affronter le gouvernement fédéral… Comme le chroniqueur du *Southam News* l'écrivait en 1977 : « Le p'tit gars *really knocked'em dead* ».

Les représentants des provinces sont tellement assommés que, la semaine suivante à Vancouver, ils se mettent à négocier sérieusement. Cela va tellement bien qu'en rentrant à Ottawa, Jean Chrétien peut dire à son patron qu'il l'aura peut-être, après tout, sa Constitution !

Les progrès enregistrés par Jean Chrétien ne tiennent malheureusement pas longtemps. Les premiers ministres des provinces se réunissent à Winnipeg le 21 août et reprennent tout le travail de leurs ministres. Quand ils se présentent à Ottawa pour une autre rencontre avec Pierre Trudeau, le dimanche 7 septembre, le charme du *Uke and Tuke Road Show* est rompu.

«Ils ont jeté à la poubelle la plus grande partie de notre travail de l'été, dit un Jean Chrétien particulièrement dépité à son patron. Ils veulent repartir à zéro: ça ne s'annonce pas très bien.»

Une autre Conférence des premiers ministres, en septembre 1980, déraille dès le premier soir! Le dimanche, les premiers ministres se rencontrent chez le gouverneur général, Ed Shreyer, pour un dîner «spectaculairement raté», raille Trudeau! Puis, la même nuit, un document de stratégie mystérieusement remis à Claude Morin «par un fonctionnaire fédéral de sympathie séparatiste», affirme Chrétien, commence à circuler dans les délégations provinciales.

On apprend dans ce document rédigé par Michael Kirby que le gouvernement fédéral se prépare à passer par-dessus la tête des premiers ministres des provinces et à demander à la reine du Royaume-Uni de lui renvoyer sa Constitution à laquelle serait attachée une Charte des droits et libertés. La présente négociation, selon Kirby, ne doit servir qu'à démontrer la bonne foi et la souplesse du gouvernement fédéral pour ainsi mieux justifier, par la suite, une action unilatérale.

Au-delà de la mauvaise humeur que le document déclenche parmi les provinces – huit d'entre elles, dont le Québec, commencent d'ailleurs à ce moment-là à se rencontrer régulièrement, pour organiser la résistance –, on s'aperçoit que «le petit gars de Shawinigan» est lui aussi manipulé par Pierre Elliott Trudeau. Après avoir gagné la campagne référendaire, il espère devenir le père d'une nouvelle confédération mais à Ottawa on se méfie de lui. Pendant qu'il tente de négocier un accord avec ses collègues des provinces et qu'il amuse la galerie de la presse parlementaire, les stratèges du Conseil privé planifient l'échec!

Et comme prévu, échec il y a! Pierre Trudeau peut désormais présenter à la Chambre des communes et au Sénat une «Résolution portant adresse commune à Sa Majesté la reine concernant la Constitution du Canada» qui comprend sa formule d'amendement et sa Charte. Il ajoute que si certains veulent contester sa démarche devant les tribunaux, ils feront face à un référendum : « Il sera bien difficile de faire campagne contre ça ! » dit Jean Chrétien, qui a quelque expérience en la matière…

Décidément, on a tout prévu à Ottawa !

Le Manitoba, Terre-Neuve et le Québec s'engagent alors dans une véritable guérilla judiciaire. Mais les prenant de court, le Procureur général du Canada – Jean Chrétien, donc – demande à la Cour suprême de trancher la question. Et c'est un jugement à la Salomon qu'elle rend, le 28 septembre 1981 :

- sept juges sur neuf déclarent que le projet fédéral est légal ;
- mais dans un autre jugement, six juges sur neuf ajoutent que le projet est contraire à la tradition bien établie d'obtenir l'assentiment d'un nombre raisonnable de provinces…

« Un nombre raisonnable de provinces, ce n'est donc pas deux… Ni dix ! » conclut aussitôt Jean Chrétien.

Le ministre de la Justice n'a d'ailleurs jamais cru qu'il pourrait convaincre toutes les provinces anglaises. Mais sept provinces sur dix par exemple, représentant au moins la moitié de la population canadienne, ce serait quand même « un nombre raisonnable »…

Le soir du jugement de la Cour suprême, vers 22 h, deux hommes se présentent à la porte de la maison de Jean Chrétien, rue Bower, à Ottawa. Il s'agit du ministre de la Justice de la Saskatchewan, Roy Romanow, et de son collègue de l'Ontario, Roy McMurtry. Romanow a dans la main une bouteille de scotch : il avait parié avec Jean Chrétien que le gouvernement fédéral perdrait sur toute la ligne en Cour suprême. Or le projet est « légal », même s'il n'est pas « légitime ».

Racontant cette visite dans le magazine *L'actualité*, je faillis, bien malgré moi, faire passer Jean Chrétien pour un soûlard! Je me servis en effet de la bouteille de scotch comme d'un sablier qui me permettait d'illustrer le passage du temps… «*Au premier verre*», les trois ministres conviennent que le jugement est désastreux: en reconnaissant que le projet de réforme constitutionnelle est légal, la Cour suprême a donné le feu vert à Pierre Trudeau. Entêté comme il est, il va vouloir aller jusqu'au bout. Mais le projet étant aussi contraire aux traditions politiques du pays, les durs du front commun des huit provinces dissidentes vont se battre jusqu'au bout. «*Au deuxième verre*», les trois ministres – qui ont tous le désir de succéder à leurs chefs respectifs, Trudeau à Ottawa, Allan Blakeney en Saskatchewan et Bill Davis en Ontario – cherchent un moyen de résoudre l'impasse dans laquelle les Salomon de la Cour suprême les ont tous mis… «*Le scotch aidant*», les trois hommes cherchent un moyen de rapprocher les deux camps: Trudeau et ses deux alliés de l'Ontario et du Nouveau-Brunswick d'une part, qui tiennent à leur Charte des droits et libertés, la «Bande des Huit» d'autre part, qui ne veut pas d'une formule d'amendement favorisant l'Ontario ou le Québec avec leur droit de veto. «*Avant de voir le fond de la bouteille*», dis-je en terminant mon récit, Chrétien et McMurtry persuadent leur collègue Romanow qu'il faut briser le front commun des provinces récalcitrantes en tenant le Québec hors du coup: «C'est Lévesque qui tient le front commun des provinces à bout de bras, explique Jean Chrétien. Il fera avorter n'importe quel projet d'entente.»

Quelques jours après ce «récit», Jean Chrétien m'appelle. «Eh! Vastel, vous êtes en train de me faire passer pour un alcoolique! Les gens de ma circonscription me disent: "Ti-Jean, on ne savait pas que tu buvais tant de scotch!" La bouteille, termine le ministre, on ne l'a même pas ouverte! Elle est encore sur le manteau de ma cheminée, l'étiquette signée par Romanow et McMurtry…»

C'est bien volontiers que nous publions une petite mise au point dans le magazine. Car s'il est un défaut que Jean

Chrétien n'a pas, c'est bien celui de prendre un coup. À la deuxième bière, il devient dangereusement loquace et je ne l'ai jamais vu boire du « fort »...

N'empêche que la soirée du 28 septembre marque bien le début d'une série de rencontres secrètes – y compris la dernière, dans une petite pièce du Centre des conférences à Ottawa – au cours desquelles les trois hommes vont négocier une entente entre Ottawa et les provinces anglaises, tout en isolant systématiquement le Québec...

Lorsque les négociations constitutionnelles reprennent, le ministre de l'Énergie, des Mines et des Ressources, Marc Lalonde, termine la négociation de son Programme national de l'énergie. Le 26 octobre, à moins d'une semaine d'une autre « conférence de la dernière chance » sur le rapatriement de la Constitution, Pierre Trudeau signe, avec son homologue de la Saskatchewan, Allan Blakeney, la dernière de trois ententes semblables, deux étant déjà signées avec Peter Lougheed de l'Alberta et Bill Bennett de la Colombie-Britannique. Le Programme national de l'énergie procurera aux gouvernements des revenus de 240 milliards de dollars pour les cinq années suivant son adoption en 1980, dont 75 milliards pour les trois provinces de l'Ouest et 61 milliards pour Ottawa.

Faut-il voir, dans cette entente soudaine avec les provinces canadiennes productrices de pétrole, une volonté délibérée « d'acheter » leur adhésion au projet constitutionnel de Pierre Trudeau? Avouons tout de même que la coïncidence est curieuse...

Quand Peter Lougheed, Bill Bennett et Allan Blakeney se présentent à Ottawa, le soir du dimanche 1er novembre 1981, ils sont « riches ». Leur solidarité avec la « pauvre » province de Québec, énergivore et dépendante du pétrole « étranger », est moins solide que jamais...

Le lundi 2 novembre 1981, les 11 chefs de gouvernement se retrouvent là où ils se sont séparés, un sombre samedi de septembre 1980, autour d'une table octogonale et dans une atmosphère qui n'a rien pour évoquer le tableau des Pères de la Confédération en 1864.

Le premier ministre de l'Ontario, Bill Davis, annonce qu'il n'exigera pas un droit de veto sur toute modification à la nouvelle Constitution. La conséquence est que le Québec n'en aura pas lui non plus! C'est considéré comme un geste de bonne volonté à l'égard des provinces de l'Ouest, de l'Alberta en particulier, qui ont toujours prôné la plus stricte égalité des provinces.

Quant à son collègue du Nouveau-Brunswick, Richard Hatfield, il affirme d'emblée qu'un consensus des 11 chefs de gouvernement ne sera jamais possible «parce que M. Lévesque n'est pas de bonne foi…»

C'est bien parti mais encore insuffisant. Trois premiers ministres en particulier, Peter Lougheed, de l'Alberta, Sterling Lyon, du Manitoba, et René Lévesque prennent un malin plaisir à retourner le fer dans la plaie de Pierre Elliott Trudeau: «Vous avez perdu en Cour suprême!»

Ce même soir du lundi 2 novembre, entre deux séances de négociations constitutionnelles, le premier ministre de Terre-Neuve s'esquive pour signer, avec Marc Lalonde, une entente de principe sur l'exploitation des gisements sous-marins de pétrole et de gaz naturel au large des côtes de la province. Cette fois, René Lévesque dénonce: Trudeau «achète» l'adhésion des provinces anglaises.

La journée du mardi 3 novembre est surtout consacrée à discuter d'une nouvelle formule d'amendement, puisque Davis a renoncé à son droit de veto. En fin d'après-midi, quand tout le monde se sépare, les premiers ministres demandent à leurs fonctionnaires de rédiger une nouvelle formule, inspirée d'une proposition de Peter Lougheed: plus de droit de veto pour personne, mais un droit de «retrait» avec compensation financière – Trudeau appelle cela une «prime à la séparation»! – qui met le pétrole et le gaz naturel de l'Alberta à l'abri des grands projets pan-canadiens, comme le Programme énergétique national. (Le principe du droit de retrait est simple : lorsqu'un nouveau programme national affecte une province et qu'elle ne l'accepte pas, cette province peut s'en « retirer ». Le gouvernement fédéral doit alors lui verser une compensation financière équivalente à ce qu'elle aurait reçu si elle avait appliqué le nouveau programme.)

Dans la soirée de ce même mardi, au restaurant *Mamma Teresa* de la rue O'Connor, à Ottawa, Allan Blakeney et sa délégation ont commandé un plat de fettucine. Par hasard – bien sûr ! – Bill Davis arrive avec ses propres conseillers. On rapproche les tables. On se passe le parmesan. Et quelques idées. Quand le temps du café expresso est arrivé, le premier ministre de l'Ontario invite les fonctionnaires de la Saskatchewan à sa suite de l'hôtel *Four Seasons*, à quelques coins de rues de là. Les délégations des deux provinces travaillent une partie de la nuit à une nouvelle proposition.

C'est alors qu'arrive la journée du mercredi 4 novembre, une journée qui n'aura pas de soir, ni de nuit...

Comme chaque matin à 8 h, le front commun des provinces opposées aux propositions du gouvernement fédéral – on les a surnommées « la Bande des Huit » – se retrouve dans une suite de l'hôtel *Château Laurier* pour faire le point sur les événements de la nuit précédente. Elles se sont en effet promis de ne rien entreprendre sans en parler aux autres. Allan Blakeney remet à ses collègues le projet que ses fonctionnaires ont tenté de rédiger la nuit précédente, avec l'aide de Bill Davis.

René Lévesque se rend compte que le Front commun tient de moins en moins et, furieux, il quitte la salle prématurément. Le sous-ministre de Claude Morin, Robert Normand, analyse la situation avec une élégance toute diplomatique : « Bennett nous glisse entre les doigts, Blakeney nous fait dans les mains et le troisième, Peckford, glisse dans la merde du second ! »

La réunion du mercredi matin est orageuse. Le chef du gouvernement fédéral refuse à peu près toutes les suggestions venant des provinces. Pendant une pause café, Trudeau et Lévesque se retrouvent seuls un instant. «Si on ne s'est pas mis d'accord dans deux ans, murmure Trudeau à l'oreille de "René", on joue la Charte des droits et la formule d'amendement sur un coup de dés, devant le peuple. Qu'en penses-tu?» Le joueur de poker qui sommeille en René Lévesque se réveille. Un match revanche du référendum de mai 1980, avec Pierre Elliott Trudeau, ça ne se refuse pas! Lévesque mord à l'hameçon…

Après cette pause, Trudeau sort de sa poche un document «confidentiel» qui prévoit que l'impasse dans laquelle tout le monde se trouve sera dénouée par un référendum national: il exigera une majorité simple au Canada, assortie d'une majorité en Ontario, au Québec, dans l'ensemble des quatre provinces de l'Ouest et dans l'Est. René Lévesque est emballé – le Québec a un droit de veto, son gouvernement gagne deux ans et le Parti québécois tient une chance de battre Trudeau sur son propre terrain. Il le dit avec enthousiasme…

Devant les journalistes, à l'heure du déjeuner, Pierre Trudeau en remet même un peu: il annonce «une nouvelle alliance Ottawa-Québec» et ses adjoints politiques se répandent dans les couloirs du Centre des conférences pour affirmer, presque la larme à l'œil, que «Pierre Trudeau tenait beaucoup à s'entendre avec René Lévesque…» Ben voyons!

Le reste de la «Bande des Huit» est furieux. Les premiers ministres ont l'impression que René Lévesque vient de les laisser tomber. Il fallait briser le front commun en faisant sortir René Lévesque du groupe. Il s'en est sorti tout seul!

Pendant ce temps-là, Jean Chrétien, Roy Romanow et Roy McMurtry se retirent discrètement dans une cuisinette, au cinquième étage du Centre des conférences. L'Histoire choisit parfois des lieux bien étranges pour s'écrire. Et celle-là va littéralement tenir sur un coin de serviette en papier!

Les trois conjurés font la synthèse de toutes les propositions qui circulent depuis la soirée du 28 septembre qu'ils ont passée ensemble. Leur solution est simple: les provinces auront leur formule d'amendement et Trudeau sa Charte des droits, bien qu'assortie de cette clause «nonobstant» qui ne lui plaît guère.

Quelques heures plus tard, alors que le Québec dormait encore dans son hôtel, sur la rive québécoise de la rivière des Outaouais, le Canada se réveillait avec une nouvelle Constitution.

Alors, y eut-il une «nuit des longs couteaux»?

«Il y a quand même des choses un peu drôles qui se sont racontées sur ces événements, dit Trudeau dans un discours à Québec. Je pense que c'est Vastel du *Devoir* qui parlait d'une nuit de complots et de machinations nocturnes à la suite desquelles le Québec s'est trouvé isolé...»

«Les provinces se sont consultées entre elles, mais j'étais chez moi et elles ne m'ont pas appelé. Demandez à ma femme!» n'arrête pas de me répéter Jean Chrétien depuis.

Revoyons donc une dernière fois les faits, tels que je les ai vécus à l'époque, et racontés par les deux principaux acteurs, Trudeau et Chrétien...

Premièrement, y eut-il un piège pour isoler René Lévesque?

La proposition de référendum de Pierre Trudeau reposait sur un document que les experts eux-mêmes – tel Gérald Beaudoin, professeur de droit constitutionnel à l'université d'Ottawa – comparaient à «du chinois», et qui s'avérait tout à fait inacceptable pour le Québec autant que pour toutes les autres provinces. Ce document n'avait pas été montré à René Lévesque avant que Trudeau lui demande son avis mais il m'a été remis, pendant la conférence, par Eddie Goldenberg lui-même. Je l'ai toujours et je peux dire qu'il est effectivement incompréhensible.

Pierre Trudeau lui-même, très content de lui, confie dans ses Mémoires: «Je venais de lâcher le chat parmi les pigeons!»

Et quant à lui, Jean Chrétien écrit: «Pierre Trudeau était ravi que Québec ait mordu à l'hameçon parce qu'il divisait la "gang des huit", *ce qui faisait évidemment partie de notre stratégie.*»

Deuxièmement, Jean Chrétien fut-il chargé de négocier avec les provinces pendant la nuit du 4 au 5 novembre?

Dans la soirée du 4, Pierre Trudeau réunit quelques-uns de ses ministres à sa résidence officielle. Il sait qu'il ne pourra probablement pas obtenir une meilleure proposition que celle qui a été envisagée, dans l'après-midi, par les trois compères Chrétien, McMurtry et Romanow. Bill Davis le lui fait d'ailleurs savoir, vers 23 h, par un coup de téléphone qui tient de l'ultimatum.

Pierre Trudeau raconte lui-même: «Chrétien et ses deux collègues provinciaux avaient tracé le cadre d'une proposition qui répondait à l'essentiel de nos exigences. Je décidai finalement de me rallier et je déclarai à mes ministres: "D'accord. *J'autorise Chrétien à négocier* une entente à partir de ces données. Mais le marché a besoin d'être un bon marché!" En le reconduisant vers la porte, j'ajoutai pour Chrétien: "Jean, si tu rallies à ta solution sept provinces représentant 50% de la population, il se peut que je l'accepte." Et j'allai me mettre au lit.

«C'est le téléphone qui me réveilla le lendemain matin, vers 7 h, poursuit Trudeau. Chrétien me proposait de déjeuner avec lui; toutes les provinces, à l'exception du Québec, acceptaient sa proposition...»

Alors, qu'a donc fait Jean Chrétien entre le moment où son patron l'a envoyé «négocier avec ses collègues des provinces» et celui où il est revenu en disant «mission accomplie»? «J'ai dormi deux heures la nuit dernière», m'a dit personnellement un Jean Chrétien triomphant sur les marches de la Chambre des communes dès le lendemain matin.

Quelques jours plus tard, quand il vit la réaction au Québec – et pas seulement celle des péquistes ! –, il expliqua qu'il n'avait pas dormi parce qu'il était trop excité à la pensée que les provinces et le gouvernement fédéral s'entendent enfin. Seule sa femme pourrait confirmer la vérité ! Mais une chose est certaine : c'est bien la première fois que je vois un politicien aussi ambitieux que Jean Chrétien jouer un rôle central dans un événement historique et refuser de s'en vanter !

D'ailleurs, Pierre Trudeau, lui, ne s'y trompe pas. L'accord des neuf provinces anglaises avec le gouvernement fédéral – tout en laissant le Québec hors du coup – est bien l'œuvre de Jean Chrétien. « Jean, si tu étais là, je t'embrasserais ! » dit en effet Trudeau à son ministre au téléphone, le matin du 5 novembre.

Pierre Trudeau s'était promis une nouvelle Constitution « avant la fin de l'année », et il l'eut ! Le 2 décembre, le projet négocié avec les provinces – assorti de quelques modifications à la Charte pour y inscrire les droits des femmes et des peuples autochtones – est adopté à la Chambre des communes. Le 8, il est ratifié par le Sénat et, le soir même, Jean Chrétien saute dans un avion pour porter la nouvelle Constitution au parlement de Londres.

Le petit gars en profite pour faire un petit détour par Buckingham Palace et inviter la reine à venir elle-même rapporter la Constitution au Canada. « Le 17 avril, ça vous irait ? »

Le gouvernement fédéral se lance aussitôt dans un véritable blitz publicitaire à la télévision, dans les stations de radio et dans les grands quotidiens du pays. C'est qu'il faut battre le fer pendant qu'il est chaud, en particulier au Québec. Une bonne majorité de Québécois – 46 % contre 31 % – pensent que le gouvernement du Québec devrait signer.

La reine débarque donc à Ottawa le 15 avril coiffée d'un petit chapeau «rouge géranium». Au cours d'une réception avec les journalistes, dans un français impeccable, elle se permet de trouver que «c'est triste», cette absence du Québec!

La photographie officielle a immortalisé l'événement: Jean Chrétien signant la nouvelle Constitution sous le regard hilare de la reine. Ce que la photo ne dit pas, c'est que Pierre Trudeau avant lui, à moins que ce ne soit André Ouellet qui signait aussi à titre de gardien du Grand Sceau, avait tordu la pointe du stylo et que Chrétien grognait contre eux à voix haute. Elizabeth II le trouva très drôle.

Trudeau, Chrétien, Ouellet... Avec la présidente de la Chambre des communes, Jeanne Sauvé, et le président du Sénat, Jean Marchand, cela faisait décidément beaucoup de Québécois sur la tribune d'honneur, reléguant ainsi au second plan l'absence de René Lévesque et de Claude Ryan.

Mais le service du protocole ne peut tout mettre en scène, tout de même... Un terrible orage détrempa les tailleurs et les chapeaux des invités de marque. Puis vint le lâcher de pigeons, de 1982 pigeons, pour être exact. À peine le tiers du nombre prévu étaient au rendez-vous: les clubs colombophiles du Québec avaient refusé de prêter leurs volatiles! Quelques notables québécois pouvaient bien donner le change sur la tribune d'honneur, aux côtés de la reine. Mais il fut impossible de recruter, au Québec, des pigeons fédéralistes!

«C'est fini!» se dit Jean Chrétien à la fin d'un dîner avec la reine.

Mais non, ce n'était pas fini! Le pauvre Jean Chrétien devrait encore subir quelques débats constitutionnels et la question du Québec viendrait encore le hanter pendant deux décennies!

Mais en 1982, le «petit gars de Shawinigan» pense à autre chose... À devenir chef de parti et premier ministre, par exemple...

CHAPITRE 6

L'éternel second

Le 20 mai 1980, le «petit gars de Shawinigan» a battu les séparatistes sur leur propre terrain, c'est-à-dire dans le premier référendum sur la souveraineté du Québec de l'histoire.

Au cours des dix-huit mois qui ont suivi, il a été l'architecte du rapatriement de la Constitution, le *Canada Bill,* et il a donné au pays une Charte des droits et libertés.

Jean Chrétien se croit donc parti pour la gloire...

Malheureusement pour lui, c'est Pierre Elliott Trudeau qui prendra sa place dans les livres d'histoire. Et qui portera le ressentiment des Québécois aussi. La *Loi sur les mesures de guerre,* la promesse du Centre Paul-Sauvé à Montréal, la Charte – «sa Charte!» dit-on couramment – le «*Trudeau Bill*» enfin, il n'y en a que pour le premier ministre. Lui parti, le pays voudra certainement tourner la page.

Or, Jean Chrétien n'est que le verso d'une même page dont le recto est Trudeau lui-même... C'est plutôt une autre page que les Canadiens auront bientôt envie de lire.

La nouvelle *Loi de 1982 sur le Canada* proclamée, et la reine repartie dans ses palais de Grande-Bretagne, les Canadiens se découvrent maintenant fatigués de ces *Frenchies* qui bousculent tout le monde: l'Ouest avec les politiques nationales, le Québec avec la Constitution, et même l'Ontario avec le bilinguisme.

Passent 1982... 1983... Le temps s'étire et beaucoup de monde a hâte, sans le dire bien sûr, que Pierre Elliott Trudeau s'en aille. Et Jean Chrétien rêve de plus en plus haut et fort de le remplacer...

Il est toujours ministre de la Justice tout de même et – pour s'occuper sans doute! – il se lance dans une tentative de modernisation du Code pénal. Vieux de quatre-vingt-dix ans, le Code contenait à l'origine une série de 350 infractions passibles d'amendes ou de peines de prison. Elles conduisaient aussi à l'ouverture d'un embarrassant casier judiciaire.

Mais au fil des années, quelque 40 000 infractions à des lois fédérales ou provinciales s'étaient ajoutées, provoquant les mêmes conséquences que tout autre acte vraiment «criminel». Jean Chrétien lui-même aimait citer, à titre d'exemple, les procédures suivies par la police et les tribunaux qui étaient les mêmes pour un criminel violent ou pour un individu qui faisait du ski nautique la nuit!

Parmi les infractions dont le ministre de la Justice veut réduire la portée, se trouvent celles commises par les amateurs de marijuana qui tombent sous le coup de la *Loi sur les narcotiques*: la simple possession de *pot* peut entraîner une peine de sept ans de prison! Certes, Jean Chrétien veut continuer de «passer au *bat*» les trafiquants de drogue, mais il ne veut pas «que les jeunes traînent un casier judiciaire toute leur vie pour avoir fumé un joint». Il profite de l'occasion pour révéler qu'il n'a jamais tenté l'expérience lui-même. Mais était-ce bien nécessaire? C'est le contraire qui nous eût étonnés!

La multiplication des infractions criminelles engorge l'appareil judiciaire et le ministre de la Justice se donne donc pour tâche de dépoussiérer le vieux Code pénal. C'est un projet ambitieux et il faudra des années pour le réaliser. Son patron en décidera autrement...

Le 10 septembre 1982, en effet, Pierre Trudeau déplace les gros canons de son équipe : Jean Chrétien hérite du ministère de l'Énergie, des Mines et des Ressources. C'est son vieux rival, Marc Lalonde, qui obtient ce ministère des Finances qu'il convoitait tant alors qu'Allan MacEachen retourne, pour la deuxième fois de sa carrière, aux Affaires étrangères.

Au jeu des chaises musicales, ce n'est certainement pas Jean Chrétien qui obtient la plus confortable ! Après en avoir fait des gorges chaudes pendant la campagne référendaire de 1980, le voilà responsable du prix de « la *tank* à gaz » ! Il est vrai que le Grand Nord contient d'immenses réserves de gaz naturel et que son passage au ministère des Affaires indiennes et du Nord canadien lui a donné quelque expérience en la matière.

Plus sérieusement, toutefois, Trudeau attend de lui qu'il réconcilie les milieux pétroliers avec le gouvernement libéral – le gouvernement des « rouges » comme on l'appelait alors à Calgary, le comparant aux communistes ! Il lui demande aussi de négocier avec les provinces des « ajustements » au Programme énergétique national.

Plus souple que Marc Lalonde, Jean Chrétien va plutôt bien réussir à la tâche, aidé toutefois par la conjoncture : les prix mondiaux du pétrole ont recommencé à baisser. L'ambitieux ministre peut parcourir le pays d'ouest en est – de l'Alberta à Terre-Neuve en particulier – ce qui n'est pas mauvais pour sa carrière.

On voit peu le ministre de l'Énergie au Québec à ce moment-là. Il ne faut donc pas se surprendre qu'on ait oublié que c'est lui qui a planté le dernier clou dans le cercueil de l'industrie du raffinage – et de la pétrochimie qui vient avec ! Il autorise en effet Petro-Canada à acheter British Petroleum. Or, la première décision de la compagnie nationale – celle qui avait le grand avantage d'arborer la feuille d'érable sur toutes les stations-service du Québec pendant

la campagne référendaire et de faire de généreuses contributions au Comité Pro-Canada – fut de fermer sa raffinerie de
Montréal.

Fernand Daoust, patron de la Fédération des Travailleurs
du Québec, eut beau solliciter l'intervention de Jean Chrétien
pour sauver ce qu'il restait encore des industries pétrolières
et pétrochimiques à Montréal, celui-ci laissa faire les sacro-
saintes lois du marché. « Le Québec s'achemine vers une
nouvelle vocation peu reluisante, déplora Daoust : celle d'un
centre de distribution du pétrole raffiné en Ontario. » Ni le
ministre fédéral de l'Énergie, ni aucun des 74 députés libéraux fédéraux du Québec d'ailleurs, ne s'émeut sérieusement de voir l'Ontario consolider ainsi son monopole sur le
pétrole et les industries chimiques qui en dépendent… (Le
coloré député conservateur Roch La Salle va prendre l'habitude d'appeler ces représentants du Québec à Ottawa les
« 74 nouilles » !)

Le député de Saint-Maurice a d'autres ambitions que de
défendre les intérêts du Québec à Ottawa…

Au Québec, Claude Ryan a abandonné la direction du
Parti libéral en août 1982. Après avoir failli perdre le référendum de mai 1980, l'ancien directeur du *Devoir* s'est fait
battre aux élections générales d'avril 1981. Lui qu'on avait
recruté pour débarrasser le pays du Parti québécois, il avait
finalement échoué sur toute la ligne. À Ottawa, on ne parle
que de son remplacement, et on a dressé le profil du candidat idéal : « un fédéraliste, ayant lui-même une expérience de
député, habile en politique et prêt à collaborer avec Ottawa ».

C'est un profil qui correspond assez bien à celui de Jean
Chrétien. Le parachutage d'un ministre fédéral à la tête du
Parti libéral provincial ne s'est-il pas déjà fait avec Jean
Lesage au début des années 1960 ? Et avec succès !

« Après ce qui s'est passé depuis un an, nous ne voyons
personne d'Ottawa qui puisse être acceptable », font savoir
les députés libéraux du Québec. Jean Chrétien a compris que

ses batailles de «franc-tireur» ont mis fin pour toujours à ses ambitions politiques au Québec.

Pierre Trudeau tente alors de placer son homme à Québec, l'ancien ministre des Finances, Raymond Garneau. Dans un geste sans précédent, qu'il ne peut se permettre qu'avec le Québec sans soulever un tollé de protestations ailleurs au Canada, Trudeau invite en effet Garneau et son épouse à sa résidence officielle pour tenter de les convaincre de se sacrifier à la cause du Canada.

Toutes ces manœuvres n'ont qu'un but: empêcher le retour de Robert Bourassa à la tête du Parti libéral du Québec. En ont-ils dit du mal de ce Bourassa, les ténors du Parti libéral du Canada, Trudeau, Lalonde et Chrétien en particulier! «Il n'a pas de parole!» affirment les plus polis... «Il n'a pas de couilles», grogne le plus direct, Marc Lalonde.

Ils lui reprochent d'avoir fait échouer toutes leurs tentatives de rapatriement de la Constitution, en 1971 et en 1976. Et ils le soupçonnent de chercher une revanche sur le rapatriement unilatéral de 1981. Ils ont bien raison d'ailleurs...

«Les libéraux fédéraux savaient qu'il y aurait un prix à payer pour l'adhésion du Québec à *leur* Constitution de 1981, un prix qui ne leur plaisait pas...», me confirma Bourassa lui-même.

Jean Chrétien s'est-il rendu compte alors du désastre qui s'annonçait pour lui et son propre parti? Des deux portes qu'il avait toujours espéré franchir – celle du *bunker* de la Grande-Allée à Québec et celle de l'édifice Langevin à Ottawa, qui abritent l'un et l'autre les bureaux des premiers ministres du Québec et du Canada –, la première lui est maintenant fermée. «Après ce qui s'est passé...», comme on dit, il est devenu une sorte de paria dans sa propre province. Et les choses commencent à aller vraiment mal pour le Parti libéral du Canada.

«Je ne sais pas combien de temps nous allons durer parce que nous sommes dans une situation lamentable», confie-t-il au début de 1983 à un petit groupe de congressistes américains. Malheureusement pour lui, la porte de la salle à manger du restaurant parlementaire où il se trouve est ouverte et des journalistes entendent l'analyse qu'il fait de la situation politique au Canada.

À cette époque – et pour quelques mois –, Joe Clark est encore le chef du Parti progressiste-conservateur. «Les gens ne voteront pas pour Clark mais contre nous, estime Chrétien. Les Canadiens sont mécontents de nous et ils en ont assez de spéculer sur la date du départ de Pierre Trudeau!»

Ils vont spéculer longtemps puisqu'au moment où Jean Chrétien tient ces propos, Pierre Trudeau est encore à plus d'un an de la retraite! Le «petit gars de Shawinigan» a lui-même bien du mal à cacher son impatience. «Tout le monde sait que lorsque le grand homme va partir, tout un chacun va tenter de prendre sa place», raconte-t-il encore aux Américains. Et il ne veut pas être le dernier à se lancer dans la course… «Mais si je déplace trop d'air, Trudeau va m'exclure du Cabinet!» ajoute-t-il aussitôt.

Certains ont prétendu que Pierre Trudeau retardait ainsi son départ pour empêcher John Turner de lui succéder – une tactique dont on soupçonnera un jour Jean Chrétien lui-même, cette fois aux dépens de Paul Martin! Une chose est certaine, le premier ministre n'a rien fait pour favoriser l'un de ses ministres, pas même Chrétien! Il s'était donc certainement résigné à voir Turner prendre la direction de son parti.

Par ailleurs, Pierre Trudeau appréciait les idées de Brian Mulroney qui, président de l'Iron Ore du Canada, une compagnie minière de la Côte-Nord, au Québec, avait approuvé publiquement son attitude à l'égard du Québec et l'opération de rapatriement de la Constitution. À l'époque, on ne pouvait certainement pas soupçonner le candidat à la direction du Parti conservateur de sympathies pour les nationalistes du Québec et, sur le plan de la politique commerciale,

Maurice Duplessis au Séminaire de Trois-Rivières en 1955: «T'es un maudit rouge!» dit le premier ministre à «Ti-Jean».

Pierre Trudeau, John Turner, Lester Pearson, Jean Chrétien... Quatre premiers ministres libéraux qui vont dominer la vie politique canadienne pendant quarante ans.

Jean Chrétien avec sa première et sa seule blonde, Aline Chainé. Il lui consacrait tout son temps, au point où ses amis l'avaient surnommé «Jean Fidèle».

Non il ne va pas, comme Pierre Trudeau, glisser sur la rampe d'escalier! « Premier Canadien français ministre des Finances » en 1977, Chrétien montre la semelle de ses chaussures neuves… (CPimages/Fred Chartrand)

La défaite des libéraux en 1984 allait enfin permettre à Jean Chrétien de passer plus de temps avec ses petits-enfants qu'il n'en avait eu à donner à ses propres enfants.

Avec son fils adoptif, Michel. C'était l'idée d'Aline d'adopter un jeune enfant dans le Grand Nord, et Jean l'appuya immédiatement avec enthousiasme. (CPimages/Stf-Charles Mitchell)

En novembre 1981, trois ministres de la Justice, Roy McMurtry (Ontario), Jean Chrétien (Canada) et Roy Romanow (Saskatchewan) se retirent discrètement dans une cuisinette… L'Histoire choisit parfois des lieux bien étranges pour s'écrire. Et celle-là va littéralement tenir sur un coin de serviette en papier. Claude Morin (Québec) n'est pas invité à la table… (CPimages/Rod MacIvor)

Après la nuit du 5 novembre 1981… *Le Journal de Québec* titre: «Le Québec est trahi!» (CPimages/Fls-stf)

«Jean, je t'embrasserais…» dit Pierre Trudeau à son ministre. Le Canada avait une nouvelle Constitution.

«Ce maudit Trudeau a ébréché la plume!» constate Chrétien au moment de signer la Constitution en avril 1982. La reine le trouva bien drôle!

En 1989 et 1990, dans une certaine mesure, «l'homme de Trudeau» fait sa campagne pour la direction du Parti libéral du Canada sur le dos du Québec. (CPimages/Hans Deryk)

À l'Assemblée nationale, devant la Commission sur l'avenir politique et constitutionnel du Québec, Jean Chrétien fait de surprenantes rencontres… (CPimages/Jacques Boissinot)

Un «petit gars de Shawinigan» pétant de santé. (CPimages/Ryan Remiorz)

Le nouveau premier ministre offre à son ministre des Finances, Paul Martin, des bottes de travailleur de la construction pour la présentation de son premier budget. Une façon d'expliquer qu'il va remettre le Canada au travail. (CPimages/Fred Chartrand)

Dans le bon vieux temps où Jean Chrétien et Paul Martin tiraient encore dans la même direction… (CPimages/Tom Hanson)

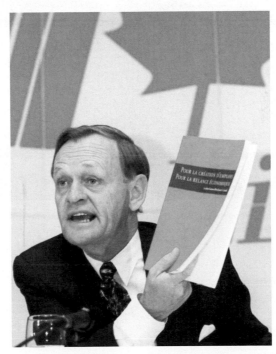

Le «petit livre rouge» qui tenait lieu de programme au Parti libéral en 1993 avait la qualité d'un rapport du Conseil économique du Canada. (CPimages/Tom Hanson)

Le 9 avril 2000, en compagnie de Leah Rabin, veuve du premier ministre assassiné Yitzak Rabin, à l'occasion d'une cérémonie commémorative tenue à Jérusalem. (CPimages/Fred Chartrand)

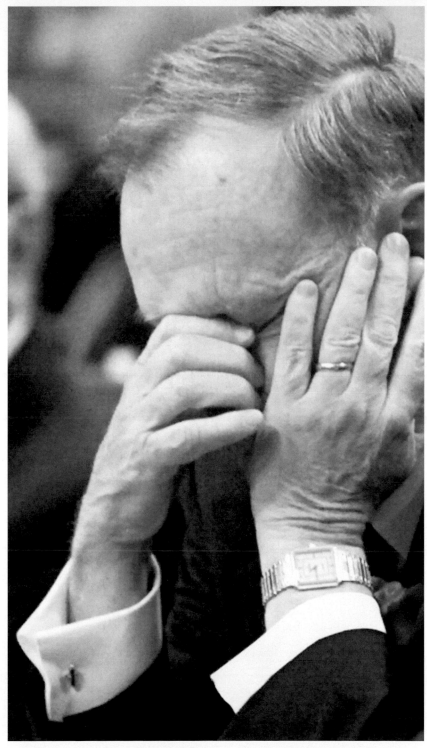

Jean Chrétien pleure Pierre Elliott Trudeau, ce «géant politique» qui a aussi été son maître à penser, décédé en septembre 2000. (CPimages/Jonathan Hayward)

Devant la dépouille de l'ancien premier ministre avec Sacha et Justin, les fils de Pierre Elliott Trudeau. (CPimages/Jonathan Hayward)

Le premier ministre du Canada affirma que la menace de Yasser Arafat de déclarer unilatéralement l'indépendance de la Palestine était une bonne tactique de négociation! (CPimages/
Tom Hanson)

Jean Chrétien reprochait à Brian Mulroney d'aller à la pêche avec le président des États-Unis. Lui, il joue au golf… (CPimages/Andrew Vaughan)

George W. Bush n'a pas apprécié que le Canada le laisse tomber pendant la guerre en Irak en 2003 (ils sont ici en compagnie du premier ministre du Japon, Junichiro Koizumi et du président de la République française, Jacques Chirac). (CPimages/Tom Hanson)

il s'opposait au libre-échange. Un quasi libéral en somme, ce Brian Mulroney!

Le paysage politique canadien va rapidement changer en 1983, mais à droite de l'échiquier politique, c'est-à-dire chez les conservateurs qui forment alors l'Opposition officielle.

En février, les militants du Parti progressiste-conservateur retirent leur confiance à Joe Clark et, le 11 juin 1983, celui qu'on appelle déjà «le petit gars de Baie-Comeau», Brian Mulroney, lui succède. Pour la première fois de leur histoire, les conservateurs ont un Québécois à leur tête.

On assiste alors à ce que Jean Chrétien appelle lui-même «une drôle de guerre» entre lui et John Turner. Le départ de Pierre Trudeau est acquis mais au début de 1984, quatre ans après sa réélection, celui-ci fait durer le plaisir, si on peut dire! Au moins cinq ministres de son Cabinet piaffent d'impatience, mais personne n'ose défier le chef de peur de perdre sa limousine et son chauffeur.

Un seul candidat, John Turner, est ouvertement en campagne et il s'en prive d'autant moins qu'après avoir quitté le gouvernement de Pierre Trudeau avec fracas, en 1975, il n'a cessé de critiquer ses politiques économiques – dont celles de Jean Chrétien lui-même! Depuis huit ans, Turner tient sa cour dans les plus beaux salons du pays.

Tout un phénomène, ce Turner, d'ailleurs! Né en Grande-Bretagne, élevé à Ottawa, éduqué en Colombie-Britannique, lancé en politique à Montréal, marié à une grande bourgeoise de Winnipeg, propriétaire d'une résidence d'été en Nouvelle-Écosse, il est de partout à la fois.

Boursier Rhodes, il a étudié le droit à Oxford, a passé un an à Paris et a eu droit à une loi privée de l'Assemblée nationale – parrainée par Maurice Duplessis lui-même à part ça! – pour obtenir la permission de pratiquer le droit au Québec.

Avocat des riches, habitué du prestigieux restaurant *Wilson* de Toronto où il a sa table personnelle – la numéro 23 – avec son téléphone privé, il compte parmi ses familiers les frères Bronfman, Ian Sinclair du Canadien Pacifique, les frères Seaman de Bow Valley Industries, John Pierce de Ranger Oil, Paul Paré d'Imasco… En somme, il est le préféré de Bay Street à Toronto et du Petroleum Club à Calgary.

Et les journalistes l'adorent. La presse nationale l'a même déjà sacré dauphin de Pierre Trudeau…

Bref, riche, beau au point d'avoir été désigné « le plus bel homme du Canada », accepté par les élites des grandes villes du pays, aimé de la presse, il est tout le contraire de Jean Chrétien ! Celui-ci en est jaloux et retrouve ses vieilles rancunes contre les bourgeois et les intellectuels. Et puisqu'il doit se distinguer de son adversaire, il reprend ses airs de « petit gars », il insiste sur ses racines modestes – la rue principale de Shawinigan –, il cultive son style populiste – « ils m'aiment comme ça… » – et il appuie lourdement son langage populaire.

Au personnage raffiné qu'est tout naturellement John Turner, Jean Chrétien oppose une candidature de rustre : « Je comptais sur tous ceux qui préfèrent un homme politique populiste, issu d'une région rurale, à un avocat torontois », explique-t-il lui-même. Les déceptions vont se succéder…

Jean Chrétien est en route vers Montréal, le 29 février 1984, lorsqu'il apprend, à la radio, la démission de Pierre Elliott Trudeau. Il n'a donc pas été prévenu ! Le soir même, il accepte de participer, à partir des studios de Radio-Canada à Montréal, à la prestigieuse émission de CBC, *The Journal*, qui jouit à l'époque de grosses cotes d'écoute au Canada. Il fait le calcul que, dès le soir de la démission de son patron, il sera ainsi mis en vedette par la télévision anglaise… C'est tout le contraire qui arrive !

La télévision a préparé un long documentaire sur John Turner, plutôt flatteur d'ailleurs, qu'il doit commenter ensuite ! Et, comble de l'insulte, un député québécois qui participe à l'émission avec lui annonce sur-le-champ qu'il appuiera John Turner. Des années plus tard, Jean Chrétien exprime encore son amertume… « Je persiste à croire que l'incroyable engouement manifesté dès le premier jour par la presse à l'endroit de Turner a, en fin de compte, largement contribué à ma défaite», écrit-il dans ses Mémoires.

Mais Jean Chrétien a bien d'autres handicaps qui, les uns après les autres, vont anéantir ses chances.

La tradition de l'alternance entre un Québécois francophone et un Canadien anglophone à la tête du Parti libéral du Canada existe depuis Sir Wilfrid Laurier, à la fin du XIXe siècle. Ce n'est pas une règle mais elle l'a si bien servi que le parti l'observe avec scrupule.

«Je suis né du mauvais côté de la rivière des Outaouais, je suis un francophone, a d'ailleurs dit Jean Chrétien aux congressistes américains un an plus tôt. Si mon nom était *John Christian* et si j'étais Ontarien, j'aurais ma chance…».

John Turner a le double avantage d'être de partout au Canada, et pas seulement de Shawinigan-Québec, et aussi d'être un anglophone parfaitement bilingue.

Jean Chrétien sait que cette question le handicape. Il s'attend bien sûr à ce que l'on s'en serve contre lui. Mais jamais il n'aurait pensé que l'attaque viendrait d'un compatriote du Québec! «Ce n'est pas le tour d'un francophone», déclare en effet Marc Lalonde aussitôt après le départ de Trudeau. De la part du leader des libéraux fédéraux du Québec, c'est sans appel!

«Il m'a tiré le tapis sous les pieds dès le premier jour», proteste Chrétien. Il en est tellement blessé qu'il rédige un projet de communiqué de presse – qu'il ne rendra jamais public heureusement! – dans lequel il dit: «Il est à la fois étonnant et triste de constater que celui qui a contribué à donner au Canada une Charte des droits ne puisse entrer dans la course au leadership du Parti libéral parce qu'il est francophone…» Bienvenue au Canada de Pierre Trudeau, Monsieur Chrétien!

Certes, Pierre Trudeau – qui a lui-même succédé à l'anglophone Lester Pearson – vient à sa rescousse avec une boutade: «Si tout reposait sur l'alternance, je ne devrais pas être premier ministre. Je croyais avoir été choisi parce que j'étais le meilleur!» Mais le mal est fait et il est plus profond qu'une simple question d'alternance.

Les Québécois lâchent Jean Chrétien, tout simplement!

Deux semaines avant que sa candidature ne soit officielle, trois députés lui demandent de les relever de leur promesse de l'appuyer. André Maltais sur la Côte-Nord, Jean Lapierre dans les Cantons de l'Est, Pierre Gimaïel au Lac-Saint-Jean font tous la même découverte: ils peuvent éprouver toute la sympathie qu'ils veulent pour «le candidat du Québec» – il y en a deux en fait avec Donald Johnston, un anglophone de Westmount –, les militants leur annoncent qu'ils ne les suivront pas. Leur homme, c'est Turner.

Parmi les ministres, la situation est encore plus catastrophique pour Jean Chrétien. Sur la dizaine de ministres québécois de Pierre Trudeau, il n'y en a que trois – et pas les plus importants, loin de là! – qui appuient la candidature du «petit gars de Shawinigan». Plus grave encore, il est «trahi» par ses propres amis.

Jean Chrétien avoue lui-même qu'il ne comptait pas sur l'appui de Marc Lalonde, encore qu'il espérait secrètement que quelque instinct tribal l'amène à consentir un beau geste en sa faveur. C'était bien mal le connaître!

André Ouellet, ministre et responsable des affaires politiques du parti au Québec, était quant à lui un ami personnel de Jean Chrétien. Ils avaient été voisins dans le quartier Alta Vista à Ottawa, et leurs femmes se fréquentaient. Ouellet avait donc laissé entendre qu'il ne pouvait faire autrement que «d'appuyer Jean... même s'il n'a pas beaucoup de chances de gagner»! La veille du jour où John Turner annonce sa candidature, Ouellet, pas mal embarrassé, annonce à Chrétien qu'il ne l'appuiera pas. «Ne te présente pas, tu sortirais de cette campagne humilié et blessé», lui dit-il.

Un autre ministre populaire au Québec, Francis Fox, qu'on avait longtemps considéré comme le préféré de Pierre Trudeau, décide lui aussi de se ranger derrière John Turner. Tous savent bien que Jean Chrétien n'a aucune chance, que John Turner sera le prochain premier ministre, et que c'est lui qui distribuera les portefeuilles ministériels. On peut être libéral et carriériste: les deux vont même plutôt bien ensemble!

Pourquoi Jean Chrétien se présente-t-il quand même? Il a vingt et un ans de vie publique derrière lui alors que John Turner est retourné dans le secteur privé depuis huit ans. Il pense que son adversaire, rouillé, va commettre des gaffes. Et c'est effectivement ce qui arrive. Les premières semaines de la campagne de Turner sont difficiles. Soucieux de se démarquer de son prédécesseur, Turner prend ses distances avec la politique des langues officielles et laisse les francophones du reste du Canada, tout comme les anglophones du Québec, à la merci de gouvernements provinciaux fort peu sympathiques à leur cause. Le «rouillé» a oublié que «la Charte» protège leurs droits!

Jean Chrétien, par contre, joue la carte de la fidélité à Trudeau. Il jouit d'une grande popularité au Canada anglais. Et il parle souvent de la dette que le Parti libéral et le Canada ont envers lui…

«J'ai défendu le Canada pendant vingt ans d'un océan à l'autre, dit-il par exemple à Toronto. Je suis prêt à offrir tout ce que j'ai, un engagement de tous les instants. Je veux vous donner mon talent, mon expérience, mon amour pour le pays.» Chaque fois qu'il rappelle ainsi ses faits d'armes, il a droit à une ovation debout. Les militants libéraux l'aiment incontestablement, d'autant plus qu'il peut aussi les faire rire…

«Je sais que le 16 juin, vous choisirez le meilleur chef pour le Canada, leur dit-il. Et ma femme m'a dit que le meilleur, c'est moi!»

Au Québec, Jean Chrétien se rend compte dès le début qu'il aura des difficultés, surtout après avoir pris contact avec ses vieux compagnons d'armes de la campagne référendaire. Il insiste sur le fait que les fédéralistes ont une dette envers lui eux aussi et rappelle l'état de panique dans lequel se trouvaient les partisans du Non lorsqu'il a décidé de s'en mêler.

«Je ne peux compter sur personne, constate-t-il. Tous ceux qui connaissent un peu le parti et ont de l'expérience ont reçu des consignes d'en haut…» Jean Chrétien se convainc ainsi qu'il est victime de l'establishment du Parti libéral.

Dépité, il accuse carrément les 39 députés québécois qui appuient John Turner d'«ingratitude» à son égard! Désespéré, il lance un appel aux libéraux de Robert Bourassa, leur promettant de les aider à battre le Parti québécois lorsque le temps sera venu. Rien n'y fait. Ce n'est pas son tour. Les libéraux du Québec le trouvent «encombrant»!

Alors Jean Chrétien joue la carte de l'authenticité: une autre tentative qui va échouer…

«Les libéraux n'ont pas eu de chef populiste depuis Wilfrid Laurier, se dit-il. Mackenzie King était un bureaucrate distingué, Saint-Laurent un respectable avocat de la classe privilégiée, Pearson un éminent diplomate et Trudeau un brillant intellectuel. Tout à coup, un populiste viendrait défendre l'héritage libéral et faire appel aux gens ordinaires…»

C'est alors la campagne du gars de *Main Street* – la fameuse rue principale de Shawinigan – contre le gars de *Bay Street* – le siège de la Bourse et des grands bureaux d'avocats de Toronto. C'est la campagne du «vrai monde» contre le «beau monde». C'est la campagne de la franchise et de la spontanéité contre celle du calcul politique et de la langue de bois. «Je fais de la politique comme je fais du ski: sans style mais vite!» aime répéter Jean Chrétien.

Et «T'tit gars, *the fastest gun in the East*» de ressortir toutes les anecdotes qui font tant rire les *Westerners* et autres *Rednecks* du Canada. Ces anecdotes ont, selon lui, l'avantage de rappeler ses nombreuses prises de bec avec les intellectuels. Rapportées au Québec, elles lui font plus de tort que de bien.

Un long échange avec le bureau éditorial du *Devoir* et surtout le ton agacé des répliques de Jean Chrétien – de même que ses fautes de français! – illustrent à quel point cela passe mal au Québec...

– *Ne poussez-vous pas trop loin ce style populiste et comique qui vous amène à vous moquer de vous-même et de votre accent québécois?*

– Ouais, vous autres aussi, vous le poussez loin! C'est vrai que j'ai dit à quelques reprises: Oui, je suis un *pea-soup*, c'est vrai que j'ai dit ça, mais au même moment je disais des vérités aux anglophones. Je l'ai fait selon mon style...

– *Vous comprenez que ça peut choquer les Québécois?*

– Oui, mais les Québécois que cela a choqués, ils n'étaient pas là. Les citoyens moyens au Québec ne me le reprochent pas. Ce n'est pas le citoyen moyen, c'est ma sœur qui vit à Outremont qui me le reproche. Mais ce style me permettait de dire aux anglophones des vérités. De les leur dire crûment, et ils m'applaudissent. Si je leur avais dit: «Vous êtes des étroits d'esprit», je me serais fait huer. C'est un style, c'est une façon de communiquer et, très souvent, si vous utilisez l'humour, on peut dire beaucoup de vérités.

– *C'est peut-être parce qu'ils vous trouvent drôle que les gens vous aiment. Mais ce n'est pas la plus indispensable qualité d'un leader politique d'être drôle...*

– Au contraire, c'est d'être capable de communiquer avec les gens. Ils savent que je suis un homme compétent.

– *Mais indirectement, vous critiquez M. Trudeau quand vous dites: «Moi, dans l'Ouest, je suis capable de communiquer avec les gens»...*

– Ce n'est pas le critiquer, c'est une réalité. Moi, je les mets à l'aise. Mais ils savent que j'ai été ministre des Finances à l'époque la plus difficile, c'était l'époque de l'instabilité politique au Canada. J'allais à New York tous les mois. Je leur disais: «Énervez-vous pas, ne retirez pas vos fonds.» J'allais à Chicago, puis à Zurich, je leur disais: «On va régler ça.»

On m'a dit qu'aux conférences Bullock de Wall Street, il y a seulement deux personnes en quarante-cinq ans qui ont eu des *standing ovations*, Churchill et moi… J'aurais dû le dire plus souvent, ça vous aurait impressionnés.

– *D'être originaire du Québec, vis-à-vis des gens de l'Ouest, n'est-ce pas un handicap pour votre élection à la direction du parti ?*

– Pour un certain nombre oui, mais pas pour la majorité. Au contraire, j'ai trouvé qu'il y a des gens qui étaient contre Trudeau mais qui passaient leur temps à m'expliquer qu'ils n'étaient pas des bigots. Ils se sentent plus à l'aise de pouvoir voter pour un francophone. Et je pense que Trudeau aurait sans doute eu les mêmes problèmes dans l'Ouest s'il avait été anglophone.

– *Cela tient à sa personnalité plutôt qu'à son origine ?*

– Les gens de l'Ouest, dans le fond, sont souvent comme les ruraux du Québec. Comme moi d'ailleurs. Ils ont l'impression que vous leur parlez de haut…

Toujours le même complexe !

La lecture de ce long entretien publié le 2 juin 1983, à deux semaines de l'élection du chef du Parti libéral, révèle à quel point l'homme est dépité, blessé du mépris que lui portent les intellectuels et les bourgeois. Alors il devient méchant pour son adversaire.

«J'ai plus d'expérience que John Turner et je me suis battu plus qu'il ne l'a jamais fait, dit-il. Moi je viens de la base du parti, j'y ai fait mes classes… Je ne descends pas du ciel!» Puis une dernière attaque, franchement vicieuse, mais en même temps révélatrice d'un homme qui, au fond, souffre de ses origines et de son statut social plutôt modeste: «La raison pour laquelle John Turner est parti [en 1975], c'est parce que Trudeau partait pas. Alors il a décidé d'aller faire de l'argent, c'est aussi simple que cela. C'est la tentation qu'on a tous mais à laquelle j'ai toujours résisté…»

Les coups volent bas et il est temps que la campagne se termine! C'est alors que John Turner donne l'estocade. Sentant qu'il va l'emporter, le favori des libéraux parle de l'avenir: «J'aurai le devoir de former un gouvernement si je suis élu. Et Jean Chrétien devra être membre de ce gouvernement.»

Le petit gars de Shawinigan est piégé et il le sait. Cela fait trois mois qu'il répète qu'il a toujours été fidèle au Parti libéral, qu'il a été de toutes ses batailles. Il ne peut tout de même pas annoncer que, s'il échoue, il se retirera sous sa tente, dans son Parc de la Mauricie!

Comme pour les marchands de hot-dogs et de saucisses qui empestent les rues d'Ottawa en ce week-end du 16 juin 1983, c'est le temps du «deux pour un». Les organisateurs de John Turner ont tôt fait de convaincre les délégués qu'ils auront le meilleur de deux mondes: «Votez pour John Turner et vous aurez Chrétien du même coup!»

Jean Chrétien s'accroche à un ultime espoir, celui que les militants libéraux éprouvent un dernier sursaut de reconnaissance pour lui. En arrivant au Centre civique d'Ottawa, il cite même ses auteurs: «Comme dit Saint-Exupéry, on ne voit bien qu'avec le cœur, et quand les délégués seront dans l'isoloir, ils seront seuls avec leur cœur et avec leur conscience.» Mais il ne se fait plus d'illusions...

Trois mois et plus d'un million de dollars après le lancement de sa campagne, Jean Chrétien sait qu'il a perdu. Il l'annonce même à sa femme le matin du vote! Mais il y aura deux tours de scrutin et il pourra au moins compter ses amis... 1 067 exactement sur les 3 435 suffrages exprimés au premier tour.

Ce n'est pas assez pour bloquer John Turner qui a recueilli 1 593 votes – à une centaine de voix de la majorité absolue –, mais au moins le candidat du Québec a-t-il la consolation de voir trois des cinq autres candidats – Eugene Whelan, John Munro et John Roberts, tous trois de l'Ontario – le rejoindre sur sa tribune avant le deuxième tour. Avec ses

1368 votes recueillis au deuxième tour, il sera finalement battu par 494 voix. Une défaite honorable, tout de même…

La présidente du parti, Iona Campagnolo, a même un bon mot de consolation pour lui… «Jean, tu es le deuxième dans la boîte de scrutin, mais tu restes le premier dans nos cœurs!» Belle formule en effet, dont Jean Chrétien va se souvenir longtemps. Au moment même de sa défaite, les libéraux se sentent un peu coupables de ce qu'ils lui ont fait! La prochaine fois, ce ne sera pas une revanche, mais une réparation!

Jean Chrétien aurait pu partir – quitter le bateau comme Marc Lalonde le fit d'ailleurs, sans crier gare. Ou quêter quelque nomination prestigieuse à Pierre Elliott Trudeau qui l'avait un peu poussé dans cette mésaventure. Il décida de rester. Les amateurs du «deux pour un» avaient vu juste.

D'emblée, John Turner tient sa promesse en lui offrant le poste de vice-premier ministre et en le laissant libre de choisir son ministère. Il optera pour les Affaires étrangères. Mais il reste un problème. Turner sait très bien qu'il doit sa victoire en grande partie à André Ouellet: 100 voix de moins au Québec et il perdait! Il lui a promis le poste de lieutenant politique au Québec. C'est plus que Jean Chrétien ne peut en prendre: numéro 2 au Canada peut-être, mais pas au Québec! Chez lui au moins, il veut être le numéro 1…

Il ne le sera finalement qu'à moitié puisqu'il doit partager la direction des troupes libérales du Québec avec André Ouellet. Et de toute manière, John Turner a un nouveau favori, Raymond Garneau, qui se présente comme le champion du Québec à Ottawa. Il promet même de récupérer ce droit de veto que le *Canada Bill* de Jean Chrétien n'a pas pu lui garantir. Décidément, Jean Chrétien n'en a pas fini avec la Constitution!

La veille de la Fête du Canada, aussitôt après sa nomination à la tête des Affaires étrangères, Jean Chrétien reçoit l'ensemble du corps diplomatique sur les terrasses de l'édifice Lester-Pearson à Ottawa. Il y va d'un discours improvisé, jouant une fois de plus le «petit gars de Shawinigan»...

– Maintenant que vous êtes dans le grand monde diplomatique, lui dis-je, il va falloir changer de style.

– Le grand monde! réplique-t-il d'un ton dédaigneux. Je ne suis pas capable de changer: c'est comme ça que m'aiment les militants libéraux...

Dans le fond, Jean Chrétien a en partie raison. Les militants libéraux l'aiment comme il est. Iona Campagnolo le lui a confirmé. Mais ils ne le voient pas traiter avec les grands de ce monde non plus. Ils pensent qu'un avocat à succès, riche et courtisé, fera mieux l'affaire.

Les libéraux ont donc choisi John Turner. Et les Canadiens préféreront Brian Mulroney. Avocat pour avocat...

La campagne électorale n'est même pas encore déclenchée que déjà le «petit gars de Baie-Comeau» triomphe et fait part de ses rêves à l'autre «petit gars», celui de Shawinigan. «Jean, lui dit-il au téléphone le lendemain du congrès libéral, tu as perdu et j'en suis désolé pour toi. Mais grâce à cela, je sais que je serai le prochain premier ministre. Selon nos sondages, si tu avais été élu, je n'aurais gagné que six sièges au Québec. Mais, avec Turner comme adversaire, je sais que j'en gagnerai au moins 26!»

Brian Mulroney se sous-estime! Le 4 septembre 1984, ce sont 58 députés conservateurs que les Québécois envoient à Ottawa. Seuls 17 libéraux sur 74 – y compris Jean Chrétien, dont la majorité fond tout de même de 20 840 à 9 582 voix! – survivent à cette vague.

Il est vrai que John Turner y mit du sien! «Rouillé», il l'était vraiment. Ce vieux renard de Brian Mulroney n'en fit qu'une bouchée comme ce soir du débat télévisé en anglais où il mit son adversaire au tapis en lui faisant avouer qu'il «n'avait pas le choix» d'accepter tous les caprices de Pierre Trudeau.

Mais bien du monde pensait que Turner avait tout de même le choix de ne pas embarrasser ses conseillers! Imaginez leur tête lorsqu'ils virent la main baladeuse de leur chef tapoter la chute de reins de la présidente du parti, Iona Campagnolo!

Jean Chrétien donne sa propre interprétation de la défaite du Parti libéral du Canada: «Les conservateurs de Brian Mulroney ne balayèrent pas le Québec parce qu'ils avaient une meilleure machine que les libéraux, explique Jean Chrétien. Les gens ont voté pour les conservateurs parce qu'ils n'aimaient pas beaucoup le *nouveau* Parti libéral...»

Le député de Saint-Maurice n'a donc rien compris! Ce n'est pas le «nouveau» Parti libéral que les Québécois n'aiment pas, c'est à l'*ancien*, le sien, qu'ils ont voulu donner une leçon.

Jean Chrétien n'a pas vu la formidable «coalition arc-en-ciel» qui se formait derrière Mulroney, une coalition de nationalistes, de «bleus» du Québec, ceux de l'Union nationale qui ont toujours réclamé le tribut du Québec à Ottawa, ceux du Parti libéral du Québec qui n'aiment pas les manières fortes et passablement arrogantes de leurs cousins fédéraux, ceux du Parti québécois même, trop heureux de donner une leçon aux émules de Pierre Trudeau, à Jean Chrétien en particulier.

L'éducation de Jean Chrétien reste encore à faire...

CHAPITRE 7

La métamorphose

Après les débâcles du congrès libéral de juin 1984 et de l'élection de septembre, je dois avouer que je ressentais une certaine compassion pour «le petit gars de Shawinigan». C'est une réaction courante chez les journalistes québécois: l'un des «nôtres» – un francophone, s'entend! – a perdu, et même si nous n'éprouvons aucune affection particulière pour lui – parfois tout le contraire! – cela nous le rend soudain sympathique. Brian Mulroney et Jean Charest bénéficieront, eux aussi, de cet «esprit de famille». Pierre Trudeau, qui eût plutôt qualifié cette attitude d'esprit «tribal», n'eut jamais droit à cette sympathie, sinon après son décès. Mais il ne la sollicitait pas non plus! Il portait même grand soin à ce que ce soit tout le contraire!

Je donnai donc deux conseils «d'ami» à Jean Chrétien à cette époque-là. Au cours d'un dîner chez moi, Eddie Goldenberg m'expliqua que lui-même et son patron ne savaient trop ce qu'ils feraient après cette défaite. L'un et l'autre avaient fort peu pratiqué le droit et se demandaient si les clients se bousculeraient à leur porte. Je leur conseillai donc de devenir lobbyistes!

Avec l'arrivée de Brian Mulroney au pouvoir en 1984, j'assistais à l'explosion de la pratique du lobbyisme.

Influencés par le régime républicain aux États-Unis, les conservateurs encourageaient cette pratique. Ils avaient aussi créé des clubs dont les membres, grâce à une généreuse contribution de plusieurs milliers de dollars, avaient régulièrement accès aux ministres, voire au premier ministre lui-même. Les entreprises se mirent donc à engager des professionnels pour maintenir le contact avec la bureaucratie fédérale et les responsables politiques des ministères. C'est ainsi que j'ai vu de très grands bureaux d'ingénierie comme SNC-Lavalin qui, après avoir envoyé pendant longtemps les cadres de leur entreprise dans des suites d'hôtel où ils recevaient députés, sénateurs et mandarins du pouvoir, ouvrirent leur propre succursale à Ottawa. «Il y a tout un nouveau marché qui se développe», avais-je assuré Eddie Goldenberg.

Je lui avais aussi proposé d'aider le «petit gars de Shawinigan» à rédiger un livre autobiographique. Je trouvais son histoire intéressante, voire fascinante, et pleine de rebondissements. Mais je savais aussi qu'il était incapable – comme Pierre Trudeau d'ailleurs – d'écrire un livre lui-même. Ces hommes publics, habitués à se faire servir par une équipe de rédacteurs, n'ont plus la discipline nécessaire – ni le talent dans le cas de Chrétien! – pour écrire de longs textes.

Lorsque Tom Axworthy et Pierre Trudeau, directeurs de la publication d'un ouvrage sur *Les années Trudeau*[2] confièrent à Jean Chrétien la rédaction du chapitre sur «L'épopée du rapatriement de la Constitution», c'est son fidèle conseiller, Eddie Goldenberg, qui se chargea de l'écrire.

Dans le cas de ses Mémoires[3], c'est un concours de circonstances qui permit à l'édition anglaise du livre de prendre forme. Le journaliste et auteur Ron Graham préparait un long documentaire radiophonique sur la politique canadienne et il réalisa des heures d'entrevue avec Jean Chrétien. En ayant fait faire la transcription, il la fit lire à Anna Porter,

2. Penguin Books, Toronto et Le Jour, éditeur, Montréal, 1990.
3. *Dans la fosse aux lions,* Montréal, Éditions de l'Homme, 1985.

fondatrice de la maison Key Porter Books, de Toronto, laquelle trouva qu'il y avait là le corps d'un bon livre. D'abord dit, puis transcrit en anglais, cela ne donna certainement pas un ouvrage digne des prix du Gouverneur général. Mais le succès du livre fut instantané et surprenant.

Ce succès fit aussi le malheur de Jean Chrétien, en même temps que sa fortune...

Le député de Saint-Maurice avait prévenu son chef qu'il ne resterait peut-être pas longtemps à la Chambre des communes. Il avait même songé, sur les conseils de sa femme, Aline, et de sa fille, France, à ne pas se représenter après sa défaite au congrès à la direction du PLC en juin 1984. Il avait deux garçons «à un âge difficile», me raconta-t-il à cette époque-là, et sa famille trouvait que ses vingt et une années de politique méritaient une retraite. «Je me suis présenté pour une seule raison, m'expliqua-t-il: si j'avais refusé, on aurait dit que c'était par amertume.» (Dans ses Mémoires, il révèle d'ailleurs qu'il a refusé la charge publique que lui offrait Brian Mulroney.)

Pendant cette campagne électorale de l'été 1984, qui se termine par un désastre pour les libéraux de John Turner, Jean Chrétien visite 95 circonscriptions, laissant derrière lui un souvenir impérissable. Un vice-premier ministre populaire comme le «petit gars de Shawinigan» pouvait l'être, cela crée des dettes politiques importantes parmi les militants et les candidats...

Les banquettes de l'opposition n'intéressent pas du tout Jean Chrétien et il se lance plutôt dans la révision de son livre dès l'automne de 1984. La sortie de l'édition anglaise, au mois d'octobre 1985, et son incroyable succès, viennent souffler sur un feu qui couvait depuis longtemps.

En effet, les instituts de sondage n'ont jamais donné de répit au pauvre John Turner, autant mal aimé de ses militants, en particulier au Québec, que méprisé par les Canadiens en général.

L'homme se donne pourtant la peine de parcourir le pays – il fait 250 000 km en un an – et visite toutes les circonscriptions. Cela peut expliquer les quelques bons moments qu'il connaît malgré tout, comme ce congrès de novembre 1985 à Halifax où il a droit à une ovation debout de vingt et une minutes et à une chaleureuse accolade de Jean Chrétien. Mais jamais il ne passe six mois sans faire face à une forme ou une autre de contestation.

Car en même temps que John Turner tente de se rapprocher de ses militants, Jean Chrétien de son côté a entrepris la promotion de son livre. D'interminables files d'admirateurs se pressent aux portes des librairies pour les séances de signature, un phénomène qu'on ne voit normalement que pour les auteurs à succès, et certainement jamais pour un politicien. (Toujours aussi pince-sans-rire, Jean Chrétien fait tenir une copie autographiée de son livre à John Turner dans laquelle il écrit: «John, merci d'avoir gagné au congrès de Calgary. Car si ce n'était pas arrivé, je n'aurais pas eu le temps d'écrire ce livre…»)

Tout en visitant les librairies, le petit gars de Shawinigan accepte les invitations des associations libérales des régions où il se trouve. Et il n'est pas difficile de comparer, parfois à quelques semaines d'intervalle, les foules que Turner et Chrétien attirent.

Il n'y a peut-être pas de campagne au leadership chez les libéraux, en 1985 et 1986, mais on a nettement l'impression que deux candidats sont en campagne! Jean Chrétien se sent littéralement traqué, poursuivi par la presse qui lui réclame sans cesse de nouveaux serments d'allégeance à son chef. De plus, il ne peut empêcher que ses amis critiquent John Turner. «Quoi que je fasse, se plaint-il, on me prête toutes sortes d'intentions.»

En a-t-il au fait? Il ne fait rien pour donner le change…

John Turner a beau faire, et Jean Chrétien a beau se montrer relativement discret, celui-ci reste dangereusement populaire au Québec, beaucoup plus que John Turner et que Brian Mulroney d'ailleurs. À la fin de 1985, un sondage sur la popularité de cinq personnalités politiques au Québec – commandé par l'équipe de John Turner lui-même mais gardé secret tant ses résultats sont décourageants! – apporte au chef libéral une bien piètre consolation: il est tout de même plus populaire que Robert Bourassa… Mais il se classe avant-dernier!

Une dernière tentative de réconciliation a lieu entre les deux hommes au cours d'un souper qu'on baptisera «la dernière cène», tant il annonce de mauvais jours. C'est à cette occasion que Jean Chrétien dit à John Turner: «C'est sûr que tu es meilleur que Mulroney, John. Mais je me pense encore meilleur que vous deux puisque je me suis présenté contre toi!»

C'est surtout au Québec que les coups volent le plus bas… Le nouveau chef du Parti libéral du Canada veut prendre le contrôle de l'organisation mais ses adjoints – en particulier André Ouellet et Jean Lapierre, député de Shefford et brièvement ministre dans le gouvernement de John Turner – ne font pas toujours preuve de la plus grande subtilité. Ils s'en prennent par exemple maladroitement à l'ancien ministre Francis Fox, très populaire parmi les militants du Québec, et manœuvrent pour l'écarter brutalement de la présidence de l'aile québécoise du parti.

Au fil des mois, un nouvel homme fort est apparu au Québec. Il s'agit de Raymond Garneau, ancien ministre de Robert Bourassa, qui change peu à peu son chef. Il le convainc que, pour réussir au Québec, les députés libéraux doivent être «les représentants du Québec à Ottawa et non les émissaires du pouvoir fédéral au Québec». C'est un changement radical d'attitude par rapport aux libéraux du tandem Trudeau-Chrétien, une attitude avec laquelle le député de Saint-Maurice n'est certainement pas d'accord.

Dans l'entourage de Jean Chrétien, on dénonce «la paranoïa du bureau de John Turner à Ottawa». Jean Chrétien lui-même sent «un grand malaise dans le Parti» et quand on lui demande carrément s'il est loyal à son chef, il répond évasivement: «Je lui donne le bénéfice du doute.»

Bref, les deux clans de John Turner et de Jean Chrétien s'organisent en vue de deux événements importants qui doivent se dérouler en 1986: une réunion de l'aile québécoise du parti à Québec en février, et surtout le congrès national de novembre à Ottawa, au cours duquel le chef doit faire face à un vote de confiance. Jean Lapierre a mis sur pied un Comité des «Amis de John Turner».

Estimant que sa présence à la réunion de l'aile québécoise du Parti libéral du Canada risque de mettre le feu aux poudres, Jean Chrétien se dit qu'il est plus prudent pour lui de s'éloigner des intrigues et de laisser à d'autres le soin d'achever le travail de sape!

Le jeudi 27 février 1986, vers 10 h, le député de Saint-Maurice sollicite un entretien avec son chef. Il lui annonce sa démission immédiate de la Chambre des communes. «J'en suis resté interloqué», reconnaît John Turner à la Chambre des communes où le siège de Jean Chrétien est déjà vide. Après y avoir passé vingt-trois ans, le petit gars de Shawinigan est trop ému pour venir une dernière fois saluer ses collègues du Parlement. Il préfère se rendre immédiatement dans sa circonscription de Saint-Maurice et saluer les militants qui l'ont élu à huit reprises, sans aucune interruption.

Après avoir remis sa lettre de démission au président de la Chambre, le conservateur John Bosley, Jean Chrétien quitte le parlement par une porte dérobée. C'est là que je le surprends avec deux autres journalistes. J'en ai vu un pleurer! C'était cela aussi Jean Chrétien: un marathonien de la politique dont la course folle à travers le pays laissait derrière lui des nuages d'émotions…

Tant le premier ministre, Brian Mulroney, que le chef de l'Opposition officielle, John Turner, retiennent deux choses de la carrière de Jean Chrétien dans les eulogies de circonstance qu'ils prononcent alors : ses efforts pendant le référendum sur la souveraineté au Québec et son talent de négociateur pour réussir le rapatriement de la Constitution canadienne…

«Une carrière sans pareille, un député unique», affirme John Turner.

«Un député courageux et dévoué qui a servi la population et ses électeurs avec brio et dignité, ajoute Brian Mulroney. Cet homme sympathique et combien attachant […] aime le Québec, croit très sincèrement dans le Canada, et possède une façon bien à lui d'exprimer ses sentiments. Je porte encore certaines cicatrices qui témoignent de son efficacité!»

À la réunion de l'aile québécoise du Parti libéral du Canada, le week-end suivant, c'est la guerre ouverte. «Regardez ce que Turner a fait à Ti' Jean», disent les amis du démissionnaire.

Le vice-président du groupe, Jacques Corriveau, l'un des plus farouches partisans de Jean Chrétien, lance la première attaque. «Si on n'est pas satisfaits, d'ici le congrès de novembre, si John Turner ne remplit pas bien son mandat, on va sûrement demander à Jean Chrétien de revenir.»

«Si les intrigues pour le contrôle de l'aile québécoise du Parti ne cessent pas d'ici novembre, avertit l'ancienne ministre Céline Hervieux-Payette, Turner est foutu!» Cette femme appuyait pourtant ledit Turner, vingt mois plus tôt, au congrès de Calgary! Mais elle aussi semble souffrir du comportement des hommes de main du chef: «Il serait bon de rappeler que le Parti libéral du Canada est plus fort que les forces occultes qui ont hanté le bureau de John Turner à Ottawa depuis le 4 septembre 1984, dit-elle. Il est grand temps que le ménage se fasse!»

Le chef libéral finira par survivre à cette première épreuve avec les militants du Québec. Raymond Garneau réussit même à lui organiser une belle manifestation de solidarité.

Mais les sarcasmes continuent. «Heureusement qu'on a John Turner!» raillent les conservateurs dont la popularité chute dans les sondages.

L'aile parlementaire libérale «projete l'image d'un groupe éparpillé», déplorent des députés. L'argent ne rentre pas car, disent-ils, ils ne sont pas capables de «vendre» John Turner. Les sondages – toujours eux! – suggèrent qu'un Parti libéral dirigé par Jean Chrétien obtiendrait 46% des intentions de vote, 14 points de plus que les conservateurs de Brian Mulroney. Et seulement trois points de plus pour un PLC dirigé par John Turner!

Jean Chrétien observe tout cela d'un air goguenard. Le 8 octobre 1986, les journalistes le poursuivent encore, à l'aéroport de Montréal. «Si on a besoin de moi, je serai heureux de servir», dit-il. Il n'y a rien là pour rassurer John Turner!

Mais justement, on n'aura pas besoin de Chrétien! Pas encore…

L'année 1986 a été difficile pour John Turner. Entre deux sondages, toujours aussi catastrophiques, divers événements viennent miner son autorité. Le 12 juin 1986, influencé par son nouveau lieutenant, Raymond Garneau, le chef libéral se rallie aux cinq conditions posées par Robert Bourassa pour signer la Constitution de 1982. Pierre Trudeau est furieux et n'aura de cesse qu'il soit évincé. En fait, l'establishment du parti, qui a fait élire Turner en 1984, est maintenant contre lui!

(Moins d'un an plus tard, le premier ministre du Québec aura signé, avec Brian Mulroney et ses neuf collègues du reste du Canada, le fameux Accord du lac Meech qui va dominer la scène politique jusqu'au mois de juin 1990. Jean Chrétien, qui croyait en avoir fini à tout jamais avec la Constitution, va revenir au pouvoir au moment même de la mort de l'Accord du lac Meech… À suivre donc!)

Puis, le 11 novembre 1986, deux semaines avant un congrès qui s'annonce difficile pour Turner, Marc Lalonde lance une petite bombe. Dans une longue lettre publique adressée aux délégués libéraux attendus à Ottawa le 29, l'ancien ministre des Finances explique pourquoi, après avoir voté pour Turner en 1984, il votera cette fois contre lui. Sa conclusion est sans appel : « Un parti politique est un instrument qui vise à l'exercice du pouvoir afin d'y accomplir un certain nombre d'objectifs. Or, je crains que sous John Turner, les libéraux soient de nouveau relégués dans l'opposition à la prochaine élection. »

En dépit de ces attaques, ou à cause d'elles peut-être, les militants n'aimant généralement pas se faire dicter leur conduite, John Turner triomphe. Une proportion extraordinaire de délégués – 76,3 % – lui renouvelle sa confiance.

À Ottawa, l'étroit canal Rideau sépare la maison des Chrétien du parc Lansdowne où se tient le congrès libéral. On peut entendre la musique et les clameurs de la foule. Regardant les résultats du vote de confiance à la télévision, Jean Chrétien comprend que, comme en juin 1984, ce n'est encore pas son tour. « Les choses sont claires maintenant », se dit-il.

« Claires ? » Il refuse de dire si c'est vraiment la dernière chance de John Turner : tout dépendra de son succès, ou de son échec, lors de la prochaine élection générale.

Et il joue au plus fin avec le petit groupe de journalistes venus le rencontrer chez lui. Le « petit gars de Shawinigan » tentera-t-il un autre retour en politique ? « Regardez tous ceux qui ont dit qu'ils s'en allaient pour toujours : Richard Nixon, Pierre Trudeau, et même John Turner qui a souvent dit qu'il n'était plus intéressé par la politique. Ils sont tous revenus ! Alors, je ne vous dirai pas aujourd'hui que je ne reviendrai jamais en politique… »

Jean Chrétien n'est pas pressé, car il mène la grande vie depuis neuf mois qu'il a quitté la politique. C'est qu'il est un peu devenu lobbyiste, comme je le lui avais suggéré.

Avocat, il est, depuis l'automne de 1984, associé du cabinet juridique Lang Michener Cranston Farquharson, de
Toronto. (Les simples députés peuvent pratiquer le droit tout
en siégeant aux Communes.) En 1986, le cabinet a des projets
d'expansion dans la capitale fédérale et demande à trois
hommes particulièrement bien branchés sur les mandarins
du pouvoir fédéral de lui ouvrir un nouveau bureau. Il y a
d'abord «l'Honorable Jean Chrétien» qui, sans doute un peu
rouillé depuis vingt-trois ans qu'il a quitté la pratique du droit,
n'en représente pas moins un nom prestigieux. Il y a aussi
l'ancien sous-ministre de la Justice, Roger Tassé, et l'ancien
conseiller politique du ministre, Eddie Goldenberg…

Chrétien n'attend pas longtemps son premier client!

Le jour où l'ancien ministre inaugure son bureau, une
bande indienne de la réserve Shoal Lakes, située à la fron-
tière de l'Ontario et du Manitoba, réclame ses services. Jean
Chrétien ne cherchera jamais à cacher que les bons souvenirs
qu'il a laissés dans les bandes indiennes, des Prairies et de
l'Ouest en particulier, lui ont valu pas mal de mandats. Il
pouvait offrir à ses clients d'excellents contacts dans l'un ou
l'autre des sept ministères qu'il avait dirigés, aux Affaires
indiennes en particulier ainsi qu'à l'Énergie. Les bandes
indiennes, financées par Ottawa, et les compagnies pétrolières
paient de très généreux honoraires.

Mais qu'a-t-il à vendre, cet avocat? «Mon jugement et
mon expérience, m'explique-t-il quelques mois après
l'ouverture de son bureau. Mes clients, des entreprises du
secteur de l'énergie, par exemple, ou des bandes indiennes en
négociation avec des gouvernements provinciaux, veulent
bien souvent se faire confirmer si elles ont raison ou non. Mais
j'en ai tellement vu passer au gouvernement, et Trudeau m'a
impliqué dans tellement de cas problèmes, que je sais ce qu'il
faut faire.»

Jean Chrétien a aussi accepté un poste de conseiller
pour Corporation Gordon Capital, une maison de courtage

et de gestion de placements de Montréal. Il commence ainsi à siéger à quelques conseils d'administration où il apporte sa connaissance intime des rouages de l'administration fédérale.

C'est un Jean Chrétien en grande forme que je rencontre le 25 février 1987 à son bureau d'Ottawa, un an après sa démission de la Chambre des communes. Il est détendu et d'humeur causante…

– En politique, j'ai été plus loin que ce que j'avais prévu, commence-t-il par me dire. Mais j'avais des doutes. Je me demandais si la seule chose que je savais faire, c'était de la politique. Je voulais me prouver à moi-même que j'étais capable de gagner ma vie d'une autre façon que de me faire élire au Parlement par mes fidèles partisans de la Mauricie. J'étais curieux de connaître mes propres limites…

– Et cela marche? demandai-je.

– Je pense que je les bats tous, y compris Trudeau! lance le «petit gars de Shawinigan», très content de son effet.

– Combien?

– Je n'aurais pas pensé que ça viendrait si vite et si bien, commence-t-il par dire. J'ai des revenus plusieurs fois supérieurs à ceux d'un ministre…

Je calcule aussitôt dans ma tête ce que cela peut bien donner, «plusieurs fois le salaire d'un ministre» et j'avance un chiffre… «Plus de 400 000 $ par année?» L'homme proteste mollement. (Son biographe, Lawrence Martin, parle de 500 000 $.)

– Cela a très bien fonctionné, mais c'est une affaire entre mon comptable, ma femme et… le ministère du Revenu. De toute manière, je ne rêve pas d'être le plus riche au cimetière! ajoute Chrétien.

On estime que les éditions anglaise et française de son livre – 170 000 exemplaires pour la première édition et 110 000 pour l'édition de poche en anglais – ont bien dû lui rapporter un demi-million de dollars. «J'en ai fait beaucoup, de l'argent avec mon livre, beaucoup plus que je ne l'aurais imaginé», me confirme-t-il.

Les sièges des conseils d'administration viennent généralement avec des options d'achat d'actions à des prix très avantageux. Cela peut devenir très profitable lorsque ces entreprises – telle Viceroy Resources par exemple, dont il est administrateur – tombent sur un nouveau filon d'or!

Riche, Jean Chrétien le devient certainement puisque c'est à cette époque qu'il achète avec deux amis, pour 1,3 million de dollars, le Club de golf de Grand-Mère qui appartenait autrefois à la Belgo. Il siège aussi au conseil d'administration de la Consolidated Bathurst, le nouveau nom de la papetière. Pour le «petit gars de Shawinigan», c'est une douce revanche qu'il offre à la mémoire de son père. Bien que contremaître, Wellie Chrétien n'était pas membre de ce club réservé aux dirigeants, généralement anglophones, de la compagnie.

Mais une chose m'intriguait par-dessus tout. Chrétien m'avait dit qu'on lui versait «des sommes rondelettes, tous frais payés et voyages en première classe», pour faire des discours.

Un petit groupe d'hommes d'affaires, en voyage dans les îles grecques, l'avait par exemple invité pour quelques jours.

– Ils ont payé le voyage en première classe, à ma femme et à moi. Ils nous ont offert un long week-end à Paris pour récupérer du décalage horaire, puis j'ai passé cinq jours sur leur bateau. Et ils m'ont payé 5000 $ pour leur faire un discours!

– Mais comment faites-vous? m'étonnais-je. Vous n'avez plus personne pour rédiger vos discours...

– Je n'en ai pas besoin, expliqua-t-il. Je me lève et je réponds à leurs questions!

Connaissant les talents de conteur de Jean Chrétien, les millionnaires n'ont pas dû s'ennuyer! Les dirigeants d'entreprises, qu'ils soient du Canada ou d'ailleurs dans le monde, aiment connaître les dessous des grandes décisions politiques. Ce n'est pas forcément pour en tirer profit d'ailleurs, mais plutôt pour avoir l'air «branché» dans les cocktails, partageant avec leurs amis la petite histoire des gouvernements.

L'argent n'a pas changé le «petit gars de Shawinigan». La voiture familiale – une Saab – est certes un peu plus luxueuse. Mais il n'a pas cherché à déménager dans les quartiers chic d'Ottawa comme Glebe ou Rockliffe où ministres et mandarins du pouvoir se côtoient autour des barbecues. La famille Chrétien habite toujours dans la confortable mais modeste maison de la rue Bower. Et l'avocat ne s'achète pas de vêtements griffés…

Je me souviens d'une réception qui a eu lieu le 6 avril 1988 pour marquer le vingtième anniversaire de l'élection de Pierre Trudeau à la direction du Parti libéral. Tous les anciens ministres étaient là, endimanchés. Je remarquai soudain que le pauvre Chrétien n'avait pas enlevé l'étiquette jaune du service de nettoyage. Elle dépassait du col de son habit noir! Alors que je proposais d'enlever l'embarrassante étiquette, il me lança, goguenard et pensant sans doute aux affaires de corruption qui minaient le gouvernement conservateur à l'époque: «Cela prouve que je suis net!»

Toujours le sens de la répartie, ce Chrétien!

Ce que ces centaines de milliers de dollars lui apportaient plutôt, c'était une nouvelle confiance en lui. C'est d'ailleurs à ce moment qu'il m'a dit: «Réussir en affaires, cela vous donne une nouvelle assurance!» Et l'aulne du succès, pour lui, c'était de «les battre tous, y compris Trudeau»!

Un autre élément de cette nouvelle vie privée de Jean Chrétien le transforme profondément. Le jour de sa démission, sa fille France, mariée à André Desmarais, l'un des deux héritiers de Power Corporation, a eu son troisième enfant.

L'ancien ministre, trop occupé par la politique, n'avait pas beaucoup vu ses propres enfants. «J'aimerais que tu connaisses tes petits-enfants mieux que tu n'as connu tes propres enfants», lui dit d'ailleurs sa fille. Par la force des choses mais avec un plaisir manifeste, Jean Chrétien commence à cette époque à pratiquer l'art d'être grand-père.

Par bonheur, France et son mari habitent Montréal où Jean Chrétien doit se rendre, un ou deux jours par semaine, en raison de ses engagements avec la Corporation Gordon Capital. Après les avoir tant méprisés, Jean Chrétien va enfin découvrir les charmes de la vie des bourgeois de Montréal!

Il découvre une métropole qu'il ne connaissait pas: une nouvelle génération d'entrepreneurs – pour la plupart francophones! – brassent de grosses affaires autour du monde. Le Québec n'est donc pas tout à fait devenu «un gros Nouveau-Brunswick»!

Montréal, c'est aussi la deuxième ville française du monde: «Chaque fois que nous y allons, m'explique-t-il, nous demeurons chez notre fille. Quand elle part en voyage avec son mari, elle demande à ma femme de passer le week-end avec les enfants. C'est très agréable: on sort et on voit des films en français…»

Certains trouveront cet émerveillement bien charmant. J'y vois plutôt l'incroyable révélation que ce politique qui a passé sa vie à représenter les Québécois à Ottawa ne connaissait même pas leur métropole! Ses propos amers sur «les bourgeois d'Outremont» s'expliquaient soudain par le fait qu'il ne les connaissait tout simplement pas!

C'est à l'éducation de Jean Chrétien que je suis en train d'assister. À sa métamorphose aussi…

Cet homme qui, ministre des Finances, se vantait de ne jamais aller en vacances en Floride pour ne pas contribuer à l'affaiblissement de la devise canadienne, fréquente maintenant les clubs de golf réservés aux milliardaires. Il voyage beaucoup, découvrant cette fois par lui-même l'Asie et l'Europe. Son statut d'ancien «vice-premier ministre du

Canada» et de leader «en réserve» du Parti libéral du Canada lui permet de rencontrer les grands banquiers et les barons de l'industrie, de même que ses anciens collègues ministres des Finances, à la retraite ou «en réserve», comme lui, d'un parti ou d'un gouvernement.

«Chrétien-le-millionnaire» – c'est presque inconcevable de dire cela, même si c'est maintenant vrai! – amasse bien plus que des dollars. C'est un précieux capital politique qu'il accumule.

Mais intrigue-t-il aussi, dans le dos de John Turner? Lors des deux putschs manqués dont le chef libéral est l'objet en 1988, Jean Chrétien n'est jamais très loin…

Le 27 avril 1988, John Turner fait face à une première mutinerie de 22 députés libéraux à la Chambre des communes dont la moitié des Québécois – y compris André Ouellet et Jean Lapierre, ses fidèles lieutenants! Les «mutins» ont signé une lettre de deux paragraphes dans laquelle ils demandent à leur chef de s'effacer pour permettre la tenue d'un congrès au leadership. Le «facteur» est nul autre que le sénateur Pietro Rizzuto qui livre la lettre dans la nuit à Stornoway, la résidence des chefs de l'Opposition officielle… Du jamais vu à Ottawa!

Il y a péril en la demeure, explique le sénateur Philip Gigantes, ancien rédacteur des discours de Pierre Trudeau. «Turner doit partir parce qu'il faut battre Brian Mulroney. Avec les années de négociations sur le libre-échange qui nous attendent, et les améliorations qu'il faut apporter à l'Accord du lac Meech, on ne peut pas se permettre de faire des erreurs… En cas de crise, ou en cas d'élection précipitée, Pierre Trudeau pourrait revenir pour sauver le pays. Sinon, Chrétien ne serait pas si mal.» Tiens! Tiens!…

De fait, le porte-parole des mutins, Pietro Rizzuto, m'invite à prendre un café à son bureau du Sénat. Les Italiens siégeant au Parlement ont toujours su préparer de l'excellent café! Le sympathique Alfonso Gagliano, connaissant mes faiblesses, me faisait souvent profiter de son percolateur qu'il maniait comme un expert...

«John Turner est un homme intègre, commence le brave sénateur, mais il ne passe pas la rampe. Et il est clair qu'en politique, ce sont ceux qui savent passer les messages et se faire comprendre de la population qui gagnent.» C'est un avis d'expert: Rizzuto a été de l'organisation de toutes les campagnes au Québec, autant des libéraux de Robert Bourassa que de ceux de Pierre Trudeau.

En fait, on ne parle plus de «la dernière chance de John Turner» comme en novembre 1986. Rizzuto me parle de «la deuxième chance de Jean Chrétien»! Lui aussi se laisse beaucoup influencer par les sondages et il est un peu le confesseur des députés et des dirigeants du parti au Québec. «Il semblerait que Jean Chrétien est celui que la population apprécie le plus, me dit-il... Et il faut toujours respecter l'opinion de la population!»

Un ancien ministre et partisan de John Turner en arrive à la même conclusion: «Il n'y a personne qui soit capable de "traverser" Jean Chrétien aujourd'hui, m'affirme Jacques Olivier qui, battu dans sa circonscription de Longueuil en 1984, fait beaucoup d'argent à vendre des voitures. Plus personne ne veut voter pour Turner et ils disent tous: amenez-nous Jean Chrétien!»

Au printemps de 1988, le verdict est clair: Turner ne fait pas le poids, même pas devant Brian Mulroney. Mais aucun mécanisme ne peut l'obliger à partir; il s'accroche au vote de confiance de 76,3% des militants libéraux et les rumeurs d'élections se font de plus en plus précises.

Le gouvernement de Brian Mulroney est régulièrement secoué par des scandales. Huit de ses ministres ont dû démissionner pour des affaires aussi diverses que des accusations de conflit d'intérêt ou la fréquentation de bars de danseuses nues! Si on ajoute à cela l'impopularité – en particulier dans les Maritimes et en Ontario – du projet de libre-échange avec les États-Unis, les conservateurs devraient être condamnés à la défaite. Voilà pourquoi ils n'arrêtent pas de dire à la blague : « Heureusement qu'on a Turner ! »

Lorsque l'élection est déclenchée, le 1er octobre 1988, un sondage de la maison Angus Reid accorde 40 % des intentions de vote aux conservateurs, 31 % aux néo-démocrates et seulement 26 % aux libéraux. Pas moins de 22 % des Canadiens se disent encore indécis. C'est alors que l'impensable se produit : un autre putsch et une tentative de changer de chef en pleine campagne électorale ! Il n'y a que sous John Turner que pareille chose pouvait arriver…

Dès le début de la campagne, des organisateurs libéraux me confient qu'ils ne remporteront pas plus de 13 sièges au Québec – sur 75. On envisage même une percée du NPD au Québec ! Comment cela pourrait-il arriver ?

Il y a d'abord la neutralité bienveillante de Robert Bourassa à l'égard de Brian Mulroney. Le sort des projets constitutionnels du premier dépend du bon vouloir du gouvernement conservateur et l'enjeu de l'élection porte sur le libre-échange avec les États-Unis, auquel une vaste majorité de Québécois sont favorables.

Il y a aussi le facteur Lucien Bouchard, que Brian Mulroney a rapatrié en juin de son ambassade à Paris où il l'avait nommé auparavant, pour rassurer la population québécoise. Bouchard est devenu, le temps d'une élection, « Monsieur Net », le nouveau lieutenant politique des conservateurs au Québec qui va nettoyer le vieux parti de ses organisateurs véreux.

Et il y a surtout John Turner, toujours aussi « invendable » ! Moins de deux semaines après le début de la campagne, les mêmes organisateurs qui m'ont prédit l'élection d'une douzaine de députés libéraux seulement au Québec me contactent à nouveau. Ils envisagent le pire : la défaite des Raymond Garneau, André Ouellet, et même Paul Martin ! Et ils croient maintenant que le Parti libéral ne fera élire que cinq députés.

Les nouvelles qui viennent des autres provinces, de l'Ontario et de l'Ouest en particulier, ne sont guère plus encourageantes. Pendant quelques jours, on croit même que le Nouveau Parti démocratique, dirigé par Ed Broadbent, va former l'Opposition officielle!

La perspective de la défaite rend les organisateurs libéraux particulièrement imaginatifs. Ils commandent secrètement un sondage qui confirme deux choses: le départ de John Turner amènerait les électeurs canadiens à reconsidérer leurs intentions de vote. Et parmi une demi-douzaine de vedettes du parti – dont Jean Chrétien et… Paul Martin! –, c'est évidemment le nom de Jean Chrétien qui arrive en tête, par une marge écrasante.

Le putsch qui faillit avoir lieu à ce moment – mais qui fut avorté à la dernière minute parce que moi-même, dans *Le Devoir*, et mon collègue Elly Alboim de *CBC* en avions parlé trop tôt – consistait à faire démissionner John Turner et à nommer Jean Chrétien chef intérimaire du Parti libéral du Canada. Sa circonscription de Saint-Maurice avait volontairement été laissée libre pour lui permettre de se présenter.

Le «petit gars de Shawinigan» est en Europe, mais il a donné son accord de principe à ce plan visant à l'installer à la tête du parti. Aussitôt revenu au Canada, pour donner le change, Jean Chrétien commence à faire campagne en faveur de quelques candidats libéraux. Mais il n'est pas très actif: il visite seulement 25 circonscriptions comparativement à 95 en 1984. Ses affaires le tiennent occupé, certes. Mais les amis de John Turner ne se montrent pas empressés de le voir non plus!

En fin de compte, la polarisation de la campagne autour du libre-échange avec les États-Unis et une excellente performance de John Turner pendant le débat télévisé en anglais permettent au Parti libéral de limiter les dégâts.

Le 21 novembre 1988, les libéraux doivent se contenter encore une fois des fauteuils de l'Opposition officielle aux

Communes, avec 82 élus. Au Québec, c'est la catastrophe: seulement 12 députés sont élus, 5 de moins qu'en 1984. Le candidat libéral de la circonscription de Saint-Maurice – celle de Jean Chrétien! – finit en troisième place, derrière le conservateur et le néo-démocrate! Raymond Garneau est battu par une candidate conservatrice totalement inconnue – Nicole Roy-Arcelin – dans sa circonscription d'Ahuntsic. Paul Martin gagne par 1 415 voix seulement, et Jean Lapierre par 2 498 voix. Il n'y a qu'André Ouellet qui s'en sort assez bien avec une majorité de plus de 5 000 voix.

Le sursis obtenu par John Turner en novembre 1986 était donc «sa dernière chance». Et comme le disait Pietro Rizzuto, Jean Chrétien aura peut-être «sa deuxième chance».

Le chef libéral n'est toutefois pas pressé de partir. On fait remarquer, entre autres, qu'il a besoin d'une année de plus au Parlement pour toucher sa retraite de député et de chef de l'Opposition officielle, l'équivalent d'une retraite de ministre. Il est, de toute manière, habitué à ce qu'on fasse campagne dans son dos. Et, chacun étant convaincu qu'il ne s'accrochera pas, personne ne le presse de prendre une décision. Après tout, Brian Mulroney est bien en selle pour au moins quatre ans, Jean Chrétien peut continuer à gagner beaucoup d'argent en attendant, et Paul Martin, dont on parle de plus en plus même s'il vient d'être élu pour la première fois, a besoin de temps pour préparer une candidature crédible.

Le 3 mai 1989, la place de chef du Parti libéral du Canada devient officiellement libre. Il appartiendra aux dirigeants du parti de fixer une date pour le congrès.

Depuis trois ans qu'il a quitté la vie politique, Jean Chrétien a appris qu'il pouvait réussir ailleurs que dans un fauteuil de député ou de ministre. Cela a au moins eu pour effet de le réconcilier avec les bourgeois!

Mais la bataille sur l'Accord du lac Meech, qui divise le Parti libéral et a certainement compliqué la vie du pauvre John Turner, fait rage. En fait, la question constitutionnelle va se retrouver au cœur des débats entre les candidats à la direction du Parti libéral du Canada.

D'une certaine façon, la succession de John Turner va se jouer sur le dos du Québec. Et Jean Chrétien a prouvé qu'il n'était pas sans talent à ce jeu-là…

CHAPITRE 8

L'homme de Trudeau

John Turner n'a même pas démissionné, et Jean Chrétien n'est pas encore candidat, que déjà les libéraux du Québec – ceux de Robert Bourassa s'entend! – rejettent le «petit gars de Shawinigan».

«Tant qu'il n'aura pas changé d'opinion sur l'Accord du lac Meech, Chrétien ne sera pas populaire chez les libéraux du Québec», fait savoir Ronald Poupart, porte-parole du premier ministre du Québec, Robert Bourassa.

«Chrétien, c'est du réchauffé! de lancer pour sa part le député libéral de Montréal – Saint-Louis, Jacques Chagnon. Lui, il n'a pas le secret de la soupe Campbell, il n'est même pas une ancienne recette apprêtée à la moderne.»

Quant à l'organisateur en chef des libéraux de l'est du Québec, le ministre Marc-Yvan Côté, il trouve que l'ambitieux Chrétien est «un dinosaure, un nostalgique de l'ère Trudeau».

Tout cela n'est pas très gentil mais ne profite à personne. Robert Bourassa reste neutre dans cette bataille pour la direction du Parti libéral du Canada plutôt que d'appuyer Paul Martin, comme celui-ci l'espérait. Son organisateur, Marc Yvan Côté, préfère même soutenir la candidature de Sheila Copps, qui n'a pourtant aucune chance.

Le pauvre Paul Martin, qui a toujours adopté une position favorable au Québec, en particulier dans les débats constitutionnels, ne profite pas du tout de ce mouvement anti-Chrétien.

Jean Chrétien ne fait rien pour cacher ses états de service dont certains ont laissé un goût amer au Québec. Quelques jours après l'élection générale de 1988 qui a scellé la perte de John Turner, en particulier au Québec où il n'a fait élire que 12 députés, le Centre de l'unité canadienne organise un dîner-bénéfice à 150 $ le couvert, à Toronto. En vedette de ce dîner-spectacle, on offre *The 1981 Kitchen Gang,* les trois anciens ministres de la Justice – Chrétien, Romanow et McMurtry – qui ont concocté l'entente constitutionnelle de la nuit du 4 au 5 novembre 1981. «Je continuerai de dénoncer l'Accord du lac Meech tant qu'il menacera ma Charte des droits et libertés, dit Chrétien. Ce sont là mes convictions et je me fiche des conséquences politiques.» Son ancien collègue de la Saskatchewan est du même avis et veut que l'Accord soit renégocié. L'un et l'autre sont ovationnés.

Paul Martin, comme la majorité des gens d'affaires du Québec d'ailleurs, a toujours souhaité le succès des efforts de Robert Bourassa et de Brian Mulroney pour «rapatrier le Québec, dans l'honneur et l'enthousiasme», comme on disait alors. Ils estiment, comme Bourassa me le dit d'ailleurs un jour que nous analysions la situation, assis sur le toit de son *bunker* à Québec: «Cet Accord nous permettra de nous rendre en l'an 2000, peut-être, dans un climat de relative stabilité.»

Dès son adoption, dans la soirée du 27 avril 1987, dans une maison ancienne appartenant au gouvernement fédéral, sur un promontoire dominant le lac Meech du parc de la Gatineau, dans l'Outaouais – d'où son nom –, l'Accord du lac Meech a divisé les libéraux de John Turner.

Le premier à rompre les rangs fut le député de Westmount, Donald Johnston. «Cet Accord s'inspire de la théorie des deux nations et porte en lui les germes du séparatisme en assurant l'émergence d'un Québec unilingue français dans un Canada anglais», écrit Johnston dans une lettre à John Turner, lui annonçant qu'il quitte le groupe parlementaire libéral. Le député de Westmount a consulté Pierre Trudeau, qu'il connaît depuis trente ans et dont il était le conseiller fiscal: «Je lui ai demandé de s'exprimer publiquement et j'espère qu'il va le faire», me dit-il.

Johnston n'est pas seul. Bien des députés et des sénateurs anglophones du Québec sont d'accord avec lui. «Mais c'est la mentalité des Rhodésiens de Westmount!» dénonce André Ouellet.

Son collègue Jean Lapierre renchérit: «Les anglophones de Westmount n'ont pas compris l'évolution constitutionnelle du Québec. C'est la perception d'une vendeuse d'Eaton's d'il y a dix ans.» (Dans les années 1960, les «vendeuses d'Eaton's», qui ne parlaient pas français, étaient devenues le symbole de la domination économique des francophones par les anglophones de Montréal.)

Et Raymond Garneau y va d'une critique virulente: «Il parle comme lord Durham et la minorité anglophone du début du siècle. Cela n'a pas marché alors, et cela ne marchera pas aujourd'hui.»

On se rend compte que les libéraux du Québec sont dangereusement divisés par une barrière culturelle et linguistique: les «Rhodésiens de Westmount» anglophones d'un côté et les Québécois francophones de l'autre. Le 27 mai, Pierre Elliott Trudeau se range dans le camp des «Rhodésiens».

La lettre ouverte de l'ancien premier ministre aux journaux *La Presse* et *Toronto Star* est percutante. Il traite Brian Mulroney de «pleutre» et l'ensemble des premiers ministres d'«eunuques»! Ce qui le met en rage, c'est que le Québec obtient des pouvoirs que les autres provinces n'ont pas. Il a toujours prétendu que sa province n'a pas besoin de ce genre de «béquilles».

Et Jean Chrétien dans tout cela?

Malgré sa sympathie pour les idées de Pierre Trudeau, il ne constitue pas le premier choix de son illustre patron. Le 3 août 1989, j'en parle avec Francis Fox qui a le rare privilège d'être resté l'ami de l'un et de l'autre… «Trudeau ne se sent pas à l'aise dans son propre parti à cause de sa position sur l'Accord du lac Meech», me raconte Fox.

L'ancien chef se sent tellement «mal à l'aise» qu'il veut s'assurer que le successeur de Turner reviendra à l'orthodoxie libérale. «Trudeau a appelé Marc Lalonde et lui a offert de se mettre à son service, poursuit Francis Fox. Il lui a promis qu'il ferait pour lui ce que Lalonde avait fait pour lui-même en 1968.» (En 1968, Lalonde était, avec Michael Pitfield – l'héritier d'une riche famille anglophone de Montréal et mandarin des mandarins à Ottawa –, l'un des proches confidents de Pierre Trudeau.) Si Marc Lalonde avait accepté de se présenter, il est probable qu'une majorité des anciens ministres de Trudeau, dont Francis Fox d'ailleurs, auraient appuyé sa candidature.

Finalement, Pierre Trudeau se résigne à la candidature de Jean Chrétien. «Mais son appui n'est pas inconditionnel, précise encore une fois Francis Fox. Il veut plus qu'un simple amendement à l'Accord du lac Meech, il veut une garantie que la Charte canadienne des droits et libertés prévaudra, en cas de conflit, sur la clause reconnaissant le caractère distinct de la société québécoise… Surveillez Chrétien s'ajuster!»

Ainsi, avant même de se lancer dans la course à la direction du Parti libéral du Canada, Jean Chrétien est perçu au Québec comme «l'homme de Trudeau». Mais le prix à payer pour obtenir cet appui prestigieux, c'est son opposition à un projet constitutionnel extrêmement populaire dans la province. Cela n'arrange pas ses affaires au Québec, bien sûr, mais dans le reste du Canada cela ne lui nuit pas, au contraire!

Au Québec, Jean Chrétien n'aime pas qu'on insiste sur cette complicité avec Pierre Trudeau. Il exige même qu'on arrête d'en parler. «Cela fait six ans que c'est fini, Trudeau!»

me lance-t-il d'un ton agacé au printemps de 1990 lorsque je lui demande si cela ne lui nuit pas. «Trudeau, Trudeau… Je ne prends pas mes vacances avec lui. On ne va pas manger au restaurant toutes les semaines. Il y en a beaucoup qui se disaient proches de Trudeau: ils couraient, faisaient deux tours de bloc pour être là lorsque les photographes arrivaient. Ils voulaient être vus avec Trudeau. Vous avez rarement vu Chrétien sur la même photo que Trudeau: les photographes, je les fuyais!»

Pendant cinq minutes, Jean Chrétien insiste ainsi lourdement pour me convaincre qu'il ne fait pas partie de «la coterie de Trudeau» – ce qui est malheureusement vrai! «C'est un homme de grand prestige, d'intégrité, de conviction, dit-il encore. Mais il ne voudrait pas que je le consulte tous les matins non plus. Ça l'emmerderait d'ailleurs!»

Jean Chrétien consultera tout de même Pierre Trudeau au moins une fois, avant de lancer sa campagne à la direction du parti et pour lui faire approuver un long texte – «Un défi de leadership» – dont plus de la moitié porte sur… les débats constitutionnels et l'Accord du lac Meech. «Il a soulevé des problèmes et je lui en ai parlé au téléphone», admit d'ailleurs le «petit gars de Shawinigan». Il aurait pu se passer de cette «bénédiction», d'ailleurs, puisque tout l'establishment avait décidé à l'avance que «c'était son tour»!

«C'est un grand sacrifice personnel et financier que je fais en retournant en politique», me dit Chrétien peu de temps avant de présenter sa candidature. Mais les batailles politiques lui manquent. «La politique, c'est beaucoup plus intéressant que de faire de l'argent!» dit-il. Il aime ramer à contre-courant «parce que cela donne du muscle». Son «congé» lui a fait du bien et ses convictions n'ont pas changé. «Elles seraient même un peu plus fermes qu'auparavant.»

Et puis, cette fois-ci, il est sûr de gagner: «Je reviens parce que beaucoup de gens m'ont dit que j'étais le meilleur pour diriger le Parti libéral. Nous avons un mauvais premier ministre. Et mon expérience pourrait faire de moi un meilleur premier ministre... »

Il y a du vrai dans ce qu'il dit. Jean Chrétien a dirigé neuf ministères et il a prouvé qu'il pouvait faire autre chose que de la politique. Paul Martin, son principal adversaire, n'est élu que depuis deux ans à la Chambre des communes. Quant à Sheila Copps, tout ce qu'elle propose aux militants libéraux, c'est son « instinct de femme » !

Pierre Trudeau lui-même fera savoir, par des voies détournées mais suffisamment indiscrètes pour que cela se sache dans le parti, que Chrétien est le candidat « le plus acceptable »... Ce qui ne constitue pas un appui enthousiaste ! « Le plus acceptable » peut aussi bien vouloir dire « le moins mauvais de tous » !

(En fait, il y a cinq candidats, les deux autres étant Tom Wappel, député de Scarborough, en Ontario, dont le seul intérêt dans cette campagne est de dénoncer les lois en faveur de l'avortement, et John Nunziata, un député turbulent de la région de Toronto. Mais ces deux candidats sont tellement marginaux qu'on perçoit cette campagne au leadership comme « une lutte à trois » : Chrétien, Martin et Mme Copps.)

C'est Marc Lalonde qui résume le mieux l'opinion générale dans le parti : « Chrétien est le seul des trois candidats dont je connaisse tous les défauts. » Il « fera avec ce qu'il a », en somme !

En premier lieu, Jean Chrétien est un francophone du Québec. Cette « tradition de l'alternance », qui le desservit tant en 1984, va-t-elle enfin le favoriser ? Oui et non.

La situation n'est pas la même que six ans plus tôt puisque, cette fois, c'est le tour d'un francophone. Pierre Trudeau lui-même avait analysé cette situation, en novembre 1979, à l'occasion de sa première démission : « J'ai l'impression que cette alternance, dit-il, c'est une tradition qu'on hésitera beaucoup à briser, surtout en faveur d'un francophone. Parce que si nous faisons cela, si nous insistons pour élire deux francophones l'un après l'autre, on permet ensuite aux anglophones de dire: pourquoi pas trois anglophones de suite?» Messieurs les Anglais, tirez les premiers, en somme! Si les libéraux tiennent tant à en finir avec cette règle – et si bien des Canadiens d'origine ethnique la trouvent injuste – autant qu'elle soit brisée par les anglophones... C'était donc le temps en 1990 d'en profiter.

«Cette règle de l'alternance, qui m'a considérablement nui, moi un francophone venant après Trudeau, je n'y crois pas et je suis très fier de ne pas m'en servir», affirme Chrétien. Pieux mensonge que celui-là! Il ne peut ignorer que ses propres organisateurs prononcent ostensiblement le nom de Paul *Mâârtin*, à l'anglaise, qu'ils insistent lourdement sur ses origines ontariennes – il est de Windsor – et qu'ils posent hypocritement la question: «Paul Martin est-il du Québec ou de l'Ontario?»

Si Jean Chrétien ne veut pas se servir de cette règle de l'alternance, disons qu'elle l'a bien servi tout de même! Et Paul Martin aurait pu reprendre, à la blague, le fameux argument de Trudeau en 1968: «J'espère que personne ne votera pour moi parce que je suis Canadien français, et j'espère que personne ne votera contre moi parce que je suis Canadien anglais par ma mère!» (Eleanor Adams, la mère de Martin, était effectivement anglophone, Paul Martin père parlait à peine le français, et lorsque j'ai connu Paul fils à Montréal au début des années 1970, il parlait français avec un accent de bien piètre qualité!)

Mais la question que posent les partisans de Chrétien – «Est-il du Québec?» –, quoique vicieuse, n'en est pas moins intéressante. Fils d'un ministre important de trois premiers ministres (Mackenzie King, Louis St-Laurent et Lester Pearson), élevé en anglais à Ottawa, éduqué à Toronto, Paul Martin est arrivé à Montréal en 1966. Il a vécu la Révolution tranquille des années 1960, la violence des années 1970, la montée du nationalisme dans les années 1980. Il a vu l'entrepreneurship québécois se développer sous ses yeux, il en a fait partie lorsqu'il a emprunté 180 millions de dollars pour racheter, de Power Corporation, la Canada Steamship Lines dont il a fait une grande compagnie de navigation, et il tient des propos enthousiastes sur le Québec des années 1990... «Un Québécois réussit en France, et il reste un Québécois, me dit-il à cette époque-là. Un Canadien anglais réussit à New York et il devient américain! Ce que les Québécois ont à apporter au Canada, c'est cette confiance qu'ils ont de pouvoir réaliser de grandes choses.»

On peut dire qu'en 1990, Paul Martin, le Canadien français de Windsor, est davantage «du Québec» que Jean Chrétien, le Québécois de Shawinigan.

Mais les élites – celles que n'aime pourtant pas Jean Chrétien! – en ont décidé autrement: l'argent et la bureaucratie fédérale en particulier ont déjà convenu que le prochain chef du Parti libéral – et premier ministre! – du Canada serait ce «petit gars de Shawinigan» qu'ils ont rejeté en 1984 pour les mêmes raisons qu'ils s'apprêtent à rejeter Paul Martin en 1990.

Petite leçon sur la façon dont les premiers ministres sont choisis dans ce pays...

L'argent ne manque pas pour Jean Chrétien. Le plafond des dépenses des candidats est fixé par le parti à 1,7 million de dollars. Ça, c'est le minimum vital que Paul Martin réussit à atteindre, et avec beaucoup de difficultés. Mais comme le parti, en dette, prélève 20% de toutes les contributions, c'est en fait un peu plus de 2 millions de dollars que Jean Chrétien peut rassembler officiellement.

Mais les règlements du parti contiennent une dizaine d'exceptions excluant de ce budget de dépenses «autorisées» des frais «raisonnables» pour la collecte des fonds. Les frais de déplacement du candidat, de son conjoint, de ses enfants et d'un adjoint politique ne sont pas comptabilisés, non plus qu'une indemnité de 400 $ par jour. Et surtout, il est impossible de chiffrer les services «bénévoles»: comment calculer les «heures de travail» ou le «congé sans solde» d'un avocat ou d'un ingénieur-conseil au service d'un candidat?

On estime que la campagne de Jean Chrétien a coûté plus de 4 millions de dollars en 1990. (Celle de son successeur – Paul Martin – coûtera de 9 à 10 millions de dollars en 2003!) Millionnaire, Jean Chrétien mène une campagne de millionnaire.

Son adversaire, Paul Martin, éprouve de la difficulté à recueillir autant d'argent que Chrétien en 1990. Je l'écris. Et il s'en plaint amèrement, un jour que je lui rends visite à son bureau du parlement. Il fait sortir son attaché de presse et, seul avec moi, laisse paraître sa colère...

«Tu veux savoir pourquoi mon message ne passe pas? commence Martin, manifestement blessé que cela se dise et s'écrive. Mon message ne passe pas parce qu'il n'est pas conventionnel. On a les mêmes problèmes dans l'administration des finances de l'État canadien que dans nos débats constitutionnels: on est gelés dans les années 1960 et 1970, on est gelés dans des idées démodées. Et si on n'est pas capables de changer pour un modèle des années 1990, le pays va échouer...

«Et si tu veux savoir la différence entre Jean Chrétien et moi, poursuit un Martin maintenant hors de lui, la voilà: Jean Chrétien est en train de dire à la population canadienne ce qu'elle a envie d'entendre, c'est-à-dire qu'on n'a pas besoin de changer notre façon d'agir, qu'on va continuer comme on a toujours fait pendant les dix dernières années. Eh bien! moi, je te dis qu'en continuant à gouverner le pays comme on l'a fait sous les gouvernements de Trudeau et de Mulroney, le pays va faire faillite, moralement, intellectuellement, artistiquement, économiquement...

«Peut-être que mon message ne passe pas, mais c'est parce qu'il n'est pas facile de dire à une population que c'est fini les folies, qu'il va falloir changer. Le Parti libéral du Canada va avoir à choisir entre deux chefs : l'un qui s'identifie à la population du Québec moderne, l'autre qui s'identifie à un Québec qui n'existe plus depuis vingt ans ! »

Mauvais perdant, ce Paul Martin qui explose ainsi le 11 avril 1990, à un peu plus de deux mois du congrès pour la direction du parti ? Aucun éditorialiste ni chroniqueur n'a jamais osé aller si loin dans la critique de Jean Chrétien. Et pour cause...

Jean Chrétien n'est pas seulement un Québécois francophone, il n'a pas seulement beaucoup d'argent, il est aussi le choix des mandarins du pouvoir fédéral. « Ce qui m'impressionne et me surprend, me dit-il lui-même, c'est le nombre de personnes qui offrent de m'aider. Il n'y a pas un expert dont j'ai sollicité une opinion qui me l'ait refusée. »

Et ces experts les plus précieux sont les mandarins du pouvoir fédéral eux-mêmes. C'est comme cela à Ottawa : les hauts fonctionnaires font leur choix et le font connaître aux commentateurs les plus influents de la Tribune de la presse parlementaire. Avec le temps, la roue se met à tourner et les militants libéraux finissent par croire que le choix de la « capitale nationale », c'est Jean Chrétien. On ne se bat pas contre cela !

Comme Brian Mulroney n'a pas vraiment changé la bureaucratie et qu'il gouverne avec une élite mise en place par Trudeau, Jean Chrétien est chez lui lorsqu'il revient aux affaires à Ottawa, après quatre ans d'absence. Certains mandarins comme le sous-ministre (et ancien greffier du Conseil privé) Marcel Massé, ou l'ambassadeur Michel Dupuis, s'associent ouvertement à la campagne de Jean Chrétien et se porteront d'ailleurs candidats libéraux dès l'élection qui suivra en 1993.

Enfin, Jean Chrétien a exigé qu'au moins la moitié des membres du groupe parlementaire libéral appuient sa candidature : il en obtient près des deux tiers ! « Tout le monde veut embarquer», blague Jean Chrétien, se souvenant avec délices du «phénomène Turner» en 1984! Même André Ouellet, sentant le vent tourner, a fait amende honorable!

Les dirigeants du Parti libéral du Canada rendent cependant un bien mauvais service à Jean Chrétien. À moins qu'il ne s'agisse d'un effroyable calcul machiavélique? Les partisans de Paul Martin souhaitent retarder le plus possible la tenue du congrès pour lui permettre de se faire connaître. John Turner démissionne le 3 mai 1989 et le vote fatidique pour choisir son successeur est repoussé au 23 juin 1990, à Calgary.

Seuls les Québécois se rendent compte de l'incongruité de la date. Le 23 juin, c'est en effet la date limite pour l'adoption ou le rejet de l'Accord du lac Meech. Et du train où allaient les choses, l'échec était le scénario le plus probable!

«On va avoir l'air de célébrer à Calgary pendant que le Québec sera en deuil: cela n'a aucun sens!» déplore aussitôt le président de l'aile québécoise du parti, Francis Fox.

«Bien sûr que cela soulève des inquiétudes, reconnaît le président du parti lui-même, l'avocat Michel Robert, mais je ne pense pas que ce soit un facteur très important.» Le parti a même envisagé de reporter ce vote au 24 juin – jour de la Fête nationale du Québec! – tout en excluant de le tenir le 1er juillet, jour de la Fête du Canada! «Un détail», selon Michel Robert. Un «détail» qui démontre une fois de plus à quel point le Parti libéral du Canada n'est plus en phase avec le Québec.

Jean Chrétien se montre quant à lui bien agacé qu'on lui parle de tout cela. Ses soirées avec des experts de toutes les disciplines – de l'international à l'économie, au social et à la Constitution – lui ont appris un nouveau discours. «Au lieu de vous gargariser avec des problèmes comme le lac Meech, la société distincte, le statut particulier, les États associés, les deux nations, me dit-il avec son air des grands jours, vous feriez mieux d'admettre que le Canada sera un modèle pour les pays d'Europe de l'Est maintenant que le rideau de fer est en train de tomber.» Et le «petit gars de Shawinigan» de citer les exemples de la Bulgarie avec sa minorité turque, de la Roumanie avec sa minorité hongroise, de la Yougoslavie avec ses six groupes ethniques se partageant le même terri-toire... «Quand ils vont vouloir rétablir la démocratie, ces pays vont regarder le Canada et constater que la fédération fonctionne bien depuis cent cinquante ans», conclut Jean Chrétien avec un air de dire: «Ne me parlez plus de ça!»

Le jugement est sans appel et malheur à ceux qui veulent le nuancer. Voilà pourquoi le mardi 16 janvier 1990, à une semaine exactement du lancement officiel de sa campagne à la direction du Parti libéral, Jean Chrétien décide d'asséner un grand coup... sur le dos du Québec!

Il choisit l'auditoire complaisant des étudiants en droit de l'université d'Ottawa. Un public averti, et libéral. À travers lui, Jean Chrétien s'adresse à un pays «en proie à l'amertume et au pessimisme, qui ne sait plus où il va».

Durant les huit premières pages de son allocution, l'aspi-rant à la direction du parti présente un discours classique et sans grand panache: les sept défis du Canada – une réponse sans doute aux sept péchés capitaux dans lesquels Brian Mul-roney a entraîné le pays! – sont ceux de l'environnement, de l'évolution démographique, des soins médicaux, sujet qu'il présente comme «connexe» au précédent, l'éducation, les disparités régionales, la croissance économique et la place du Canada dans le monde. Il n'y a rien de révolutionnaire dans ces propos. Ce sont les 10 pages suivantes qui comptent...

«Ce qui m'amène à l'Accord du lac Meech», annonce-t-il solennellement après vingt minutes de banalités du genre: «Notre milieu physique est au cœur de l'identité cana-dienne», ou encore: «Le Canada vit des changements sans précédent dans la composition de sa population.»

Jean Chrétien accepte le caractère distinct du Québec, «qui s'est manifesté dans le cadre de notre régime fédéral».

Mais l'Accord signé entre Brian Mulroney, Robert Bourassa et les neuf autres premiers ministres «est loin de fournir aux Canadiens – ceux du Québec comme les autres – de meilleurs instruments pour aborder les défis des années 1990».

Les cinq propositions du Québec sont «raisonnables, modérées et capables de servir de fondement à des arrangements profitables à tous les Canadiens», consent Jean Chrétien, mais elles ne sont rien d'autre qu'une base de négociation.

L'échéance du 23 juin 1990 est «artificielle» et il faut prendre le temps de tout renégocier. Comme le lui a soufflé Pierre Trudeau, Jean Chrétien prévient que cet Accord ne passera pas sans modifications.

Et lui qui a négocié une nouvelle Constitution dans le plus grand secret, et en pleine nuit, il affirme que ce n'est plus possible d'agir comme cela désormais, et il réclame «la participation active et directe de la population» – un référendum en somme!

Brian Mulroney ne s'y trompe pas: c'est le coup de grâce que Jean Chrétien a asséné ce jour-là à l'Accord du lac Meech. Déjà, trois gouvernements – le Nouveau-Brunswick, le Manitoba et Terre-Neuve –, après avoir ratifié l'Accord à deux reprises, dans la soirée du 30 avril 1987 et le 3 juin suivant, renient leur signature. D'autres hésitent, et divers groupes de pression sont déchaînés.

Au mois de décembre 1989, Robert Bourassa a eu recours à la clause «nonobstant» de la Constitution pour interdire que l'on affiche en anglais seulement dans les commerces du Québec. Sa loi 178 est maladroite, tout le monde en convient, mais elle donne surtout une excuse au reste du Canada pour soupçonner le Québec des plus noirs desseins.

«Chrétien est l'homme de bras de Pierre Trudeau», accuse Benoît Bouchard, un ministre important du Cabinet de Brian Mulroney.

«M. Chrétien est un homme qui a excellé dans les conflits avec le Québec et les Québécois, rappelle Lucien Bouchard, qui est toujours le lieutenant politique du premier ministre conservateur au Québec. Chrétien, c'est un désastre constitutionnel!»

Quant à Brian Mulroney, il met les critiques de Jean Chrétien au compte du dépit: contrairement au «petit gars de Baie-Comeau» en 1987, le «petit gars de Shawinigan» n'a pas réussi à conclure une entente avec le Québec en 1981!

Les adversaires de Jean Chrétien dans la course à la direction du Parti libéral du Canada, de bons libéraux tout de même, réprouvent eux aussi son attitude.

«Jean Chrétien parle pour une autre personne, Pierre Trudeau, qui a été un bon chef mais qui ne l'est plus, dit Sheila Copps: si Chrétien est élu, c'est la vieille garde qui dirigera le pays.»

«Lorsque Jean Chrétien dit: "Si l'Accord du lac Meech ne passe pas, il n'y aura pas de problème", me confie Paul Martin lui-même, Chrétien leurre le Canada anglais. Le Canada anglais aime ce qu'il entend, bien entendu, mais il va être très déçu le 24 juin prochain. Moi, je ne suis pas venu en politique pour leurrer le Canada.»

Finalement, un Comité parlementaire présidé par Jean Charest, député conservateur fédéral de Sherbrooke, va suggérer un certain nombre de modifications à l'Accord original. Jean Chrétien a participé à leur rédaction. Le «petit gars de Shawinigan» est tellement associé à ces tractations que le «rapport Charest», dans les mots de Lucien Bouchard et de l'imaginaire québécois, va rapidement devenir «le petit tas de merde de Jean Chrétien»!

Cette obsession de Jean Chrétien de ne pas paraître trop complice avec le Québec est d'autant plus incompréhensible qu'il n'avait pas besoin de cela pour gagner. Et cela l'amène une fois de plus à soulever la colère de ses compatriotes. Au cours d'un débat, à Halifax, entre les candidats à la direction

du parti, John Nunziata, la tête forte, a accusé les séparatistes, Lucien Bouchard en particulier, alors ministre de
l'Environnement dans le gouvernement du Canada, d'être
« un raciste et un bigot ». Puis, devant les journalistes, il en a
remis : « Si Bouchard fait la promotion du séparatisme, c'est
un traître ! »

Paul Martin se dissocia immédiatement de son collègue :
« Il n'y a pas de traître ! » dit-il et Bouchard, selon lui, n'est
« pas du tout raciste ». Quant à Jean Chrétien, sa réaction fut
moins subtile. « Les séparatistes ne sont pas tous des traîtres,
pas tous des criminels », dit-il, soulevant la réprobation
générale.

Outre les avantages qu'on a déjà décrits, Chrétien en possède un autre, mis en évidence par les sondages et les *focus
groups* commandés par son organisation : le « petit gars de
Shawinigan » est perçu comme un politicien « honnête,
simple et convaincu », trois qualités que les Canadiens ne
retrouvent plus chez Brian Mulroney.

« Honnête » ? L'homme a passé à travers huit campagnes
électorales et huit portefeuilles ministériels sans être écla-
boussé par le moindre soupçon de scandale.

« Simple » ? Tous les militants libéraux en conviennent, en
particulier ceux des centaines de circonscriptions qu'il a visi-
tées pendant les campagnes électorales, faisant de lui
« l'homme politique du Canada qui a le plus de poulet bar-
becue dans le corps » !

« Convaincu » enfin ? Son entêtement sur la question du
Québec le prouve. Et il s'en vante !

Il ne pouvait donc pas perdre cette course à la direction
du Parti libéral du Canada mais il voulait gagner « à la
Trudeau » en somme ! En donnant quelques taloches au Québec, comme pour se venger des sarcasmes et des insultes que
son comportement lui a valus.

« Vendu ! » lui crièrent les militants libéraux eux-mêmes au cours d'une réunion particulièrement mouvementée à Montréal. Il allait bientôt entendre pire...

On a déjà raconté ces journées rocambolesques de juin 1990 pendant lesquelles, en direct à la télévision, on assiste à la mort de l'Accord du lac Meech à Winnipeg, puis à Terre-Neuve, puis au constat de décès à Ottawa. Et à l'éloge funèbre de l'Accord fait par Robert Bourassa à Québec.

C'est ainsi que le vendredi 22 juin, toutes les lignes de communication par satellite sont retenues par les réseaux de télévision. Le peuple assiste en direct à l'arrivée du seul député autochtone, Elijah Harper, à l'Assemblée législative du Manitoba. Une femme lui tend une rose rouge : « *Thank you very meech !* » Et le député, sans même se lever de son fauteuil, prononce un dernier *No !* À Saint-Jean, le premier ministre de Terre-Neuve, Clyde Wells, refuse de soumettre l'Accord du lac Meech à un vote de ses députés ou de la population de la province comme il avait pourtant promis de le faire. Et à Québec, Robert Bourassa prononce sa formule historique : « Quoi qu'on dise et quoi qu'on fasse, le Québec est d'ores et déjà et pour toujours une société distincte, libre et capable d'assumer son destin et son développement. »

Au *Saddledome* de Calgary, le samedi 23 juin, Jean Chrétien, félicité par Pierre Trudeau, embrassé par Clyde Wells, est littéralement plébiscité par les militants libéraux : 2 652 voix dès le premier tour, 57 % des suffrages exprimés. Son plus proche rival, Paul Martin, arrive loin derrière avec 1 176 voix, et Sheila Copps en obtient moins de 500.

Les libéraux ont donc choisi, et sans contestation possible, « un chef qui s'identifie au Québec d'il y a vingt ans », comme dirait Paul Martin.

Lucien Bouchard, toujours en verve, appelle Jean Chrétien « le matraqueur des aspirations des Québécois » et annonce qu'il sera «le dernier cadeau, le cadeau d'adieu du Québec au Canada». Bouchard a quitté le Parti conservateur et fondera bientôt le Bloc québécois.

Quelques délégués québécois, une minorité il faut en convenir, ont noué un brassard noir autour de leur bras. Deux des 12 députés libéraux que compte le Québec à ce moment-là claquent la porte:

«J'ai trop de fierté pour m'associer, même une minute, à Jean Chrétien, lance Jean Lapierre avant de reprendre l'avion pour Montréal. Ce serait humilier et trahir mes électeurs que de m'associer à lui.»

Son collègue de Hull, Gilles Rocheleau, ancien ministre de Robert Bourassa élu à la Chambre des communes en 1988, est plus brutal encore: «Chrétien est un traître au Québec. Je ne comprends pas les délégués francophones qui l'appuient: Jean Chrétien, pour moi, c'est la peste!»

Est-il encore nécessaire de rappeler que ce sont des membres du Parti libéral du Canada qui parlent comme cela?

Jean Chrétien avait prédit que rien ne se passerait si l'Accord du lac Meech était rejeté. Le soir de sa victoire, il conseille même à ses compatriotes de «visiter la Gaspésie ou de regarder le baseball à la télévision»!

En fait, les Québécois descendent dans la rue par centaines de milliers. Et dans les semaines qui suivent, l'appui à la souveraineté atteint des sommets. Robert Bourassa, lui, ne trouvait pas cela drôle du tout! «Ma préoccupation, dans les prochains mois, ce sera de faire en sorte que les Québécois ne se trompent pas sur leur avenir», me dit-il à ce moment-là.

Dans la version anglaise de ses Mémoires, Jean Chrétien raconte qu'après ce drôle de mois de juin, «les médias du Québec restèrent, pendant des mois, incroyablement hostiles à mon égard...» Toujours ce même complexe du persécuté par ses compatriotes du Québec! En fait, les «médias» du Québec n'avaient nul besoin de rien inventer, ils n'avaient qu'à tendre leurs micros aux députés libéraux du Québec!

Tout en fanfaronnant comme d'habitude, le «petit gars de Shawinigan» est manifestement blessé... «Personne ne m'a jamais insulté ni pris à partie, raconte-t-il, mais il y avait comme une froideur qui me mettait mal à l'aise, même lorsque je retrouvais mes vieux compagnons de golf...»

Ce ressentiment des Québécois – qu'il avait sans doute sous-estimé –, l'insistance du premier ministre Mulroney à reprendre les négociations constitutionnelles – ce qui prolongeait son rôle de «vilain» – et le fait que sa vie de «millionnaire» l'avait un peu «rouillé» – à l'instar de John Turner en 1984! –, tout cela mis ensemble fit que Jean Chrétien eut bien du mal à se faire à sa vie de chef de l'Opposition officielle dans le Parlement du Canada.

En fait, six mois après son élection à la direction de son parti, de plus en plus de voix s'élèvent contre lui. Et pour sa rentrée à la Chambre des communes, le 10 décembre 1990, le «petit gars de Shawinigan» est obligé de s'expatrier dans une circonscription du Nouveau-Brunswick pour se faire élire!

Feu l'alternance: c'est un député de Beauséjour, en Acadie, qui a finalement succédé à l'ancien député de Westmount au Québec à la tête du Parti libéral du Canada...

CHAPITRE 9

Le vieux loup de mer

Un an avant la reine Elizabeth II, Jean Chrétien aurait pu parler, à la fin de 1991, de son *Annus horribilis*!

Après son élection à la tête du Parti libéral du Canada sur fond de crise constitutionnelle le 23 juin 1990, Jean Chrétien n'a même pas droit à la traditionnelle lune de miel. Le 12 juillet, en effet, éclate une crise encore plus grave puisqu'un policier est tué et que la menace d'une insurrection armée plane aux portes de Montréal.

Des Mohawks décident de bloquer un petit chemin de terre, dans le village d'Oka, pour protester contre l'agrandissement d'un terrain de golf débordant sur leur réserve de Kanesatake. La Sûreté du Québec intervient pour renverser les barricades. Maladroitement: les Mohawks, mieux armés que la police ne le croyait, répliquent. Un caporal est tué. Puis, en signe de solidarité, d'autres Mohawks de la réserve de Kahnawake bloquent à leur tour un pont enjambant le Saint-Laurent vers la Rive-sud de Montréal.

La «crise d'Oka» vient de commencer. Deux semaines après le rejet de l'Accord du lac Meech, avec des esprits échauffés d'un côté et de l'autre des barricades, la situation est explosive. Des commentateurs du Canada anglais, prenant parti pour les Mohawks, se déchaînent. À la télévision d'État de langue anglaise, on affirme que le Québec se livre depuis des années, sur ses populations autochtones, à «un génocide digne du IIIe Reich» et on compare la Sûreté du Québec au «corps des SS d'Adolf Hitler».

Certaines têtes chaudes du Québec voient dans cette crise un complot visant à briser la fièvre souverainiste, qui est à son plus fort à ce moment-là, et une façon de rappeler aux Québécois que leur territoire n'est pas inviolable. En effet, l'administration fédérale adopte une attitude ambiguë, se retenant d'intervenir à l'intérieur même des réserves où sa police, la GRC, est responsable du maintien de l'ordre et de la sécurité.

Dans de telles circonstances, le rôle des chefs politiques est de calmer les esprits et de chercher une porte de sortie honorable pour les insurgés tout en protégeant la règle du droit. C'est ce que tentent de faire Robert Bourassa et les ministres de Brian Mulroney.

Mais un chef de l'Opposition au Parlement du Canada, ça doit se prononcer aussi. Il ne se passe pas de journée que la presse ne sollicite les commentaires de Jean Chrétien. Celui-ci commence par critiquer le gouvernement conservateur – même s'il n'y a pas grand-chose qu'il puisse entreprendre sans une requête formelle du gouvernement provincial.

Le premier ministre du Québec fait enfin appel à l'armée canadienne, le 17 août, mais la crise s'éternise. Des Warriors, dont certains sont venus des États-Unis, résistent toujours, équipés d'armes lourdes. «Laissez filer les Warriors, nous les rattraperons plus tard! suggère Jean Chrétien. Je n'ai pas de solution miracle, j'essaie seulement de faire une contribution», explique-t-il devant un groupe de journalistes incrédules.

Les caricaturistes et les humoristes s'en mêlent. Avant même sa rentrée officielle au Parlement, le nouveau chef du Parti libéral du Canada est atteint du pire mal qui puisse affecter un chef politique: le ridicule. Et il ne fait rien pour arranger ses affaires. Deux jours plus tard, à Winnipeg, devant l'Assemblée des chefs autochtones du Manitoba, il se vante d'avoir été le seul ministre des Affaires indiennes à survivre six ans et à conserver son scalp !

« Il aurait avantage à trouver un autre rédacteur pour ses discours », laisse tomber le président de l'Assemblée, Phil Fontaine.

C'est vrai qu'il aurait eu intérêt à mieux s'entourer, ce nouveau chef libéral, mais cela ne viendra que plus tard, après d'autres incidents.

Pour l'heure, Jean Chrétien n'est pas seulement maladroit quand il improvise, mais en plus son entourage a décidé de l'habituer à ce télésouffleur qu'utilisent les présidents des États-Unis pour prononcer leurs discours. Avec ou sans cette machine, Jean Chrétien est incapable de lire un texte sans buter sur les mots, en anglais comme en français. Le télésouffleur ne fait que le rendre encore plus ridicule et inutilement prétentieux.

Puis, au début de l'année 1991, le Canada entre en guerre contre l'Irak qui a envahi le Koweit six mois plus tôt. Cela donne évidemment lieu à des débats solennels et empreints de gravité au Parlement. Le gouvernement de Brian Mulroney s'aligne sans condition sur la position américaine, leader de la coalition internationale de la guerre du Golfe. Jean Chrétien, drapé dans le manteau de Lester Pearson, se fait écrire un excellent discours par Michel Dupuy, ancien ambassadeur du Canada à l'ONU.

La position officielle du chef libéral est qu'il vaut mieux continuer d'exercer des pressions sur le gouvernement de Saddam Hussein en maintenant les sanctions économiques. Il suggère que les troupes canadiennes soient retirées du champ de bataille dès que les hostilités commenceront.

Ce débat constitue un moment d'autant plus important pour Jean Chrétien qu'il vient enfin d'être élu député et que toutes les chances sont de son côté. Il se vante donc d'être assuré de l'unanimité de son groupe parlementaire pour ce premier vote depuis son arrivée dans le fauteuil du chef de l'Opposition officielle.

Le vote du Parlement sur la participation des troupes canadiennes n'a cependant lieu que six jours après le déclenchement de l'offensive militaire et le début de bombardements en Israël. Les pressions du lobby juif sur le groupe parlementaire libéral se sont faites très fortes pour qu'il se montre solidaire de la coalition militaire contre l'Irak. John Turner, qu'on n'a plus vu à Ottawa depuis six mois, refait soudain surface la veille du vote et prend position en faveur de la participation de l'armée canadienne aux hostilités contre l'Irak. Contre son chef, donc! Et au nom de Pearson lui aussi!

Vraiment décidé à ridiculiser son rival, John Turner prévient Brian Mulroney de son intervention quinze minutes à l'avance. Et le premier ministre se précipite aussitôt à son siège, ne lâchant pas des yeux, pendant tout le discours de Turner, le visage de plus en plus crispé de Jean Chrétien.

Alors que c'est le temps pour le nouveau chef libéral de prouver qu'il contrôle son groupe parlementaire, quatre députés libéraux votent avec le gouvernement, contre leur chef donc, et plusieurs s'abstiennent.

Cela commence donc bien mal aux Communes pour Jean Chrétien.

Le lundi 25 février 1991, une nouvelle stupéfait le monde politique : Jean Chrétien est hospitalisé au Centre médical de la Défense nationale à Ottawa pour l'ablation de deux petites tumeurs au poumon droit. Elles ont été découvertes quelques jours plus tôt par son médecin de famille au cours d'un examen de routine.

Le chef du Parti libéral est opéré trois jours plus tard et bien heureux d'apprendre que les tumeurs ne sont pas cancéreuses. Il s'en sert même dans ses discours pour amuser son auditoire, appelant ses deux nodules « Lapierre et Roche-leau », du nom des deux députés québécois qui l'ont aban-donné pour rejoindre le Bloc de Lucien Bouchard.

(La maladie d'un homme politique important n'est jamais anodine cependant. Pendant longtemps, des doutes subsistent sur la santé de la personne affectée, et pour quelqu'un qui aspire à devenir premier ministre, cela peut devenir fatal. Dans le cas de Jean Chrétien, cela conduisit son directeur de cabinet à me montrer, quelques mois avant une élection qui s'avérait décisive, le rapport de son plus récent examen médical !)

Des gaffes, des erreurs, des maladresses, la maladie… Mais qu'arrive-t-il donc à Jean Chrétien ? « Il est loin d'être un homme public fini, écrit l'éditeur adjoint de *La Presse*, Claude Masson. Mais on peut se demander si, comme beau-coup d'autres personnages politiques, il n'est pas destiné à être un excellent deuxième mais un mauvais premier. L'habit de chef de parti ne fait pas à tout le monde… »

Cette critique fait très mal au « petit gars de Shawinigan », car il sait qu'elle est juste. Il se pose lui-même la question… « Peut-être que je ne suis qu'un bon numéro 2 », murmure-t-il à sa femme dans un moment de déprime.

Et il commence à trouver certaines journées plus difficiles que d'autres. « Des matins, comme tout le monde, quand je vois l'énormité de la tâche, je me dis que je ferais peut-être mieux de rester au lit et de m'abrier par-dessus la tête. Puis je prends ma douche et je pars. »

Triste ironie, on note alors une étrange similitude entre la situation de Jean Chrétien en 1991 et celle de John Turner sept ans plus tôt. Après quelque temps en retrait de la vie publique, le nouveau chef libéral semble bien « rouillé » lui aussi. Ses députés se querellent entre eux. Et les sondages, les terribles sondages, amènent les uns après les autres les plus mauvaises nouvelles. La cote de popularité du parti tombe de 50 à 32 % en quelques mois, gravement affectée par la défaite surprise des libéraux de David Peterson en Ontario. Sur un plan personnel, un quart des Canadiens seulement donnent une bonne note à Jean Chrétien. Et au Québec, plus de la moitié des citoyens sont carrément mécontents de lui.

« Mais tous les journalistes du Québec sont séparatistes », s'excuse-t-il.

Cela commence à sentir le mauvais perdant. Mais le pire est encore à venir : le 21 décembre, l'éditorialiste en chef de *La Presse*, Alain Dubuc, qu'on ne peut tout de même pas soupçonner de sympathies séparatistes, écrit sa traditionnelle « Lettre de Montréal » spécialement rédigée pour le *Toronto Star*. C'est virulent !

« La raison pour laquelle nous ne faisons pas confiance à Jean Chrétien, commence Dubuc, c'est qu'on le connaît mieux que vous [les Canadiens anglais]. Nous avons suivi sa carrière de près. Et même si Pierre Trudeau n'est pas une idole au Québec, nous apprécions sa valeur. Si Trudeau était un Guy Lafleur, Chrétien serait le plombier de service de son équipe de hockey… »

Alain Dubuc pardonne aux Torontois de ne pas se rendre compte des erreurs du « petit gars de Shawinigan », pour lequel ils semblent ressentir la sympathie condescendante que les Américains vouent à l'oncle Tom. Quand Jean Chrétien trébuche, les Canadiens anglais attribuent cela au fait que la langue de Shakespeare ne lui est pas familière. « Croyez-moi, dit Dubuc, son français est aussi mauvais que son anglais ! C'est un homme intelligent, qui fut un bon ministre, mais il n'a pas l'étoffe d'un premier ministre ! »

Publié dans le quotidien le plus libéral du Canada, par un journaliste québécois respecté, cela a un effet dévastateur. Le Canada anglais, l'Ontario surtout, craint que Jean Chrétien ne soit pas capable de « livrer le Québec ». Ils l'ont pourtant élu pour ça !

Pour rassurer ses détracteurs, Jean Chrétien promet d'ailleurs l'élection d'au moins 30 députés libéraux aux prochaines élections et évoque le retour du *French Power* à Ottawa… Après les excès des régimes de Trudeau et de Mulroney, c'était bien la dernière chose que les Canadiens anglais voulaient entendre !

C'était de toute manière un bien mauvais calcul. Après avoir fait élire une majorité de députés au Québec pendant un quart de siècle – jusqu'à 74 députés sur 75 en 1980 ! –, les libéraux ne contrôlaient plus que quelques circonscriptions dans la province, des circonscriptions où le vote anglophone ou allophone avait beaucoup de poids. On attribuait ce désastre à John Turner. Le défi de Jean Chrétien n'est pas seulement de faire mieux que son prédécesseur, mais de faire aussi bien que Pierre Trudeau ou Brian Mulroney. N'est-il pas, comme eux, l'enfant du pays ?

Après le rejet de l'Accord du lac Meech, en juin 1990, huit députés ont décidé de siéger comme indépendants à la Chambre des communes : six conservateurs dont l'ancien ministre Lucien Bouchard, et les deux libéraux Lapierre et Rocheleau. Ce « bloc » de députés indépendants va rapidement devenir le Bloc québécois, et fera de Bouchard son chef. Il aura même l'occasion de tester sa popularité à Montréal lors d'une élection complémentaire déclenchée dans la circonscription de Laurier – Sainte-Marie à la suite du décès du député libéral Jean-Claude Malépart. Le candidat du Bloc, Gilles Duceppe, remporte la victoire avec 67 % des suffrages exprimés. Le Bloc est lancé…

L'apparition d'un parti fédéral souverainiste dans le paysage électoral québécois représente une menace que Jean Chrétien sous-estimera longtemps. Disciple de la vieille école qui veut que les gouvernements se battent eux-mêmes et que les oppositions n'aient qu'à se préparer à prendre leur place, le chef libéral pense que les Québécois, mécontents des conservateurs comme tous les autres Canadiens, reviendront tout naturellement à lui. Dans un régime de bipartisme, c'était effectivement un pari à prendre.

Mais l'arrivée du Bloc offre aux Québécois un moyen facile de protester contre les conservateurs sans pour autant voter libéral. «Après ce qui s'est passé en 1981... Et en 1990!» disent-ils maintenant. Et cet étrange parti d'opposition que veut être le Bloc ne s'attaque pas au gouvernement en place, le Parti conservateur, mais à l'Opposition qui veut prendre sa place, «les libéraux de Jean Chrétien»!

«Notre adversaire, c'est Chrétien! explique d'ailleurs Lucien Bouchard lui-même. Chrétien dirige un vrai parti mais il n'a aucune base politique au Québec... Jean Chrétien, c'est un symbole.»

Enfin, il y a toujours cette maudite question constitutionnelle! «C'est un merdier épouvantable», déplore un Jean Chrétien excédé d'être poursuivi par la question, le 19 juillet 1992.

Un embryon de guerre civile à Oka, le cancer du premier ministre du Québec, la guerre dans le golfe arabo-persique, une terrible récession – et la Taxe sur les produits et services! – n'ont même pas guéri les Québécois des débats constitutionnels. Et Brian Mulroney va se charger d'y intéresser les Canadiens anglais aussi...

Jean Chrétien se tient plutôt loin de ce débat sur l'avenir du Canada. Ce n'est pas que la question soit réglée: il a fini par comprendre que le refus du Québec d'adhérer à «sa» Constitution de 1982 pose effectivement un problème. Mais pour lui, c'est une question piégée, avec laquelle il n'a rien à gagner, surtout pas parmi ses compatriotes. Bouchard ne répète-t-il pas cruellement que «Chrétien est un symbole!»?

Pendant que le Parti libéral du Québec débat de sa propre orientation constitutionnelle – le rapport d'un comité présidé par Jean Allaire, un notaire de Laval, président de la Commission politique du PLQ, réclamera bientôt 22 pouvoirs spécifiques pour le Québec –, Jean Chrétien fait campagne en Acadie pour son élection au Parlement.

Puis le gouvernement de Robert Bourassa crée, le 4 septembre 1990, sa Commission sur l'avenir politique et constitutionnel du Québec, présidée par Michel Bélanger et Jean Campeau. Comme c'est une commission «élargie» qui doit inclure des représentants des partis politiques fédéraux, Jean Chrétien y délègue son critique officiel en la matière, André Ouellet, et s'en remet beaucoup à celui-ci.

Il s'y présente tout de même en personne, le 17 décembre 1990, ce qui doit bien constituer, venant de lui, un effort remarquable. Qu'on y pense un instant: Jean Chrétien, «témoin» assigné devant une commission du gouvernement du Québec, au Salon rouge de l'Assemblée nationale, et pour parler de Constitution! Qui l'eût cru en effet?

Un passage de son exposé mérite d'être souligné: «Nous soutenons depuis longtemps qu'une formule d'amendement fondée sur les régions, telle que proposée dans la Charte de Victoria en 1971, serait plus efficace pour ce pays. Avec une telle formule, le Québec conserverait son droit de veto. Une autre option, qui pourrait être étudiée, serait la formule des sept provinces représentant 50% de la population, en ajoutant une clause stipulant que le Québec doit être une des sept provinces…» (Le Québec, ne représentant plus que 24% de la population du Canada, pourrait en effet se faire imposer, par le reste du Canada, une réforme l'affectant directement, ce qui serait une répétition du «coup» de novembre 1981.)

En cette matière de droit de veto du Québec, il faut bien reconnaître que Jean Chrétien a été constant tout au long de sa carrière politique. Non seulement c'est le gouvernement de René Lévesque lui-même qui y a renoncé, en avril 1981, pour solidifier le front des provinces opposées au projet de Pierre Trudeau, mais Chrétien profitera de toutes les occasions jusqu'en 1995 – jusqu'après le deuxième référendum sur la souveraineté du Québec, qu'il faillit perdre! – pour tenter de le rétablir…

Est-ce le remords de ce qui est arrivé en novembre 1981 ? Ou le constat de l'échec auquel il a tout de même contribué en juin 1990 ? Toujours est-il que, sous la direction de Jean Chrétien, le Parti libéral du Canada – le parti de Pierre Trudeau ! – affirme qu'«aucune révision constitutionnelle ne peut être *légitime* sans l'approbation de chacune des quatre régions du pays : l'Atlantique, le Québec, l'Ontario et l'Ouest». Ajoutons tout de même que, rétroactivement, cela ne rend pas pour autant la Constitution de 1982 «illégitime»!

Le «petit gars de Shawinigan» se sort donc assez bien du débat qui a cours au Québec à l'automne de 1990 et pendant l'hiver de 1991. Certes, lorsque la Commission Bélanger-Campeau soumet son rapport, le 26 mars 1991, André Ouellet fait partie des deux membres – sur 33 – qui refusent de le signer. Mais il faut dire que ce rapport se montre très critique à l'égard de l'attitude du gouvernement fédéral au cours des vingt-cinq années précédentes et qu'il envisage tout à la fois une nouvelle ronde de négociations avec le Canada ou un référendum sur la souveraineté avant le 26 octobre 1992.

De son côté, le gouvernement de Brian Mulroney ne reste pas inactif. Outre un groupe de travail plutôt folklorique présidé par l'ancien Commissaire aux langues officielles, Keith Spicer – qui tourne à l'exercice de défoulement pour des Canadiens de plus en plus mécontents du gouvernement conservateur –, une commission parlementaire mixte, coprésidée par le sénateur Claude Castonguay – qui laisse rapidement sa place à son collègue Gérald Beaudoin, tant il trouve le Canada anglais hostile à tout geste de bonne volonté à l'égard du Québec – et une députée de Winnipeg, Dorothy Dobbie, soumet des propositions que Robert Bourassa rejette aussitôt!

Enfin, Brian Mulroney confie à Joe Clark la relance des négociations constitutionnelles – auxquelles le Québec ne participe pas, mais où sont invités les Territoires du Nord et les représentants de quatre associations autochtones.

Jean Chrétien se montre très sceptique quant à cette opération de sauvetage. Il soupçonne même le premier ministre conservateur de refaire le même coup qu'à la dernière élection, c'est-à-dire de préparer le terrain à une campagne électorale sur un seul sujet, comme celle de 1988 qui portait uniquement sur le libre-échange avec les États-Unis. La polarisation de l'électorat sur la question du «Nouveau Canada» – et la division des oppositions dans l'Ouest avec le Parti réformiste et au Québec avec le Bloc québécois – avantageraient certainement les conservateurs.

Sceptique donc, et prudent, le chef du Parti libéral du Canada se mêle peu de ces négociations sinon pour exiger la tenue d'un référendum national pour approuver tout nouveau projet constitutionnel. Jean Chrétien a même le culot d'émettre une déclaration publique dont le titre – «Laissons le Canada dire Oui au Québec» – laisse songeur! Oubliant sa propre stratégie de négociation en 1980 et 1981, il pousse la tartuferie jusqu'à préconiser une solution «qui n'aura jamais pour effet d'isoler le Québec»!

Un soir de décembre 1991, alors qu'il fête la fin de l'année avec ses militants de Shawinigan, il commet encore une de ces gaffes dont il a le secret. Le Parti réformiste évoque à cette époque-là la possibilité de recourir à l'armée canadienne pour bloquer un projet de sécession du Québec. «La meilleure façon d'éviter le recours à l'armée, c'est de ne pas faire la séparation», dit-il, ne se rendant pas compte de l'énormité de son propos.

Il faut admettre toutefois que le chef libéral change de ton et cela se voit au congrès biennal de son parti, en février 1992. Il accepte par exemple le principe de la reconnaissance du caractère distinct de la société québécoise, «à l'intérieur du Canada», s'empresse-t-il de préciser.

Jean Chrétien change, nuance son propos sur le Québec, commence – mais pas toujours avec succès! – à surveiller davantage son langage. Cela tient à deux décisions qu'il a prises un an plus tôt, pendant sa convalescence en Floride, à la suite de son opération.

En juin 1991, se rendant compte qu'il était décidément mal conseillé, il réussit à convaincre l'ancien maire de Québec, Jean Pelletier, de devenir son directeur de cabinet. Pelletier n'est pas seulement un administrateur rigoureux, un chef de service sévère et exigeant, il est surtout un ami personnel du «petit gars de Shawinigan», avec qui il a étudié au Séminaire de Trois-Rivières et à la faculté de droit de l'Université Laval de Québec. Le nouveau directeur de cabinet est donc assez proche du chef pour se permettre de lui reprocher ses erreurs, de lui faire la leçon quand il le faut.

C'est Jean Pelletier qui va, plus que tout autre, à l'exception de son épouse Aline sans doute, convaincre Jean Chrétien qu'assuré de devenir premier ministre, il doit maintenant se préparer plus sérieusement à exercer une aussi importante fonction.

L'autre décision que prend Jean Chrétien est de nommer Paul Martin responsable de la préparation de son programme électoral. Avec la nomination de Sheila Copps au poste de leader adjoint du groupe parlementaire libéral aux Communes, cela n'a pas seulement l'avantage de consolider l'unité du parti, mais surtout, avec l'aide de Martin, d'attirer les plus grands experts aux séances de travail du comité de rédaction du programme libéral. Paul Martin, l'homme d'affaires plutôt conservateur, est secondé par une coprésidente libérale de gauche, Chaviva Hosek, ancienne ministre du gouvernement de David Peterson en Ontario.

Dès le mois de novembre 1991, un colloque réunit, à Aylmer, des experts du Canada, des États-Unis, d'Europe et du Japon. Une première ébauche du programme est soumise aux militants libéraux de tout le pays en février 1992. C'est là qu'on se rend compte pour la première fois que Jean Chrétien a désormais un programme «présentable» pour le Québec.

«Ce programme me permet désormais de défendre Jean Chrétien au Québec... Ce que je ne pouvais pas faire il y a deux ans!» ose dire son organisateur en chef, le sénateur Pietro Rizzuto.

Si le discours de Jean Chrétien est ainsi plus présentable, cela ne veut pas dire qu'il passe mieux. Après s'être fait assez discret pendant un an, le «nouveau» Chrétien que ses faiseurs d'image annonçaient n'est toujours pas très à l'aise dans son rôle: la voix est souvent forcée, il a du mal à suivre les textes préparés d'avance, et quand par malheur il improvise, il n'est pas à l'abri des gaffes. On a beau limiter ses rencontres avec la presse à quinze minutes à l'époque, on ne peut l'empêcher de lancer ces plaisanteries d'un goût douteux qui sont tellement mal reçues au Québec. Telle celle-ci: «Si le contrôle des naissances ou l'avortement avaient existé en 1932, je ne serais pas là aujourd'hui!»

Enfin, on se rend compte à l'occasion de ce congrès de février 1992 que le parti lui-même tarde tout de même à se renouveler. Les membres du comité de direction qui sont élus appartiennent à la vieille école, les vedettes de l'ancien régime – tout comme les organisateurs et les bailleurs de fonds – ne sont pas là. En somme, Jean Chrétien a peut-être refait l'unité de son parti, il n'a pas encore fait le plein de ses partisans.

Heureusement pour lui, Brian Mulroney distrait assez les Canadiens pour qu'ils n'aient pas le temps de s'intéresser de près au Parti libéral ni à Jean Chrétien.

Le 7 juillet 1992, les partenaires de Joe Clark dans ce qu'on appelait encore une fois «les négociations de la dernière chance» adoptent un projet de réforme constitutionnelle: l'essentiel de l'Accord du lac Meech s'y retrouve, un embryon de réforme du Sénat apparaît, les autochtones se font promettre des gouvernements autonomes... Il y en a pour tout le monde en somme!

Il y en a surtout assez pour Robert Bourassa qui rejoint les autres chefs de gouvernement sur les bords du lac Harrington dans le parc de la Gatineau – à la résidence d'été du premier ministre du Canada – le 10 août 1992. Puis la Conférence des premiers ministres se déplace à l'Île-du-Prince-Édouard et conclut, le 28 août, le fameux Accord de Charlottetown. (En fait, on s'entend si peu sur le texte – dont la version juridique sera publiée plusieurs semaines plus tard – qu'on l'appelle «le consensus de Charlottetown»!)

Toujours est-il que, comme Robert Bourassa l'avait promis aux Québécois, et comme Jean Chrétien l'avait toujours exigé, «l'Accord», «l'entente» ou «le consensus» – c'est selon! – est soumis à la population, par référendum, le 26 octobre 1992.

Les deux champions fédéraux du «Nouveau Canada», Jean Chrétien et Brian Mulroney, s'abstiennent de se présenter trop souvent au Québec et c'est mieux ainsi! C'est cependant à Sherbrooke que le premier ministre du Canada déchire quatre feuilles blanches en menaçant les Québécois de perdre tous les «gains» que leur gouvernement a réalisés s'ils votent Non.

Quant à Jean Chrétien, il n'a pas à faire d'esclandre lui-même: Pierre Trudeau s'en charge pour lui! Invité de sa coterie de *Cité libre* – le magazine qui l'a fait connaître dans les années 1950 et 1960 – l'ancien premier ministre fait un exposé magistral et taille en pièces un texte mal bâti. Et encore plus mal écrit! La charge de Trudeau se résume à la dernière phrase de son discours: «[Les premiers ministres] ont fait un gâchis et ce gâchis mérite un gros Non!»

Le Non de Pierre Trudeau aurait pu embarrasser Jean Chrétien qui, lui, faisait campagne pour le Oui. Mais contrairement à ce qui se passa pour l'Accord du lac Meech, le parti n'en fut pas divisé. C'est que, dans une certaine mesure, chaque région du Canada votait différemment: le Québec et l'Ouest carrément Non – 57% au Québec –, les provinces de l'Atlantique Oui, et l'Ontario un Oui tellement faible qu'il voulait tout aussi bien dire Non.

Jean Chrétien sort donc intact de cette deuxième bataille référendaire à laquelle il participe. Il n'en tire aucun crédit non plus. Ce référendum du 26 octobre 1992, c'est Brian Mulroney qui l'a perdu. Et c'est Pierre Elliott Trudeau qui a donné le coup de grâce.

Ce que l'on sait par contre, c'est que Brian Mulroney – élu pour un mandat de cinq ans le 21 novembre 1988 – devra partir dans les premiers mois de 1993.

Après la débandade référendaire, les spéculations sur le départ du chef conservateur ont aussi un effet dévastateur sur l'autorité de Jean Chrétien. Les rumeurs qui courent dans son dos sur son manque d'endurance, sur la confusion de ses propos, sur sa capacité physique et intellectuelle à diriger une campagne électorale de cinquante-huit jours contre un nouveau chef conservateur tout neuf et plus jeune que lui ont pris une telle ampleur qu'il se croit obligé d'y répondre publiquement: «Je me porte mieux que l'économie sous l'administration de Brian Mulroney!» se plaît-il à répéter. Et il s'amuse à semer ses gardes du corps en montant, deux marches à la fois, les deux étages du long escalier de pierre qui sépare la Chambre des communes de son bureau de chef de l'Opposition.

Le souci de convaincre que Jean Chrétien est en bonne santé va jusqu'à la gênante indiscrétion de son entourage. Jean Pelletier me fait venir dans son bureau et me tend un rapport identifié «Personnel et Confidentiel». Je sursaute en voyant l'en-tête des trois pages tapées serré, en anglais: «National Defence Medical Center». C'est le dossier médical d'un homme de cinquante-neuf ans, le futur premier ministre du Canada, qu'on me demande de lire! Il est plein de détails personnels dont la lecture me gêne, comme ce passage sur les «adhérences à l'intestin» que, n'étant pas médecin, j'ai du mal à imaginer! On y analyse, les uns après les autres, l'état de tous les organes. J'ai l'impression de faire un voyage intime dans tout le corps de Jean Chrétien mais les termes techniques sont parfois incompréhensibles pour le profane que je suis.

Enfin arrivé au dernier paragraphe, je comprends pourquoi le directeur de cabinet voulait que je lise ce rapport médical: «Il se peut que vous ne soyez pas intéressé à entreprendre une expédition sur le mont Everest, conclut le médecin colonel, ni n'en ayez le temps. Mais si tel devait être le cas, votre condition physique le permettrait et cela ne nous inspirerait aucune inquiétude.»

Il est donc pétant de santé, le «petit gars de Shawinigan». Qu'à cela ne tienne, au cours de cet hiver de 1993, on spécule autant sur l'avenir du chef du Parti libéral que sur la direction du Parti conservateur.

Le sénateur Pietro Rizzuto, que je sais d'une loyauté à toute épreuve pour Jean Chrétien, me donne sa propre explication. «Chrétien a changé depuis l'échec du lac Meech et son élection à la tête du Parti libéral. Il n'a jamais pensé que les Québécois douteraient autant de sa sincérité. Leur attitude l'a beaucoup blessé et quand on est autant affecté par quelque chose qui nous touche d'aussi près, cela suffit pour avoir l'air fatigué.»

Le chef du Parti libéral du Canada n'a pas seulement «l'air fatigué», il n'a plus l'assurance qu'on lui connaissait lorsqu'il dirigeait les plus grands ministères fédéraux. Un de mes collègues à Ottawa, Mario Montpetit, qui était à l'époque correspondant national des *Actualités*, l'émission d'affaires publiques de la radio de Radio-Canada, a remarqué l'habitude qu'a prise Jean Chrétien, depuis qu'il est chef de son parti, de constamment chercher du regard l'approbation d'un de ses collaborateurs lorsqu'il parle en public. Le «souffleur» de service a d'ailleurs pris l'habitude de s'installer juste derrière les caméras, ne quittant jamais du regard les yeux de son patron!

« Est-ce seulement un tic ? Ou est-ce ce rôle de chef qui lui pèse parce qu'il ne se sent pas à l'aise dans tous les dossiers ? » se demande Montpetit.

Dans l'entourage de Chrétien, on a renoncé à le changer. On a même remisé le télésouffleur ! Et on a baissé la barre : « Il faut le comparer à Lester Pearson, pas à Pierre Trudeau, me dit Jean Pelletier. Chrétien n'est pas à ce point imbu de lui-même qu'il se prétende spécialiste dans tous les dossiers. Comme Pearson, il n'hésitera pas à recruter des gens plus savants que lui dans leur propre domaine. »

L'objectif est clair : il faut convaincre la population que Jean Chrétien ferait un « bon » premier ministre. On ne peut même plus dire « meilleur » que Brian Mulroney puisque celui-ci est maintenant parti. Le 13 juin 1993, les militants du Parti progressiste-conservateur éliront à la tête de leur parti une blonde de quarante-six ans à l'esprit pétillant, Kim Campbell. Le 25 juin, elle deviendra première ministre du Canada et le pays commencera à s'enticher de cette nouvelle figure.

Pendant que le pays n'a d'attention que pour la campagne au leadership du Parti progressiste-conservateur et la lutte que se livrent Mme Campbell et le jeune Jean Charest – trente-cinq ans ! –, dont la campagne fut lancée tellement en retard qu'il se compare à la tortue de la fable de Jean de La Fontaine qui finit par battre le lièvre, le Parti libéral décide de roder sa machine électorale. En mai, je me retrouve avec Jean Chrétien sur la route, entre Québec et Montréal…

L'état de préparation des troupes est surprenant, le style de campagne entièrement nouveau, le message plus percutant. Il flotte déjà, en ce samedi 29 mai 1993, une odeur de victoire sur les réunions et les visites d'usine.

La tournée libérale n'est pas une tournée de chef, à l'américaine. C'est plutôt une tournée des candidats de Jean Chrétien, une vingtaine chaque jour, qui se mêlent aux journalistes dans les deux autobus loués par le parti et répandent « la

bonne nouvelle». Ingénieurs, élus locaux, anciens fonctionnaires, journalistes, ces candidats sont généralement jeunes –
moyenne d'âge de quarante-deux ans au Québec – et recon-
nus pour leurs succès professionnels.

«Les Canadiens vont voter pour une équipe parce que
c'est ça qui compte, dit Jean Chrétien. Et c'était tout un
exploit de recruter d'aussi bons candidats au moment où les
politiciens ont si mauvaise réputation.» Alors le chef s'efface,
laisse ses candidats poser des questions aux dirigeants des
entreprises qu'il visite.

Le chef libéral parle surtout d'économie, de pauvreté et
de chômage et la documentation qui accompagne ses discours est bien faite, mise à jour à la dernière minute. Pas une
faille en somme, et un contraste frappant avec la campagne
désorganisée de John Turner en 1984.

Et le «petit gars de Shawinigan» pratique ses attaques
contre ses adversaires. À Montréal, il paraphrase le slogan
du maire Jean Doré: «La pauvreté a une ville!» Il s'en prend
à Brian Mulroney – «un gars pas mal amer» –, à Kim Campbell – «un Mulroney en jupons», à Jean Charest – «un Mulroney en couches»!

Il reste encore un point à régler cependant, c'est ce
«délit de sale gueule» dont Jean Chrétien est coupable. Les
Québécois ne rient plus de son physique. Cela les agace et
les repousse tout à la fois. C'est alors que les professionnels
de l'agence de publicité BCP ont une idée de génie. Puisque
les Québécois trouvent que Jean Chrétien a une «sale gueule»,
on va la montrer telle qu'elle est, mais sous son plus bel
éclairage.

L'idée vient d'une jeune femme, Lili Côté, collaboratrice
du patron de l'agence de publicité BCP, Yves Gougoux. Les
messages publicitaires montrent en gros plan les pires
défauts de Jean Chrétien tandis qu'une voix hors champ
commente…

«Drôle de gueule, peut-être, mais quel discours!»

«Drôles de rides, c'est vrai, mais quelle expérience!»

«Drôle de regard sans doute, mais quelle vision!»

C'est percutant et quand Jean Chrétien voit les messages pour la première fois, il esquisse un tout petit sourire. «Faut que j'en parle à Aline», se contente-t-il de dire. Avec son flair politique légendaire, Jean Chrétien a compris l'audace de cette campagne, exclusivement réservée aux Québécois, et dans lequel le parti investit un demi-million de dollars.

En fait, à la veille de la campagne électorale, alors que tout le monde prédit que la nouvelle première ministre, Kim Campbell, ne fera qu'une bouchée de ce politicien usé qu'est le chef libéral, on comprend que Jean Chrétien s'est accepté tel qu'il est, avec tous ses défauts bien sûr, mais conscient de la supériorité de son organisation.

Et le pays finit par s'habituer à l'idée que Jean Chrétien sera le vingtième premier ministre du Canada. Le Canada, s'entend, parce qu'au Québec on ne veut pas encore comprendre que ce «petit poucet» de Shawinigan chaussera les bottes de Pierre Elliott Trudeau!

«Il ne veut pas se faire dire qu'il est arrivé au pouvoir sans le Québec», me lance Pietro Rizzuto. L'organisateur en chef, André Ouellet, voit cela de façon plus cynique: «Quand les Québécois vont voir qui va gagner, ils vont voter du bon bord!» Les deux se trompent…

Me voilà donc en mission pour l'éditeur de *L'actualité*, ce lundi 14 juin 1993. Est-ce que tout ce qui s'écrit dans les journaux sur Jean Chrétien est bien vrai? Il nous fera donc honte?

Car pour l'issue de la campagne électorale qui s'en vient, je n'ai aucun doute. La veille, au Centre civique d'Ottawa, 3 452 militants conservateurs ont choisi le prochain premier ministre du Canada. Son nom: Jean Chrétien! À vrai dire, c'est Kim Campbell qui va diriger le gouvernement bientôt, mais il est clair que ce ne sera qu'un «emploi d'été», ironise Jean Chrétien.

Avant qu'il me supplie de croire qu'il n'était pas un « habitant » puisqu'on lui offrait des concertos de Mozart, Jean Chrétien allait me convaincre, longuement, que le rêve de sa vie allait enfin se réaliser. Je relis la transcription et je me rends compte à quel point l'homme était alors convaincant...

Il est content de lui, le « petit gars de Shawinigan », un peu surpris d'être encore intact après toutes les tempêtes qu'il vient de traverser...

On grandit dans la fonction, vous savez! Je ne suis pas arrivé à un bon moment pour diriger un parti politique fédéral parce qu'il y avait beaucoup de problèmes à l'époque. Le Parti libéral était extrêmement divisé en particulier sur l'Accord commercial avec le Mexique et les États-Unis, et sur la question constitutionnelle qui a toujours été difficile pour mon prédécesseur [John Turner]. On pensait qu'il existait des divergences idéologiques irréconciliables. Il m'a fallu du temps pour trouver les formules qui ont, en fin de compte, permis aux libéraux de s'entendre. Quant au problème constitutionnel, j'ai réussi à rallier tous les membres du caucus à une position acceptable. Il n'y a pas eu de division au moment du débat sur l'entente de Charlottetown et l'idée du référendum, que j'avançais, a été retenue par tous les gouvernements.

J'ai aussi réussi à ramener dans l'appareil du parti nos oppositions de 1990 en nommant Mme Copps chef adjointe et en nommant Paul Martin responsable du programme électoral. J'ai réussi à embarquer tout le monde dans la même équipe et les gens semblent assez heureux. J'ai passé à travers la tourmente du départ de Mulroney. Ensuite il y a eu la Kimmanie, qui a duré ce que durent les roses, l'espace de pas grand temps. On a passé à travers tout ça sans grande difficulté.

Jean Chrétien se souvient-il au moins qu'il a eu des passages à vide en 1990 et en 1991, qu'il a connu des moments de doute?

J'ai dit aux gens : ne vous énervez pas, on en a vu d'autres!

La question du Québec embarrasse Jean Chrétien. Je dois m'y reprendre à trois reprises, vainement… Il ne veut pas avouer qu'il pourrait devenir premier ministre sans le Québec!

On ne se permet pas de gagner avec ou sans quoi que ce soit. On gagne ou on ne gagne pas! Je veux avoir des appuis partout au Canada, y compris au Québec. L'atmosphère y a changé considérablement d'ailleurs et je suis convaincu que nous allons vous surprendre au Québec.

Nous allons nous battre contre le gouvernement: c'est ça qui est la stratégie de base. Il y a le Parti réformiste dans l'Ouest, et le Bloc québécois, qui ne veulent pas former un gouvernement. Ils sont donc forcément des marginaux. Tout ce que veut Lucien Bouchard, c'est de venir ici pour deux ans parce qu'il croit que la séparation va régler tous les problèmes. Mais les travailleurs, les chômeurs, les gens d'affaires du Québec veulent savoir ce que nous allons faire au gouvernement pour les sortir de leurs difficultés. Quand Bouchard dit qu'il veut détenir la balance du pouvoir, cela veut dire qu'il a l'intention de voter pour le gouvernement en place. La balance du pouvoir, ce sera d'aider Chrétien à bien gouverner!

Pour l'instant, les Québécois se sont entichés de Kim Campbell et ont presque oublié leurs griefs contre les conservateurs de Brian Mulroney!

C'est très temporaire. On a connu ça en 1984: au tout début de la course à la direction du Parti, on allait chercher 60% des suffrages avec Turner. Six mois plus tard, on était tombés à 28%. C'est un engouement qu'on a connu aux États-Unis où on a fait grand cas de la victoire de Bill Clinton mais la réalité c'est qu'après douze ans de républicains, les gens voulaient un nouveau gouvernement.

Mais cela fait vingt-cinq ans qu'il y a un premier ministre originaire du Québec à Ottawa. Il y en a qui trouvent cela malsain…

Il y en a qui vont s'en servir contre moi, comme ils s'en sont servis contre Charest. Mais Charest a perdu parce que tous les

Québécois n'ont pas voté pour lui. Si les ministres québécois de Brian Mulroney avaient voté pour lui, il serait premier ministre aujourd'hui. Et si Charest avait gagné sans un seul vote au Québec, il serait premier ministre tout de même!

Toujours pas de réponse, rien que des faux-fuyants pour ne pas répondre à cette question qui préoccupe même ses propres organisateurs. Mon insistance l'agace...

On va gagner avec le Québec car il y aura un nombre surprenant de députés libéraux du Québec. Notre stratégie est de gagner des sièges au Québec. On a les candidats pour ça!

Je vais convaincre les Québécois que j'irai changer des choses au gouvernement. La question que les gens vont se poser c'est: lequel, du PC ou du PLC, va former le gouvernement? Et les Québécois vont se demander s'ils veulent se marginaliser ou faire partie du gouvernement. Les gens de Shawinigan me disent: «Nous allons voter pour vous parce que vous allez être premier ministre.» C'est une aussi bonne raison que toute autre. Il y a des gens qui votent pour vous parce qu'ils aiment la couleur de vos yeux, parce qu'ils connaissent votre père, pour toutes sortes de raisons...

C'est le vieil argument de Maurice Duplessis autrefois, et d'André Ouellet aujourd'hui: les Québécois votent toujours «du bon bord». Mais ont-ils au moins une bonne raison de voter pour Jean Chrétien lui-même?

Je suis un homme d'expérience, j'ai dirigé les plus grands ministères à Ottawa pendant des années, on ne m'a jamais attaqué sur mon intégrité ni mon honnêteté, je connais le gouvernement mieux que n'importe qui. Les faits sont là. Dans des temps difficiles, l'expérience, c'est important.

Je fais tout de même remarquer à Jean Chrétien que ses propres conseillers ont commencé à baisser la barre, qu'ils me supplient presque d'arrêter de le comparer à Pierre Trudeau – le seul que j'aie connu – et de relire, dans les livres d'histoire, qui était Pearson, ou Saint-Laurent, ou Laurier.

Louis Saint-Laurent n'avait pas un ego qui l'embarrassait beaucoup! Cela ne l'embêtait pas que C.D. Howe [ministre de l'Indus-

trie et du Commerce] *passe pour un grand ministre. Saint-Laurent était un homme d'une grande modestie, c'est pour ça qu'on l'appelait « l'oncle Louis ». Moi, j'aime l'exemple de Pearson car il a fait face aux mêmes défis que moi : rebâtir un parti, aller chercher de bons candidats, et gagner l'élection. Mais disons que j'aimerais mieux être un premier ministre comme Saint-Laurent : avec lui, tout baignait dans l'huile, il dirigea un gouvernement sans histoire. Tandis que Pearson a connu beaucoup de controverses et de difficultés.*

Et si Jean Chrétien connaissait malgré tout les temps troublés de Lester Pearson, à la tête de gouvernements minoritaires, et avec des ministres éclaboussés par les scandales et qui démissionnent? Je me demande si cet homme-là comprend qu'un premier ministre, c'est le rempart ultime contre l'effondrement du gouvernement. Cela peut être lourd à porter… Il fanfaronne encore une fois!

J'ai été au cœur des querelles du gouvernement. Je vais faire confiance à mes ministres. Un premier ministre choisit toujours des gens qui sont capables de faire leur travail. Et il doit se réserver les grands problèmes. C'est ce que j'ai l'intention de faire. Comme Trudeau d'ailleurs. Mackenzie King disait : « Les problèmes faciles sont réglés par mes ministres, les problèmes difficiles aussi. Je n'ai à traiter que des problèmes impossibles. » Je m'occuperai donc des problèmes impossibles!

Quand il était ministre des Finances, Jean Chrétien m'avait dit : «Je ne lis pas Adam Smith tous les matins.» Aujourd'hui, on dit qu'il a une mémoire orale et qu'il ne lit pas, que c'est Eddie Goldenberg qui lui résume les documents officiels… L'intéressé m'interrompt, proteste… Il est vraiment fâché!

C'est faux! Personne ne peut vous dire ce que je lis, ou que je ne lis pas. Je n'aurais pas pu être ministre des Finances si je n'avais lu aucun document. Ou alors, je devais avoir beaucoup de qualités! Je ne suis pas le genre à étaler mes lectures. Je trouve cela indécent. Le New York Times, Le Monde… *Je ne fais pas semblant que ce sont mes lectures de fin de semaine. Mais je lis beaucoup : demandez*

à ma femme! D'ailleurs, savez-vous ce que Trudeau lisait, lui?
Moi, je ne le lui ai jamais demandé.

Dans la conversation, il a cité *Le mal français* d'Alain Peyrefitte avec tant de précision que je devinais qu'il avait dû soigneusement l'annoter. Cet homme-là ne ment donc pas! Ses amis prétendent même qu'il ne leur a jamais menti...

C'est vrai que je n'ai pas le mensonge facile. Je dis ce que je pense bien que, des fois, je ferais mieux de m'en tenir à des silences stratégiques! Et parfois, je change d'idée aussi!

L'homme se vantait d'avoir été surnommé «Docteur No» au temps où il dirigeait le Conseil du Trésor et d'avoir été louangé par le *Financial Post* pour la facilité avec laquelle il avait coupé un milliard de dollars dans les dépenses fédérales en 1978. Comme chez tous les politiciens ruraux, il y a un petit côté conservateur chez Jean Chrétien. Au temps de Trudeau, au moins, le Parti libéral du Canada avait le cœur à gauche!

Mon problème avec la gauche ou la droite, c'est que c'est relatif. J'ai été interventionniste, et d'autres fois pas du tout. Tout cela est très ponctuel. Il y a moyen de dégraisser l'appareil et de créer des emplois en même temps. Ne vous inquiétez pas, il y a bien des choses qui vont changer du côté de l'appareil de l'État.

Quand un journaliste du Québec rencontre Jean Chrétien, celui-ci est toujours sur la défensive: il a peur qu'on évoque les vieux démons de la Constitution. Mais je ne peux tout de même pas ne pas évoquer les propos de Brian Mulroney qui compare l'absence d'une signature du Québec au bas de «sa» Constitution à une bombe à retardement... L'homme est agacé, décroise les jambes, se cabre sur son fauteuil...

On peut toujours trouver des solutions pratiques, tant qu'on n'en fait pas une question de dogme. C'est une illusion de croire que tout se résoudra par la Constitution. C'est une bataille de mots. La dernière chose à faire en politique, c'est d'essayer de changer la Constitution de son pays.

Québec se sert de la Constitution actuelle, il s'est servi de la clause « nonobstant » que j'ai inscrite dans la Constitution et qui est encore là. S'ils peuvent forcer les immigrants à aller à l'école française, c'est parce que je l'ai permis par la Constitution, même si on ne m'a jamais dit merci pour cela !

J'aimerais qu'on puisse signer parce qu'on arrêterait de me le reprocher. C'est pour ça que j'étais en faveur de l'entente de Charlottetown. On pourrait passer à autre chose et ce serait bien agréable. Mais, est-ce pour demain ? Je vous réponds franchement : non !

J'avais conservé pour la fin une série de questions qui me permettraient de voir si cet homme était affecté par les terribles attaques dont il était l'objet. Je n'aurais jamais pensé faire cela avec Pierre Trudeau. Je n'aurais pas osé avec Brian Mulroney qui se fermait comme une huître face à l'adversité. Mais avec Jean Chrétien, surtout à cette époque, on pouvait tout se permettre. Je n'en reviens encore pas de mon audace de lui mettre sous le nez, par exemple, ces caricatures fort peu flatteuses, parfois carrément méchantes…

Quand vous êtes en politique, il faut vous attendre à des caricatures cruelles. Normand Hudon [caricaturiste au quotidien Montréal-Matin dans les années 1950] *dessinait Antoine Rivard en « crachoir » posé près d'un lit. Et on faisait sortir des bulles du nez du maire Sarto Fournier de Montréal. Moi j'ai un défaut physique que la nature m'a donné. J'ai vécu avec ça depuis ma tendre jeunesse. Cela ne me dérange pas et cela facilite la vie des caricaturistes !*

Les Québécois lui reprochent encore « la nuit des longs couteaux ».

Dites-leur donc la vérité, Vastel ! Dites-leur qu'il n'y a pas eu de nuit des longs couteaux, que cela n'a jamais existé, que cela a été inventé de toutes pièces. Prouvez-moi que j'ai appelé des gens cette nuit-là. Les provinces se sont consultées, certes, mais qu'on ne dise pas que Chrétien les a consultées, ce n'est pas vrai.

On dit qu'il est malade, moins vaillant, qu'il ne tiendra peut-être pas les quarante-huit jours d'une campagne électorale…

Comment puis-je vous prouver le contraire? Vous avez du mal à me suivre quand je monte l'escalier qui mène à mon bureau!

Les Québécois lui reprochent d'avoir accepté la candidature d'Elijah Harper – celui qui a bloqué l'Accord du lac Meech au Manitoba. Et celle de Camil Samson, le créditiste un peu bouffon...

Si les plus pauvres des plus pauvres au Manitoba ne peuvent pas choisir leur candidat, je ne veux pas être chef de ce parti-là. Pour eux, Harper est un héros. Cela a peut-être déplu aux Québécois, mais il défendait ses intérêts à lui. Et Camil Samson, c'est un homme près du peuple. Je n'ai aucune gêne, et je suis même fier d'avoir des gens comme ça prêts à se présenter pour moi...

De toutes les insultes, l'une est particulièrement dégradante: on dit qu'il est un «résidu de Trudeau»!

Un résidu... Du concentré... Qu'est-ce que ça veut dire? On fait mûrir du raisin, puis on fait du résidu pour enfin obtenir du vin. Plus le résidu est réduit, meilleur sera le vin!

Il fait un peu roturier tout de même, pas assez premier ministre...

Si vous cherchez un prétentieux, vous n'avez pas la bonne personne. J'aime mieux être ce que je suis. Je pense avoir toujours bien représenté le gouvernement partout dans le pays. Je suis allé aux sommets économiques, je suis allé au Fonds monétaire international et à la Banque mondiale, j'ai été président de la Banque interaméricaine. Quand avez-vous eu un seul reproche à me faire? Je suis un populiste? Il y en a toujours eu dans l'histoire du monde. Le chancelier Helmut Khol [d'Allemagne] est un populiste et on lui a fait les mêmes reproches.

Je me rends compte, et je n'en suis pas très fier, que j'illustre, sans le vouloir, tout l'irrationnel de l'attitude des Québécois à l'égard de Jean Chrétien!

C'est parce que vous écrivez ces niaiseries-là que les Québécois sont irrationnels!

Peu de temps après cet entretien, le magazine *L'actualité* organise une séance de photographie. Pour une page de couverture, les sessions sont parfois très longues. Bernard Bohn, le photographe, est un grand portraitiste. Et on lui a demandé de s'arranger pour que Jean Chrétien ait l'air d'un premier ministre! Ce sera effectivement très long!

Cela se passe un 24 juin en plus!

Le matin, l'expert de l'image, André Morrow, a déjà fait subir à Jean Chrétien une longue session de photographies pour le parti, en chemise en denim. C'est une autre idée brillante des faiseurs d'image du parti, qui rappelle «le petit gars» et appuiera bientôt un thème de campagne génial. Notre propre session de photographie dure plus de deux heures. On m'a demandé de tenir compagnie à Chrétien entre les prises de vue. L'homme s'impatiente, prêt à nous mettre dehors. Il se fâche lorsque je lui dis qu'il devrait porter des chemises de soie, plus flatteuses pour la pellicule. «Des chemises de soie!» lance-t-il en me regardant d'un air courroucé.

Mais la session dure, et dure... Dehors, son fils Michel fait les cent pas. Il s'est sauvé de sa résidence imposée à Yellowknife, dans les Territoires du Nord-Ouest, mais tout le monde, les gardes du corps de la GRC tout comme le journaliste, feint de ne pas s'en préoccuper. C'est le jour de la Fête nationale du Québec et Jean Chrétien est attendu à Laval pour une réception chez son organisateur en chef, Pietro Rizzuto. L'homme ne bronche toujours pas, prend docilement les poses.

Je me rends compte que cet homme est prêt à tout, acceptera tout, même l'improbable comme cette longue session de photographie digne des plus grandes vedettes du spectacle, pour mettre de son côté toutes les chances de devenir premier ministre.

En tout cas, Jean Chrétien n'a pas perdu son temps en cette deuxième quinzaine de juin 1993. Dans *La Presse,* l'éditorialiste Marcel Adam reprend l'article de *L'actualité* en se posant la question : « Est-ce un empêchement majeur que de ne pas avoir l'air d'un premier ministre ? »

Le collègue Adam souligne le ton équitable et nuancé de l'article, « d'autant plus surprenant que l'auteur est un nationaliste affiché qui ne se reconnaît certainement aucune affinité avec ce que représente ce politicien à ses yeux *[sic !]* ». Cela contraste, poursuit Adam, avec « l'acharnement des médias québécois à le dépeindre comme un "citrouillard" grimaçant et mal engueulé, un *"uncle Tom"* québécois n'ayant que mépris pour les siens et leurs aspirations nationales ».

Enfin, « le souci d'honnêteté est manifeste dans le choix des photographies : aucune ne trahit sa légendaire paralysie faciale ». Bernard Bohn a donc fait du bon travail lui aussi.

Je comprends pourquoi, des années plus tard, des dirigeants du Parti progressiste-conservateur me reprochent encore d'avoir « réhabilité » Jean Chrétien. Le mot est peut-être un peu fort mais disons que cela ne lui faisait pas de tort non plus, à la veille d'une campagne électorale que l'on croyait difficile pour lui.

Au Québec en particulier, on savait que cela allait jouer dur. Le Bloc semblait prêt à tout : Gilles Rocheleau avait par exemple préparé pour les 75 candidats un recueil de 156 pages de citations de Chrétien. Sur la couverture, une caricature cruelle et un titre : « Achèteriez-vous un char usagé de ce gars-là ? » Et en sous-titre : « Le Christ a eu son Judas, et le Québec a son Chrétien ! » Le chef du Bloc, Lucien Bouchard, avec qui j'en parle lorsque je reçois le document, refuse de condamner son candidat. Ce n'est pas à son honneur mais Bouchard, tout comme Jacques Parizeau d'ailleurs, s'est à peu près tout permis avec Jean Chrétien sans que les médias du Québec s'en étonnent ou le lui reprochent…

La campagne électorale, déclenchée le 8 septembre 1993, ne sera qu'une formalité…

Au Québec, Robert Bourassa domine l'actualité de la première semaine de la campagne fédérale! Il a en effet reçu Jean Chrétien à déjeuner à son bureau de Montréal le lundi précédant le déclenchement de l'élection. Cette «réconciliation» a été longuement préparée par André Ouellet et Jean Pelletier. Du temps de Brian Mulroney, c'eût été impensable mais, Mulroney parti, le chef du PLQ pouvait se permettre ce beau geste. Puis, immédiatement après le lancement de la campagne électorale, Robert Bourassa annonce son départ. Après vingt-sept ans en politique et un cancer de la peau en 1990, il décide de laisser sa place. Au Canada anglais, on spécule beaucoup sur l'impact qu'aura cette démission au Québec. En fait, comme leur chef l'a fait savoir, les libéraux du Québec sont «au neutre».

Par contre, Jean Chrétien en profite pour souligner qu'il a beaucoup d'amis dans les capitales provinciales: les quatre premiers ministres des provinces de l'Atlantique – dont son bon ami Clyde Wells à Terre-Neuve et Frank McKenna au Nouveau-Brunswick –, le néo-démocrate Bob Rae – frère du directeur de sa campagne, John Rae – en Ontario et son vieux complice de la Saskatchewan – Roy Romanow, devenu premier ministre deux ans plus tôt.

La deuxième semaine de campagne est celle du «Livre rouge», le programme du Parti libéral du Canada préparé par Paul Martin et Chaviva Hosek. Sur les 112 pages du livre écrit comme un rapport du Conseil économique du Canada, deux pages en particulier, en annexe, détaillant les coûts et le financement des promesses électorales, lui donnent un air sérieux. Chrétien n'a même plus besoin de faire de discours: il brandit son livre rouge. «Lisez le Livre rouge, tout y est!» lance-t-il chaque fois qu'on lui pose une question.

Puis vient la semaine des débats que Lucien Bouchard gagne par défaut contre Jean Chrétien en français – deux autres chefs, Preston Manning du Parti réformiste et Audrey McLaughlin du Nouveau Parti démocratique, ne parlant pas français –, mais Jean Chrétien s'impose comme un «homme d'État» dans le débat en anglais.

Les sondages annoncent une victoire libérale, le balayage probable des conservateurs, et les progrès du Parti réformiste de Preston Manning qui pense devenir chef de l'Opposition officielle. Personne n'a encore mesuré les conséquences des 50% d'intentions de vote destinées au Bloc québécois au Québec.

Deux semaines avant le jour du scrutin, je rencontre des militants du Bloc dans la région de Québec. «Moi, tout ce que je veux voir, c'est la face de Jean Chrétien quand il va voir le *flag* du Québec *su'l'hood* de la limousine du chef de l'Opposition.» Les Québécois n'ont manifestement pas pardonné au «fossoyeur du lac Meech». En fait, c'est un match revanche qui se déroule sous mes yeux. Et j'ai l'impression qu'en se rendant aux urnes, le 25 octobre, les Québécois vont entonner le célèbre refrain: «Et merde à la reine d'Angleterre!»

C'est alors que les conservateurs, désespérés, lancent une publicité tournant en dérision les handicaps physiques de Jean Chrétien. La première ministre les fait immédiatement retirer de la télévision. Trop tard. Le vote se polarise: réformiste dans l'Ouest, bloquiste au Québec.

Après avoir parcouru l'équivalent d'une fois et demie le tour de la terre dans un vieux Boeing 727, Jean Chrétien a toujours huit rides au front, deux balafres sur chaque joue, le poil du sourcil aussi mal taillé. Mais l'œil! Quel œil! Vif comme celui d'un «petit gars» pétant de santé. Chrétien a épuisé ses adjoints et les journalistes qui le suivent, mais il en redemande et parle déjà de sa prochaine campagne électorale! «Je suis jeune, vous savez! lance-t-il à un animateur de télévision qui pourrait être son fils... François Mitterrand [président de la République française] a soixante-dix-huit ans, et en Chine, je serais un débutant. Alors, comptez sur moi, je serai là pour la prochaine campagne électorale...» Je commence à croire que «le petit gars de Shawinigan» a l'intention de nous enterrer tous!

Pendant l'été, Jean Chrétien avait eu le culot de confier à l'ancien ministre péquiste Claude Charron ses prévisions pour le scrutin: 25 sièges libéraux dans les provinces de l'Atlantique, 75 en Ontario, 30 dans l'Ouest et 20 au Québec. Son parti a finalement remporté 31 sièges dans l'Est, 98 en Ontario, 29 dans l'Ouest et 19 au Québec.

J'aurais bien dû le croire d'ailleurs, puisque je n'aurais pas perdu 100 $ aux mains d'un organisateur de Lucien Bouchard qui avait prévu l'élection de 54 députés souverainistes à la Chambre des communes! Jean Chrétien a fait à peine mieux que John Turner dans sa propre province.

Ce que personne n'avait prévu cependant, c'est que le Bloc québécois formerait l'Opposition officielle à la Chambre des communes. Les conservateurs ne font élire que deux députés – dont un seul au Québec: Jean Charest à Sherbrooke – et les réformistes se contentent de 52 sièges. Ils contestent en vain la légitimité de Lucien Bouchard et son droit d'occuper le fauteuil du chef de l'Opposition officielle.

Au-delà des thèmes, des discours, des débats et des promesses, Jean Chrétien n'avait qu'un message, qui tenait en fait dans une histoire… «Quand la mer se déchaîne au large de Terre-Neuve et que le bateau semble en perdition, les hommes se tournent vers le plus vieux marin qui est à bord et lui demandent simplement de les ramener à terre…»

Après des années de débats constitutionnels, de crises économiques et de déficits, après deux insurrections, l'une d'un groupe d'agitateurs québécois, l'autre d'autochtones, après une guerre aussi et les angoisses suscitées par le libre-échange, après vingt-cinq années de tempêtes avec, à la barre, de véritables capitaines Achab à la poursuite de Moby Dick comme Pierre Trudeau et Brian Mulroney, les électeurs ont tout simplement demandé au vieux loup de mer que se prétendait Jean Chrétien de ramener le Canada au radoub.

On ne dira pas qu'ils se sont trompés, mais…

CHAPITRE 10

Pour le meilleur...
et pour le pire!

«Il n'y a pas d'école de premier ministre», me dit un jour Brian Mulroney. Il en savait quelque chose, lui! Ses premières années au pouvoir furent particulièrement difficiles: prendre le pouvoir est une chose, l'exercer en est une autre. Former un Conseil des ministres, organiser un cabinet de chef de gouvernement, séduire – ou dompter! – la bureaucratie, choisir les bonnes priorités, tout cela est un exercice complexe, auquel Jean Chrétien était plutôt bien préparé.

«Je connais la musique et je suis prêt à prendre le pouvoir rapidement», dit-il aussitôt revenu à Ottawa, le lendemain de l'élection. Il ne lui fallut que dix jours pour former son premier Conseil des ministres – contre quatorze pour Pierre Trudeau en 1968 et en 1980, et treize pour Brian Mulroney en 1984.

Le choix des ministres constitue une affaire délicate. Il faut assurer toutes sortes d'équilibres et, dans un pays aussi vaste et aussi diversifié que le Canada, ce n'est pas toujours simple de contenter toutes les régions, les femmes, les représentants des communautés ethniques, la gauche ou la droite, les groupes religieux. Parfois, dans le seul but de satisfaire tel ou tel élément de la société, on peut choisir la mauvaise personne qui va mettre le gouvernement dans l'embarras…

Le «petit gars de Shawinigan» fait encore une fois appel à son maître politique, Mitchell Sharp, qui s'improvise cette fois «directeur de conscience». Jean Chrétien a connu, dans les années 1960, les démissions à répétition de plusieurs ministres québécois de Lester Pearson éclaboussés par des scandales de toutes sortes. Et pendant les neuf ans qu'il a observé Brian Mulroney au pouvoir, il s'est amusé de le voir régulièrement embarrassé par les frasques, ou la turpitude, de certains de ses ministres. Il s'est juré que cela n'arriverait pas à son gouvernement.

Jean Chrétien opte d'abord pour un «Cabinet à l'anglaise», c'est-à-dire que le nombre de ministres est réduit de 34 au temps de Brian Mulroney à 22 – mais Kim Campbell avait déjà commencé à réduire la taille du Cabinet fédéral avec 24 ministres. Un deuxième niveau de ministres, les secrétaires d'État, est créé. Ces ministres «juniors» assisteront au Conseil des ministres – sans droit de vote mais tout de même liés par la solidarité ministérielle – seulement lorsqu'on y discutera de sujets concernant leur domaine.

Lorsqu'il dresse la liste de ses 22 ministres et de ses huit secrétaires d'État, le nouveau premier ministre les envoie d'abord «se confesser» à Mitchell Sharp. L'interrogatoire se passe en trois étapes.

Sharp s'assure d'abord qu'il n'y a pas un soupçon de conflit d'intérêts, mais plusieurs ministres n'ont même pas d'actifs valant la peine d'être déclarés. (Il n'y a pas que des millionnaires comme Paul Martin qui font de la politique!) Sans s'en rendre compte, en expliquant pourquoi ils ont choisi telle carrière plutôt que telle autre, les futurs ministres en disent toutefois beaucoup sur leurs goûts, leurs ambitions, leurs attentes. «L'information ainsi recueillie a conduit Jean Chrétien à repenser l'affectation de nouveaux élus à un ministère plutôt qu'à un autre», m'a raconté Sharp.

Puis vient la «confession» proprement dite. Le conseiller spécial de Jean Chrétien veut tout savoir: «Vous êtes-vous livré à la fraude fiscale? Faites-vous face à une accusation de conduite en état d'ivresse?» Le but n'est pas vraiment de porter un jugement moral sur ces hommes et ces femmes, mais plutôt de prévoir les questions embarrassantes que l'opposition ou la presse pourraient soulever.

Vient enfin la dernière étape, la plus délicate et aussi la plus cruelle pour certains. En reconduisant le candidat ministre à la porte de son bureau, Sharp pose en effet *la* question, terrible, vague mais tellement exigeante: «Y a-t-il quelque chose que vous auriez oublié et que le premier ministre devrait savoir?»

Les futurs ministres savent très bien que la Gendarmerie royale du Canada s'est déjà livrée à une enquête approfondie sur leur passé. Lorsque Sharp pose la question, ils ont peur de passer pour des cachottiers. Alors ils disent tout et se lancent dans toutes sortes de confidences sur leur vie personnelle: l'un vivait par exemple en concubinage avec une femme, l'autre avait connu un divorce difficile. Rien de bien compromettant donc, mais les ministres se sentent surveillés de près par le patron. Il y en a même qui ont tellement aimé l'expérience du «confessionnal» qu'ils sont retournés voir Mitchell Sharp dans les moments difficiles de leur carrière!

Jean Chrétien avait promis un gouvernement «propre, propre, propre». Mitchell Sharp serait son «Monsieur Net»!

L'équilibre régional de ce premier Conseil – 10 ministres de l'Ontario qui a tout de même élu 98 députés, cinq de l'Ouest qui a élu 28 députés, trois des Maritimes pour 31 députés – a été tellement bien établi que les oppositions l'ont unanimement approuvé.

Pour ce qui est du Québec, le chef du Parti libéral avait passé la campagne électorale à envoyer un message peu subtil à ses compatriotes: «Élisez-moi des députés, sinon vous n'aurez pas de ministres!» N'ayant élu que 19 députés sur 177 libéraux – à peine 11 % du groupe parlementaire – la province ne pouvait s'attendre à une grosse représentation au Conseil des ministres. Elle en eut non seulement un nombre respectable – quatre ministres et une secrétaire d'État, en plus du premier ministre bien entendu! –, mais en plus elle eut droit à la qualité.

Quand Jean Chrétien se rendrait dans les grands Sommets internationaux, il serait entouré de Paul Martin (Finances) et d'André Ouellet (Affaires étrangères). Dans les conférences de premiers ministres canadiens, il aurait encore deux Québécois à ses côtés: Paul Martin et Marcel Massé (président du Conseil privé et ministre des Affaires intergouvernementales). «Et vous avez la Culture en plus!» dit Chrétien en présentant Michel Dupuy qui hérite du ministère du Patrimoine – responsable des secteurs de la culture et des communications.

C'était prestigieux en effet mais pas forcément intéressant pour le Québec. Martin, Massé et Ouellet sont des ministres influents, certes, mais dans le concret du fonctionnement d'un gouvernement, les décisions importantes se prennent dans des ministères sectoriels qui contrôlent les budgets et les grandes sociétés d'État. Alors, donner l'Industrie, la Défense ou le nouveau Programme des infrastructures à des Ontariens comme John Manley, David Collenette ou Art Eggleton, les Pêches à Brian Tobin le Terre-Neuvien, l'Agriculture à un gars de la Saskatchewan comme Ralph Goodale ou les Transports à l'Acadien Doug Young, c'est autrement plus important, pour les régions qu'ils représentent, qu'un super ministre qui passe son temps à Washington, à Londres ou à Bruxelles.

«Les Québécois ne peuvent pas se plaindre! me dit Jean Chrétien: pour le nombre de députés qu'ils ont élu, je trouve qu'ils ont été plutôt bien traités...» Il aurait fallu dire merci, sans doute!

Quant au Bureau personnel du premier ministre – dont il réduit les effectifs à 70 personnes par rapport aux 120 qu'a comptées le cabinet de Brian Mulroney à une certaine époque – il est constitué avant même la fin de la campagne électorale et s'articule autour de quatre personnalités fortes : le directeur de cabinet, Jean Pelletier bien sûr, le directeur des opérations, Jean Carle, la conseillère politique, Chaviva Hosek, et l'incontournable Eddie Goldenberg. Là encore, trois Québécois sur quatre.

« Jean Pelletier est le seul survivant d'une vague qui s'est éteinte », annonce Jean Chrétien à la cinquantaine de sous-ministres qu'il rencontre, le lendemain de l'assermentation de son Conseil des ministres. L'abolition de tous les postes de chefs de cabinet n'était pas innocente et représentait bien plus que l'économie de 10 millions de dollars dont il se vanta.

Brian Mulroney, se méfiant des « mandarins de Trudeau » dont il avait hérité, et s'inspirant du modèle américain, avait demandé à ses ministres de recruter des chefs de cabinet de haut calibre, véritables « commissaires politiques » qui devaient contrer l'influence des sous-ministres. C'est à eux, plutôt qu'aux bureaucrates, que devaient s'adresser les lobbyistes. L'expérience n'a pas très bien fonctionné, les mandarins du pouvoir refusant de traiter avec ces « amateurs » et reprenant rapidement le contrôle des ministres. Puis, de toute manière, les fameux *Chiefs of staff* eux-mêmes se sont empressés d'aller négocier leur brève expérience du pouvoir avec quelque bureau de lobbyiste.

Ce nouvel état d'esprit, amené par les conservateurs à Ottawa, choque Jean Chrétien. « Ils ont créé une société de cupides », se plaint-il dans ses Mémoires. Il est donc résolu à mettre fin à tout cela. La suppression des postes de chef de cabinet constitue un encouragement pour l'administration publique : c'est avec elle désormais que les ministres devront gouverner. Comme cette bureaucratie est essentiellement la même que celle qu'il a connue à l'époque de Pierre Trudeau

– les ministres changent, les sous-ministres restent, c'est bien connu! – Jean Chrétien s'installe au pouvoir comme s'il ne l'avait jamais quitté!

Dès la première réunion de son Conseil, Jean Chrétien demande à ses ministres d'entériner deux de ses promesses électorales les plus spectaculaires: annulation du contrat d'achat de 43 hélicoptères pour la Défense nationale, et allocation de 2 milliards de dollars pour le programme national de travaux «infrastructurels *(sic!)*».

Puis, toujours un peu bravache, le «petit gars de Shawinigan» prend une série de décisions sans grande signification mais ayant une haute valeur de symbole. Par exemple, il troque la traditionnelle Cadillac noire contre une Chevrolet. Il essaie même de voyager avec une seule voiture plutôt que deux, mais les services de sécurité l'en empêchent. Et il retire à la pauvre Aline Chrétien le service de secrétariat et le bureau qui étaient fournis à «la première dame» du pays, Mila Mulroney.

Jean Chrétien avait aussi passé l'année précédente à se moquer de Brian Mulroney qui s'était fait aménager un Airbus pour ses longues missions à l'étranger. En fait, c'était plutôt le ministère de la Défense nationale qui, de lui-même et peut-être pour se faire bien voir et obtenir de plus gros budgets du «patron», avait décidé d'installer dans un de ses cinq Airbus A-310 une petite salle de conférence, un salon avec un divan-lit et une minuscule douche, à un coût de 3,5 millions de dollars. Dans le langage coloré – et pas mal démagogique! – de Jean Chrétien, c'était devenu le «Taj Mahal», la douche une salle de bains *full equipped*, et le salon avec divan-lit, une chambre à coucher. Et Brian Mulroney n'eut même jamais l'occasion de l'utiliser avant de démissionner! Quant à Jean Chrétien, il le mit en vente pour 56 millions de dollars mais personne n'en voulut, pas même Madonna à qui l'agent de la Défense le proposa!

«Mulroney voyage en Airbus, mais moi je voyage en autobus», répétait souvent le chef du Parti libéral. (Il prononçait *totobus*!)

«Vous allez regretter cette déclaration!» dis-je aussitôt au «petit gars de Shawinigan».

De fait, deux mois après être devenu premier ministre, Jean Chrétien entreprend une première tournée à l'étranger qui l'amène d'abord à Bruxelles pour un sommet des chefs d'État et de gouvernement de l'Organisation du Traité de l'Atlantique Nord (OTAN). Sur le tarmac de l'aéroport militaire de Bruxelles, il y a le Boeing de Bill Clinton, l'Airbus de Jacques Chirac. Quand le modeste Challenger de Jean Chrétien arrive, les journalistes européens s'esclaffent: «Tiens! le Canadien est venu en deux chevaux!» Ici, on aurait parlé d'une Lada!

Puis, pendant le vol de retour, de forts vents contraires forcent le modeste avion du premier ministre à s'arrêter à deux reprises pour refaire le plein de carburant. Enfin arrivé à Ottawa, après quatorze heures dans le petit jet de Bombardier, Chrétien peut à peine déplier son grand corps. Après cela, il se mit rapidement à voyager en Airbus lui aussi!

L'utilisation des gros porteurs de la Défense nationale s'avérait d'ailleurs plus efficace puisque, malgré la volonté du premier ministre de réduire son personnel, la GRC, responsable de sa sécurité, lui imposait des contingents de plus en plus gros de gardes du corps. (On en a compté jusqu'à 45 à sa première visite au Grand Prix de Formule 1 de Montréal.) À la fin de ce périple européen, dans le confortable Boeing 767 qui nous ramenait de Londres – le jour même où Jean Chrétien faisait ses sauts de puce au-dessus de l'Atlantique – les agents de la Gendarmerie royale occupaient toute une section à eux seuls!

Un mois après son arrivée au pouvoir, je rencontre Jean Chrétien à sa résidence officielle de la promenade Sussex à Ottawa. En arrivant, je salue «Monsieur le premier ministre».

«J'avoue que cela me surprend encore un peu, ce titre! C'est comme lorsqu'on m'appela pour la première fois Monsieur le ministre, me dit-il d'un air un peu étonné. Presque plus personne, même pas mes amis, ne m'appelle par mon nom maintenant.»

Jean Chrétien aurait bien voulu que tout continue comme avant, comme au temps du «petit gars de Shawinigan», mais tout a changé et il s'en plaint un peu: «Il y a le personnel, les policiers autour de moi, c'est déplaisant! Mes amis ne m'appellent plus parce qu'ils croient que je suis trop occupé et qu'ils ont peur de me déranger: le pouvoir isole énormément…»

(Un peu à la blague, j'explique aussitôt à mes lecteurs qu'il suffit de composer le numéro de téléphone (613) 992-4211, de s'identifier à la téléphoniste et de dire que vous voulez parler à Monsieur le premier ministre. La personne vérifie toujours auprès de l'intéressé et, une fois sur deux, surtout si vous êtes une vieille connaissance, il va prendre l'appel. Bien entendu, je recommande de tenter l'expérience pendant les week-ends, quand les conseillers politiques et les *gate keepers* – les gardes-chiourmes des gens importants – ne sont pas là. Je savais, pour en avoir tenté l'expérience moi-même, que cela fonctionne presque toujours. De plus, Jean Chrétien a toujours été un politicien particulièrement accessible et l'un des rares qui ait toujours laissé publier son numéro de téléphone personnel dans l'annuaire d'Ottawa. Quelques semaines plus tard, alors que je voyage avec lui, je lui demande s'il se sent toujours aussi seul. «Il y en a plusieurs qui m'ont appelé le jour même de ton article!» me dit-il en riant. J'ai donc ainsi, modestement, contribué au bon moral du nouveau chef du gouvernement du Canada!)

Tant bien que mal, le «petit gars de Shawinigan» tente donc de conserver ses manières simples. Mais parfois, il «fait simple»!

Dans ce premier voyage officiel à l'étranger, ceux qui l'accompagnent ont la nette impression qu'il ne s'est pas préparé ou que, gêné, il essaie de jouer les modestes. C'est le temps de la guerre en Bosnie et une compagnie de 156 soldats canadiens est bloquée dans la petite ville de Srebrenica depuis plusieurs semaines. Pendant une conférence de presse au quartier général de l'OTAN, le chef du gouvernement s'avère incapable de prononcer le nom de cette ville qu'il a dû lire au moins cent fois dans des documents officiels... «C'est des noms compliqués dans ces pays-là», bafouille-t-il.

À Londres, devant le 10 Downing Street, la résidence officielle des premiers ministres du Royaume-Uni, beaucoup des questions posées à Jean Chrétien le sont en français. Mais les réponses sont parfois si confuses que l'interprète du premier ministre britannique, John Major, est incapable de suivre.

Le moment le plus embarrassant est celui de sa rencontre avec le premier ministre français Édouard Balladur. Hautain, parlant comme un précieux, l'air ennuyé d'un prince donnant audience à un roturier, le chef du gouvernement français pousse littéralement Jean Chrétien vers sa voiture officielle après exactement soixante-cinq secondes de rencontre avec la presse !

Dans la cour de l'Élysée, ce n'est guère mieux... Après une heure d'entretien avec le président de la République française, François Mitterrand, le «petit gars de Shawinigan» raconte : «Pour moi, c'est un peu la mère patrie ici. Cela me fait plaisir de venir à Paris comme premier ministre du Canada, c'est un moment important pour moi. Et de rencontrer le président de la France, c'est *émotionnant* !» Cela faisait un peu «habitant» en effet !

L'auguste Mitterrand fait tout de même à Jean Chrétien l'honneur de l'accompagner à la centième représentation à Paris de la comédie musicale de Luc Plamondon, *Starmania*. Hélas, Chrétien arrive trop tard pour accueillir le président de la France à la porte du Théâtre Mogador! Et il passe près de s'endormir à plusieurs reprises pendant la représentation...

Gêné dans le décor fastueux de ces vieux palais européens qui tiennent lieu de résidence aux chefs d'État ou de gouvernement, Jean Chrétien semble en outre complètement dépassé par le niveau des débats. En ce qui concerne la complexe question de l'intervention des soldats canadiens en Bosnie dans le cadre d'une mission de l'OTAN, par exemple, Jean Chrétien est carrément incapable de s'expliquer, au point où il doit s'en remettre à son ministre, André Ouellet, pour présenter la politique du gouvernement canadien.

Cette première sortie de Jean Chrétien illustre une réalité navrante: il en a encore beaucoup à apprendre. Mais le Parti libéral, c'est le Parti libéral... Et il est presque impossible de mal gouverner à Ottawa quand on est chef du Parti libéral du Canada!

Le 21 décembre 1993, Jean Chrétien rencontre ses collègues des provinces, un mois seulement après son arrivée au pouvoir. Serait-on revenu à l'ère du fédéralisme coopératif? En fait, l'expérience prouvera que le nouveau premier ministre est, de toute l'histoire du Canada, celui qui s'assoira le moins souvent avec ses collègues des provinces. Mais il est vrai que, comme il refuse d'aborder la question constitutionnelle, il aura aussi moins souvent l'occasion de convoquer ces Conférences des premiers ministres. Pendant les dix ans qu'il aura dirigé le gouvernement fédéral, Jean Chrétien a refusé de rencontrer ses homologues des provinces à moins qu'il ne soit assuré que cette conférence soit couronnée de succès.

L'État fédéral n'a plus d'argent. Les agences de crédit l'ont mis sous surveillance, le menaçant de la décote. Avec la dette de 500 milliards de dollars héritée des conservateurs et qui lui coûte plus de 40 milliards de dollars en intérêts chaque année, cela peut devenir catastrophique.

Jean Chrétien explique donc à ses collègues qu'il veut mettre de l'ordre dans le fouillis des programmes administrés à la fois par les provinces et par le gouvernement fédéral. Bel objectif en effet que d'éliminer les chevauchements inutiles, et qui plaît aux provinces. Mais cet objectif en cache un autre... Ottawa va sabrer dans les programmes dont il est exclusivement responsable – la Défense nationale, l'aide au tiers-monde, les relations internationales – et il va refiler la facture sociale – santé et sécurité du revenu – aux provinces. C'est l'origine de ce qu'on va bientôt appeler le «déséquilibre fiscal».

Et tout en remettant de l'ordre dans ses affaires, Ottawa dégagera une marge de manœuvre qui lui permettra de se lancer dans de nouveaux programmes, forçant au passage les provinces à le suivre. Tel est le plan que la bureaucratie fédérale a concocté, que Jean Chrétien s'empresse d'adopter, et dont il ne discute qu'en partie avec ses collègues à Ottawa.

À l'issue de cette première conférence des premiers ministres, Jean Chrétien n'a pas grand-chose de concret à annoncer, sinon ce Programme d'infrastructures, une idée vieille comme le ministère des Finances, et qui s'illustre, comme c'est souvent le cas avec le «petit gars de Shawinigan», par un symbole: l'image d'une paire de chaussures, celle que, pour respecter une vieille tradition, s'achètent les ministres des Finances au moment de présenter leur budget! En 1979, un ministre conservateur des Finances, John Crosbie, avait fait l'original en présentant son budget chaussé d'une paire de bottes en peau de phoque. Jean Chrétien offrira plutôt une paire de bottes de travailleur de la construction à son ministre des Finances, Paul Martin.

C'est qu'on a beaucoup parlé du fameux Programme d'infrastructures pendant la campagne électorale! Il s'agit de créer un fonds d'investissement de 6 milliards de dollars pour les travaux publics. Ottawa n'y mettant en fait que

2 milliards, les provinces et les municipalités sont obligées de verser un montant équivalant…

À peu de frais donc, Jean Chrétien a passé sa campagne électorale à promettre que les grues allaient bientôt apparaître dans toutes les grandes villes du pays, mettant les Canadiens au travail. Quoi qu'on en dise, ce fut effectivement un grand succès dont l'impact psychologique contribua, après toutes ces années de querelles politiques sur la Constitution, à redonner confiance aux citoyens dans la capacité des gouvernements de travailler ensemble.

Au Québec par exemple, le Programme d'infrastructures fut mis en place en quelques semaines et, au bout de six mois, des travaux d'un coût de près de 1 milliard de dollars étaient déjà annoncés, promettant aussi la création de 14 115 emplois. On n'avait jamais vu une telle efficacité, surtout dans des programmes conjoints d'Ottawa et de Québec! «C'est un exemple réussi de bon fédéralisme», disait-on. On en avait effectivement besoin…

Une autre nouveauté, dont il faut donner le crédit à Jean Chrétien bien que l'idée soit d'abord venue du premier ministre de la Colombie-Britannique de l'époque, Mike Harcourt, est celle de ces missions commerciales baptisées *Team Canada* ou Équipe Canada.

Pour fêter la première année de son gouvernement, Jean Chrétien s'envole vers la Chine et le Viêtnam avec neuf premiers ministres – Jacques Parizeau boude. Tous les chefs de gouvernement du Canada passant sept jours ensemble, vingt-sept heures dans le même avion, tenant au moins une réunion d'une heure par jour, sans parler des nombreuses conversations à l'occasion des cocktails, des dîners officiels et des visites touristiques, cela ne s'était jamais vu.

Pour les gens d'affaires, qui montaient dans le même avion à l'exception de ceux qui étaient assez riches pour voyager dans leur jet privé ou se payer la première classe d'un avion de ligne, c'est une occasion rêvée de nouer des contacts personnels avec les chefs de gouvernement et leurs conseillers politiques. Bombardier et SNC-Lavalin par exemple, qui ne manquent pourtant pas de contacts à Ottawa, n'ont pas raté une seule des sept missions commerciales que Jean Chrétien a présidées à partir de ce moment.

L'impact sur les relations commerciales avec les pays visités n'est pas extraordinaire. Les cérémonies de signature de « contrats » – avec un stylo Mont Blanc offert à tous les gens d'affaires canadiens et étrangers qui y participent – donnent l'impression d'une véritable valse de milliards, mais il s'agit souvent de « lettres d'intention » qui n'auront pas de suite.

Chrétien en profite pour soigner son image personnelle. À Shanghai, il se met à faire un tour de vélo dans la rue de son hôtel, poursuivi par une vingtaine de soldats chinois essoufflés. À Trinidad, il est salué comme « le parrain des Caraïbes ». Au Viêtnam, il est reçu par les quatre personnages les plus importants du régime. Tout cela est bon pour son ego, bien sûr, mais il en profite surtout pour passer, à sa manière, plusieurs messages importants.

Sur les marches de la résidence officielle des invités du gouvernement vietnamien, à Hanoi, Jean Chrétien tire, en novembre 1994, les leçons de ce nouveau genre de missions commerciales où il ne rencontre souvent que des dictateurs ou des chefs de gouvernements totalitaires. « J'aurais pu faire un grand discours et claquer des portes, dit-il. J'aurais sans doute fait les manchettes au Canada. Je dis plutôt à ces régimes, qui sont loin de partager nos mœurs politiques : "Faites preuve d'ouverture. Engagez-vous dans des transactions commerciales. Laissez les étrangers venir ici, et visitez notre pays." C'est comme ça que les murs tombent et que les libertés progressent... »

Jean Chrétien n'a pas tout à fait tort : Hanoi, la capitale du Viêtnam au nord, et Ho Chi Minh Ville – l'ex-Saïgon –, la riche métropole au sud, qui se sont si longtemps fait la guerre, multiplièrent leurs communications téléphoniques grâce à Téléglobe Canada. Et les étudiants de l'Université de Pékin, avec qui Chrétien n'a finalement pas pu converser parce que la sécurité chinoise le lui a interdit, seront reliés par Internet avec ceux de l'Université McGill à Montréal.

Les conseillers du premier ministre prétendent même que l'abondante couverture de presse accordée à ces missions à l'étranger aidera les Canadiens à prendre conscience du fait que le Canada n'est plus «un pays de coureurs des bois et de porteurs d'eau»! C'est sans doute un peu exagéré, mais les premiers ministres des provinces se rendent compte eux-mêmes que ces virées à l'étranger ne resteront pas sans conséquences au pays.

Roy Romanow, par exemple, s'inquiète de ce que diront ses concitoyens de la Saskatchewan lorsque, après l'avoir vu escalader la Grande Muraille de Chine avec Jean Chrétien, ils l'entendront dénoncer la politique budgétaire de ce dernier. Ces missions ont certainement renforcé l'esprit de collaboration entre Jean Chrétien et ses collègues des provinces, mais, étrangement, cela ne s'est pas du tout répercuté sur les relations fédérales-provinciales au pays même.

Il faut dire qu'après une année de tâtonnements, de consultations de toutes sortes, et après bien des querelles entre les ministres, le gouvernement de Jean Chrétien passe aux choses sérieuses: il va éliminer le déficit budgétaire fédéral en moins de trois ans et commencer à rembourser la dette.

En Asie ou en Amérique latine, avec ses collègues des provinces qu'il présentait d'ailleurs comme «ses gouverneurs», Chrétien avait voulu projeter l'image d'un pays où la coopération intergouvernementale est forte. En fait, il préparait un véritable coup de force, une opération que les mandarins appelaient entre eux le «big bang» du fédéralisme fiscal.

S'il fallait choisir la date la plus importante de l'ère Chrétien, il faudrait certainement marquer celle du 27 février 1995 d'une pierre blanche.

Le ministre des Finances, Paul Martin, a présenté un premier budget en février 1994, mais il ne faisait que colmater quelques-unes des immenses brèches ouvertes par ses prédécesseurs du gouvernement conservateur. En 1995, c'est du sérieux. «Nous avons commencé à mettre de l'ordre dans nos propres affaires», annonce-t-il.

«De l'ordre?» Des compressions d'un milliard et demi de dollars à la Défense et aux Transports, un autre milliard de dollars au ministère des Ressources humaines, un autre à l'Industrie, plus d'un demi-milliard dans le Développement régional, l'Agriculture, les Ressources naturelles. En bref, les dépenses des ministères fédéraux sont réduites de 20% et les effectifs de la fonction publique amputés de 45 000 postes!

Les subventions aux entreprises chutent de 3,8 milliards de dollars à 1,5 milliard: une diminution de 60% en trois ans. Et toutes les subventions au transport des céréales destinées aux producteurs de l'Ouest sont éliminées, une ponction de 2,6 milliards de dollars! Roy Romanow avait bien raison de s'inquiéter!

Quant aux provinces, elles vont, elles aussi, faire les frais de ce spectaculaire nettoyage. Les paiements de péréquation sont gelés, les transferts pour la santé réduits de 14,5 à 11 milliards de dollars par année.

Ainsi, le gouvernement de Jean Chrétien, qui a seulement promis de réduire le déficit de 6 à 3% du PNB en cinq ans, va tout simplement l'éliminer en trois ans! Ce sera la première fois depuis l'année financière 1969-1970 qu'un gouvernement du Canada ne fait aucun déficit. Qui plus est, les excédents budgétaires qui commenceront à apparaître seront entièrement affectés au remboursement de la dette. «Laissez-moi jouir de "mes" surplus», plaidera bientôt Jean Chrétien pour s'accrocher un peu plus longtemps au pouvoir.

Aucun des grands pays industrialisés n'a réussi un tel revirement de situation. Et le Canada, qui était à la veille d'une mise en tutelle par le Fonds monétaire international en 1993, est maintenant cité en exemple.

Il y a une raison importante à tout cela, et cette raison a pour nom Jean Chrétien. Le premier ministre confie souvent, à la blague, qu'il consacre plus de temps à étudier les budgets de Paul Martin qu'il n'en passait à préparer les siens quand il était lui-même le ministre des Finances de Pierre Trudeau! C'est en effet la première fois dans toute l'histoire du Canada qu'un chef de gouvernement est aussi un ancien ministre des Finances. Et cela se voit…

Jean Chrétien n'appuie pas seulement son ministre des Finances – contrairement à Brian Mulroney avec Michael Wilson ou à Pierre Trudeau avec… Chrétien lui-même! –, il joue souvent les conseillers. Paul Martin confirme: «Le premier ministre m'a dit, au tout début, qu'il est très important que nous soyons, lui et moi, comme les deux doigts de la main. Je voulais présenter un plan budgétaire de cinq ans, comme la communauté des gens d'affaires et le Vérificateur général du Canada le réclamaient. "Es-tu bien sûr? m'a demandé Chrétien. Ton objectif de réduire le déficit à 3% du PNB en trois ans ne tiendra pas si, à la première difficulté, on se dit qu'on peut attendre la cinquième année pour le réaliser."» D'où cette innovation qui en a surpris beaucoup: Paul Martin ne s'est jamais engagé pour une période de plus de deux ans.

Et il a bien fait! Aux premiers temps du gouvernement de Jean Chrétien, les dérapages se multipliaient. En 1994, les mandarins du ministère des Finances avaient sous-estimé les taux d'intérêt à court terme d'un point et demi de pourcentage. Sur une dette de plus de 500 milliards de dollars, cela faisait une différence de 14 milliards en deux ans! Puis, en janvier 1995, c'était la crise du peso mexicain, imprévisible celle-là!

Sans l'appui de Jean Chrétien, Paul Martin n'eût jamais pu se sortir de telles crises et c'en eût été fini de sa crédibilité.

Mais l'effort était considérable. À six semaines de la présentation de ce fameux budget de 1995, le ministre des Finances n'a plus qu'une poignée de ministres derrière lui et il fait face à une fronde généralisée du groupe parlementaire libéral.

Parallèlement à ce fabuleux dégraissage de l'État fédéral, Jean Chrétien le modernise. Sous prétexte d'une réforme de la sécurité sociale, il s'organise pour dépenser moins, contrôler davantage les provinces et se rapprocher des électeurs. Six millions de citoyens – chômeurs, assistés sociaux, étudiants à l'université, élèves des écoles techniques, jeunes parents, enfants – qui se partagent alors des subsides fédéraux de 39 milliards de dollars sont directement touchés.

« Ottawa met des milliards de dollars dans la sécurité sociale et n'en retire aucune visibilité », déplore le père de cette vaste réforme, Lloyd Axworthy. Désormais, dans les domaines des études universitaires, de la recherche, de la création de nouvelles chaires d'enseignement universitaire, et même de la formation technique, c'est Ottawa qui va émettre directement les chèques aux citoyens plutôt que d'envoyer l'argent aux provinces.

Bien sûr, Jean Chrétien a bénéficié d'une conjoncture exceptionnelle et... de politiques mises en place par son prédécesseur. « Jean Chrétien a dit bien des choses, plaidait Brian Mulroney auprès de moi, cinq ans après son départ. Qu'il allait abolir le libre-échange, renégocier le Traité avec les États-Unis et le Mexique, abolir la TPS, invalider le contrat des hélicoptères et stopper la privatisation de l'aéroport de Toronto... Il a fait volte-face sur tout. Il a laissé toutes les politiques de mon gouvernement en place et le Canada est en train de bénéficier de leurs retombées positives... »

Tout cela est sans doute vrai mais un fait demeure: c'est sous la direction de Jean Chrétien que le Canada a effectué le plus important rétablissement économique et financier de son histoire.

Son caractère obstiné a servi Jean Chrétien dans une certaine mesure : il résiste aux protestations de ses homologues provinciaux qui subissent les contrecoups de l'assainissement des finances fédérales. Contrairement à Pierre Trudeau, Jean Chrétien ne débat pas, il ignore. Contrairement à Brian Mulroney, il ne cherche pas à séduire, il affronte l'impopularité.

On comprend malgré tout l'amertume qu'éprouvait l'ancien premier ministre conservateur lorsqu'il reprochait à son successeur d'avoir réussi en poursuivant ses propres politiques. Brian Mulroney a en effet été la victime du caractère revanchard et mesquin qui fait malheureusement – et trop souvent – oublier les bons coups du « petit gars de Shawinigan ».

L'un des épisodes les plus sombres du premier gouvernement de Jean Chrétien est cette « affaire Airbus » où le ministère de la Justice, dans un document officiel envoyé au Procureur général de la Suisse, accuse un ancien premier ministre du Canada, Brian Mulroney, de « s'être livré, de façon persistante, à une *conspiration* ou un *complot* pour frauder le gouvernement canadien de millions de dollars pendant le temps où il était premier ministre [...] Cette requête (du gouvernement du Canada au gouvernement suisse) revêt une importance spéciale parce qu'elle implique des activités *criminelles* auxquelles l'ancien premier ministre s'est livré. »

En 1988, alors que Brian Mulroney était premier ministre, la compagnie aérienne nationale, Air Canada, a acheté 34 Airbus A-320 et des pots-de-vin de 20 millions de dollars auraient été versés à un intermédiaire allemand. L'ancien premier ministre de Terre-Neuve, Frank Moores, ami intime de Mulroney, aurait ouvert simultanément deux comptes en Suisse.

Très vite, les soupçons de deux journalistes travaillant pour le compte de la CBC entraînent une véritable chasse aux sorcières. Et le ministre de la Justice, Allan Rock, trop heureux de se faire du capital politique sur le dos d'un Brian Mulroney particulièrement détesté, se livre à une odieuse campagne de dénigrement et de salissage.

«L'affaire Airbus», déclenchée le 20 novembre par une poursuite de 50 millions de dollars contre le gouvernement du Canada et la Gendarmerie royale pour atteinte à la réputation de Brian Mulroney, va durer jusqu'au 6 janvier 1997. M. Mulroney retire sa plainte lorsque le gouvernement accepte de s'excuser et de payer tous les frais qu'il a encourus.

Ce qui a surpris dans cette affaire, c'est l'acharnement de Jean Chrétien et de son ministre de la Justice à ternir la réputation d'un ancien chef de gouvernement. Simple vengeance? Ou tout simplement manque de respect pour l'institution qu'est le premier ministre du Canada? Jean Chrétien risque de payer cette mesquinerie très cher dans les livres d'histoire – et dans les Mémoires de Brian Mulroney!

Enfin, puisqu'on en est à l'intégrité du «petit gars de Shawinigan», soulignons encore son manque total de respect pour une autre institution, le Sénat cette fois. Il revient au seul premier ministre du Canada de nommer les membres du Sénat, encore que Brian Mulroney ait accepté la pratique, pendant quelques années et comme il était prévu dans l'Accord du lac Meech, de consulter les premiers ministres des provinces.

Jean Chrétien ne consulte personne, lui. Et il a mis au point une astuce pour récompenser le plus d'amis possible. L'âge obligatoire de la retraite du Sénat étant fixé à soixante-quinze ans, il nomme des septuagénaires! Les postes deviennent donc vacants beaucoup plus vite et plus souvent – parfois après moins de deux ans! – et le «petit gars de Shawinigan» peut ainsi faire plaisir à deux fois plus de copains.

Depuis qu'il est au pouvoir, le nouveau premier ministre libéral a ainsi nommé une quinzaine de septuagénaires, dont deux sénateurs de soixante-quatorze ans et cinq de soixante-treize ans!

La saga de la circonscription de Beauséjour en Acadie illustre le cynisme avec lequel Jean Chrétien peut abuser de son pouvoir discrétionnaire. Lorsqu'il devient chef du Parti libéral du Canada, en 1990, il demande au député Fernand Robichaud de lui céder son siège. Pour éviter qu'il ne perde son revenu, l'ancien député est alors engagé comme conseiller au bureau de Jean Chrétien, et son salaire est puisé dans le budget de la Chambre des communes.

Trois ans plus tard, le chef du Parti libéral retourne dans son fief de Saint-Maurice et M. Robichaud reprend sa place de député acadien dans la circonscription de Beauséjour. Puis, en février 1996, on s'étonne un peu que le premier ministre nomme un certain Joseph Landry sénateur du Nouveau-Brunswick : il a près de soixante-quatorze ans. «Il réchauffe la place de quelqu'un d'autre», se dit-on.

On comprend l'année suivante. Fernand Robichaud cède encore son siège de député, cette fois au fils d'un ancien gouverneur général du Canada qui veut se faire élire à la faveur des élections générales de 1997. Robichaud est alors engagé comme conseiller spécial au cabinet du premier ministre. Et le 22 septembre 1997, il prend le siège laissé vacant au Sénat par le vénérable Joseph Landry…

Ce côté «duplessiste» du comportement de Jean Chrétien agace en particulier les Québécois. Cela leur rappelle trop de mauvais souvenirs et, en plus, ils se font souvent accuser de n'être qu'un «dégueulasse petit peuple de maîtres chanteurs» – l'expression est de Trudeau! – dans la presse anglaise.

C'est à cause de ces mœurs politiques douteuses, autant que des effets de sa politique fiscale et budgétaire particulièrement dure pour les provinces, que Jean Chrétien – contrairement à Brian Mulroney et, bien sûr, à Pierre Trudeau – n'a pas vu son autorité morale sur les Québécois augmenter, après qu'il fut devenu premier ministre du Canada. Au fil des ans, le «petit gars de Shawinigan» deviendra ainsi un boulet pour ses alliés libéraux du Québec autant qu'une arme dans la main de ses adversaires.

Car le pire reste à venir...

CHAPITRE 11

Un homme ébranlé

Lorsqu'il avait présenté son premier Discours du Trône, en janvier 1994, le nouveau premier ministre n'avait que des banalités à dire à propos de sa vision du fédéralisme canadien. Pourtant, tout n'allait pas pour le mieux sur le front de l'unité nationale: les souverainistes québécois formaient l'Opposition officielle au Parlement du Canada, Robert Bourassa venait de démissionner et Daniel Johnson tentait d'affirmer son leadership à la tête du Parti libéral du Québec. Après la débâcle de 1985, les péquistes, avec Jacques Parizeau comme chef, remontaient la pente.

Le seul de tous les chefs de partis fédéraux qui se montra quelque peu visionnaire à ce moment-là fut Jean Charest, qui n'avait pourtant fait élire aucun autre député que lui-même au Québec, et un seul autre dans l'ensemble du Canada: «De toute évidence, commenta le chef du Parti progressiste-conservateur, on est en période d'attente dans le dossier de l'unité canadienne, les élections au Québec vont déterminer l'agenda du pays et ça ne sert à rien de faire semblant que cela puisse en être autrement...»

Si seulement Jean Chrétien l'avait écouté!

Au début de l'année 1995, Jean Chrétien jouit d'une autorité incontestée sur ses ministres et sur ses députés. Il profite ainsi de l'éclatement des oppositions au Parlement : les réformistes à l'Ouest, le Bloc au Québec – d'autant moins dangereux qu'il forme l'Opposition officielle ! –, les conservateurs et les néo-démocrates décimés, réduits à une minuscule base dans les provinces de l'Atlantique.

Le Canada est « le plus meilleur pays au monde » : qu'est-ce qui pourrait bien le mettre en péril ? Jean Chrétien est un premier ministre très populaire : qu'est-ce qui pourrait donc le menacer ?

Don't worry, be happy... chante-t-il tous les matins en se rendant au bureau.

À l'automne pourtant, et à quelques jours d'intervalle, « le petit gars de Shawinigan » passe à quelques décimales d'un point de pourcentage de perdre son pays, et à quelques minutes de perdre la vie : on serait ébranlé pour beaucoup moins que cela ! Il va mettre beaucoup de temps à s'en remettre, donner parfois l'impression qu'il a perdu tous ses moyens. Certains pensent même que ces terribles événements l'ont irrémédiablement changé.

Daniel Johnson devient premier ministre du Québec le 11 janvier 1994, succédant à Robert Bourassa à la direction du Parti libéral du Québec. Il est à la fois fils d'un premier ministre de l'Union nationale dans les années 1960 et frère de Pierre Marc qui succéda brièvement à René Lévesque en 1985. « Ce qu'il y a de bien avec les Johnson, raillent les péquistes, c'est qu'ils ne durent pas longtemps ! » Bien du monde prédit donc qu'il s'agira d'un court intérim et, au Canada anglais comme chez les fédéralistes du Québec, on commence à s'inquiéter.

On a vu l'appui à la souveraineté franchir des sommets historiques juste après le rejet de l'Accord du lac Meech en 1990. « Il n'y a pas de doute que le débat sur l'Accord du lac

Meech a radicalisé le Québec, m'explique Marcel Massé, l'un des mandarins fédéraux qui ont le plus d'influence auprès de Jean Chrétien. La raison n'en est pas seulement que l'Accord a été rejeté, mais pendant l'année ou les deux ans qui ont précédé, le reste du Canada n'arrêtait pas de grogner contre ce qu'il percevait être l'octroi d'un "statut spécial" au Québec.» Le Québec s'est donc senti rejeté, «humilié», dirait Lucien Bouchard…

(Je m'inspirerai beaucoup des confidences de Marcel Massé dans ce chapitre, non seulement parce que, ministre des Affaires intergouvernementales, il était un personnage important à l'époque, mais aussi parce qu'il fut secrétaire du cabinet de Joe Clark et sous-secrétaire du Cabinet pour les relations fédérales-provinciales à deux reprises: il connaissait la question! Il va jouer un rôle central dans la préparation de la réplique d'Ottawa à l'arrivée d'un autre gouvernement du Parti québécois à Québec en septembre 1994, puis au moment du deuxième référendum sur la souveraineté en octobre 1995. En 1996, nous avons longuement discuté de son rôle.)

Au Canada anglais, on observe et on grogne… Daniel Johnson s'est lancé dans une campagne électorale de cinquante et un jours le 24 juillet 1994 et on voit bien que Jacques Parizeau a le vent dans les voiles, qu'il a de bonnes chances de former le prochain gouvernement à Québec. Jean Chrétien fait l'objet de pressions énormes pour se mêler de tout cela, d'autant plus qu'il passe ses vacances au lac des Piles, au cœur du Québec. Non seulement il refuse de s'intéresser à cette campagne «provinciale», mais il n'est même pas inscrit sur la liste électorale de sa circonscription. (Les premiers ministres du Canada ont le choix de voter dans la circonscription qu'ils représentent aux Communes ou dans la circonscription de Vanier, à Ottawa, où se trouve leur résidence officielle.)

«Don't worry, ne cesse-t-il de répéter. Il y a un an, certains d'entre vous [les journalistes] ne pensaient pas que je serais premier ministre du Canada», lance-t-il, à juste titre d'ailleurs. Il ne faut donc pas vendre la peau de Daniel Johnson trop vite.

Le premier ministre du Canada prétend même jouer au plus fin en citant le président de la France et en promettant «la non-indifférence et la non-interférence»! Il aurait dû parler de «non-ingérence» mais cela eût alors impliqué que le Québec était une nation étrangère!

Une véritable paranoïa s'est emparée des salles de rédaction de Toronto d'où les éditorialistes pressent Jean Chrétien d'intervenir. Un facétieux du *Financial Post* a même trouvé une astuce pour le faire sortir de sa réserve: il le menace d'une intervention surprise de Pierre Elliott Trudeau! Un fort en maths a pour sa part calculé que le sort du Canada pourrait être scellé par 7% de ses citoyens, soit 2,3 millions de suffrages exprimés en faveur du Parti québécois.

Officiellement, Jean Chrétien joue les hommes d'État magnanimes. Il plastronne un peu: «Je n'ai pas peur de l'indépendance du Québec!» Et il calcule aussi…

Plusieurs premiers ministres provinciaux, et certains de ses ministres, lui suggèrent de donner un coup de main à Daniel Johnson en signant avec lui une entente prévoyant le transfert des programmes de création d'emploi et de formation de la main-d'œuvre au Québec. Ce transfert a de toute manière été promis, un an plus tôt, par Kim Campbell à Robert Bourassa. Jean Chrétien, lui, ne voit pas l'urgence.

Le premier ministre de l'Ontario de l'époque, Bob Rae, jettera un éclairage troublant sur ce comportement du gouvernement fédéral à l'égard des fédéralistes du Québec. Dans ses propres Mémoires, qu'il publie un an après sa défaite du 26 juin 1995, Rae raconte qu'il passa une soirée de l'été 1994 avec Jean Chrétien à sa résidence secondaire du lac des Piles et le trouva «curieusement ambigu» à propos des chances de réélection de Daniel Johnson.

Ce soir-là, Jean Chrétien lui dit en effet: «D'une certaine manière, ce serait mieux pour moi d'avoir affaire à un Jacques Parizeau impopulaire plutôt que de me retrouver plus tard face à un Bouchard très populaire. Je peux battre Parizeau dans un référendum. Mais bien sûr, j'espère que Johnson va gagner…»

Bob Rae, qui est tout de même, rappelons-le, le frère de l'organisateur en chef de Jean Chrétien – John Rae –, présente ainsi le «petit gars de Shawinigan» comme «un homme très partisan: il était pratiquement impossible de percer la carapace triomphaliste dont il s'entoura après sa victoire (de 1993)».

Un ancien premier ministre de l'Ontario qui affirme que Jean Chrétien a laissé battre le leader des fédéralistes du Québec – et face à un chef du Parti québécois qui, «indépendantiste avant, pendant et après l'élection», n'entendait vraiment pas à rire! –, c'est grave tout de même. «Daniel Johnson ne pouvait pratiquement compter que sur lui-même pendant la campagne électorale de 1994, écrit Rae. Je suis convaincu que si Jean Chrétien avait voulu démontrer une plus grande ouverture au changement, Johnson aurait pu gagner. Mais ce ne fut jamais sérieusement envisagé à Ottawa où on avait virtuellement tiré un trait sur les chances de Daniel Johnson.»

Le chef des néo-démocrates de l'Ontario comprenait bien cette attitude. Lui-même devenu impopulaire dans les sondages et obligé de déclencher des élections en 1995, il s'était rendu compte que le premier ministre fédéral n'était plus intéressé à traiter avec son gouvernement, attendant qu'il se fasse battre et qu'il soit remplacé par un gouvernement libéral. (C'est en fait un radical de droite, le conservateur Mike Harris, qui fut élu!)

L'inévitable se produit donc au Québec: le 12 septembre 1994, le Parti québécois fait élire 77 députés et le Parti libéral seulement 47. (Le chef de l'Action démocratique du Québec [ADQ], Mario Dumont, est élu pour la première fois dans sa circonscription de Rivière-du-Loup.)

Mais l'élection est serrée : les candidats du PQ ne recueillent que 44,75 % des suffrages exprimés – une majorité de 13 744 voix seulement pour l'ensemble des 125 circonscriptions électorales, contre 44,4 % pour les candidats libéraux. Une vingtaine de circonscriptions auraient aisément pu tomber dans l'autre camp. Et un petit effort du député fédéral de Saint-Maurice aurait pu changer le sort de Daniel Johnson et de Jacques Parizeau.

Comme il fallait s'y attendre, Jean Chrétien commence par dire que « les intérêts politiques de M. Parizeau sont une chose, et ceux des citoyens du Québec en sont une autre. Parizeau a dit très clairement qu'il voulait défendre les intérêts de tous les Québécois. Il devra donc s'asseoir et déterminer ce qui, dans ces réformes, convient le mieux pour l'ensemble des citoyens du Québec, et non essayer de gagner son référendum… »

En anglais, M. Chrétien ajoute un curieux commentaire : « Je ne pouvais espérer mieux », dit-il. En effet, les deux partis – le fédéraliste et le souverainiste – ont recueilli à peu près le même nombre de votes et les sondages effectués pour le gouvernement fédéral suggèrent que « les Québécois ne veulent pas se diriger vers la séparation ».

Don't worry, donc !

Jean Chrétien a-t-il délibérément « laissé battre » Daniel Johnson ? Cela évoquerait effectivement l'attitude de Pierre Elliott Trudeau qui ne leva pas le petit doigt pour aider un autre chef du Parti libéral du Québec, Claude Ryan, en 1981. En fait, on peut même dire qu'il fit tout pour l'embarrasser !

Devant un Jacques Parizeau fragile vainqueur de l'élection et toujours aussi impopulaire, Jean Chrétien pourra poursuivre sa réforme de la sécurité sociale et son entreprise de « recentrage » de la fédération canadienne. Cela aussi, ce serait cohérent avec son attitude de 1980 et de 1981, pendant les négociations constitutionnelles qui aboutirent en grande partie grâce à l'isolement du Québec.

Jean Chrétien a aussi dit à Bob Rae qu'il préférait se retrouver face à un Parizeau impopulaire plutôt que face à un Bouchard très populaire. Il va avoir les deux!

Le 29 novembre 1994, le pays est en état de choc: Lucien Bouchard lutte contre la mort à l'hôpital Saint-Luc de Montréal, atteint par une myosite nécrosante – le nom savant de la «bactérie mangeuse de chair». Le malade est dans un état «sérieux, mais stable», disent les médecins après deux interventions de drainage et l'amputation de sa jambe gauche. Pendant la nuit du 1er décembre, tout le Québec le croit mort.

Il s'en sortira finalement et il accélérera sa réhabilitation pour rencontrer, à titre de chef de l'Opposition officielle aux Communes, le président des États-Unis, Bill Clinton, en visite officielle à Ottawa le 23 février suivant.

Lucien Bouchard était déjà «très populaire» avant sa maladie, comme l'avait constaté Jean Chrétien. Après son flirt avec la mort, il acquiert un attrait presque mythique. Il est devenu Orphée revenu des enfers et pendant les campagnes politiques qui vont suivre, la campagne référendaire en particulier, les Québécois veulent le toucher, écoutent toutes ses paroles avec dévotion.

C'est le pire scénario pour Jean Chrétien qui se réalise. Et il n'est pas encore au bout de toutes ses surprises…

Au début de 1995, l'appui à la souveraineté au Québec atteint 47% contre 41% au mois de septembre 1994. Et la cote de popularité du Parti québécois est passée de 44,75% au moment de l'élection à 56% quelques mois plus tard.

Un peu pour répondre aux angoisses du Canada anglais, Jean Chrétien recrute une libérale du Québec très respectée, Lucienne Robillard, ancienne ministre de Robert Bourassa. Il a l'intention de la désigner responsable de la participation fédérale au référendum sur la souveraineté qui s'en vient inévitablement. Cependant, peu au fait de la politique fédérale, Mme Robillard sera manipulée par les mandarins du régime et le bureau politique de Jean Chrétien.

Le premier ministre du Canada n'est toujours pas convaincu que l'option souverainiste ait quelque chance de l'emporter. Alors que je voyage avec lui au Chili en janvier 1995, je lui demande ce qu'il pense des propos encourageants pour les souverainistes que le candidat gaulliste aux élections présidentielles en France, Jacques Chirac, a tenus à Paris, à l'occasion d'une visite officielle de Jacques Parizeau.

«Le Québec a autant de chances de devenir souverain que Jacques Chirac de remporter la course à la présidence de la République française», me répond Jean Chrétien.

Don't worry, be happy! en somme… Sauf que quatre mois plus tard, Jacques Chirac devenait effectivement président de la République française!

En septembre 1994, dix-sept ans presque jour pour jour après cette fameuse visite à la Chambre de commerce où «le petit gars de Shawinigan» faisait littéralement des étincelles, le premier ministre se retrouve devant le même public, à Québec. Il promet de se mettre au service de Daniel Johnson lorsque la campagne référendaire sera déclenchée. Et il a encore quelques-unes de ces envolées qui avaient fait son succès à la fin des années 1970.

«Quand Messieurs Parizeau et Bouchard parlent de faire [du Québec] un pays normal, lance-t-il, ils laissent entendre que le Canada n'est pas un pays normal. Pour une fois, je suis d'accord avec eux. Le Canada n'est pas un pays normal. C'est un pays exceptionnel, formidable, le meilleur au monde…»

L'envolée est toujours aussi bonne, mais la magie n'est plus là. En fait, des ministres à Ottawa et d'influents hommes d'affaires de Montréal et de Toronto s'inquiètent des dérapages de plus en plus fréquents de Jean Chrétien. Certains se posent même des questions sur sa santé.

Il n'a peut-être pas de «passages à vide», comme d'aucuns murmurent dans son dos, mais je remarque que son entourage aménage généralement de longues périodes de repos dans l'emploi du temps du premier ministre, en particulier lorsqu'il voyage à plusieurs heures de décalage horaire du Canada.

L'explication de ce comportement «embarrassant», comme le jugent de plus en plus de personnes à Ottawa, est sans doute plus simple: le «petit gars de Shawinigan», encouragé par des sondages généreux et la flatterie de ceux qui l'entourent, est tout simplement en train de se laisser aller.

Pourquoi se forcerait-il en effet à «faire premier ministre» quand l'opposition et la presse lui rendent le pouvoir aussi facile à exercer? *Don't worry, be happy...*

Jean Chrétien a suffisamment de contacts au Québec pour savoir que, tout au long du printemps de 1995, le torchon brûle entre Jacques Parizeau, président officiel du Comité des Québécois pour le Oui, Lucien Bouchard, chef du Bloc dont les 57 députés couvrent un territoire encore plus vaste que les 77 circonscriptions du Parti québécois, et Mario Dumont, le chef de l'ADQ que les souverainistes veulent attirer dans leur camp.

Cela va si mal en fait que les fédéralistes font preuve d'un excès d'optimisme. Vers la fin de l'été 1995, au cours d'une rencontre secrète des membres du Conseil privé – le club des anciens ministres fédéraux – à l'*Hôtel Reine-Elizabeth* de Montréal, l'as des sondages de l'Université McGill, Maurice Pinard, leur prédit une victoire facile par une marge de 62 à 38 %.

«Mais le moindre dérapage pourrait ramener cette marge à 52-48 %», avertit Pinard. «C'est un référendum à gaffe», m'explique un ministre fédéral.

Au-delà des organigrammes et du très visible Comité des Québécois pour le Non coprésidé par Daniel Johnson et un ancien mandarin de la Révolution tranquille, homme d'affaires très respecté, Michel Bélanger, deux groupes d'éminences grises beaucoup plus discrètes planifient, le lundi à Ottawa et le vendredi à Montréal, les moindres détails de la

campagne référendaire. Jean Chrétien y a délégué son directeur de cabinet, Jean Pelletier, son conseiller politique principal, Eddie Goldenberg, John Rae qui délaisse temporairement son poste de vice-président directeur de Power
Corporation et reprend du service, ainsi que son attaché de
presse, Patrick Parisot. Un ancien député fédéral, André Maltais, fait le lien avec le comité officiel du Non. Une seule personnalité politique, Lucienne Robillard, participe à ces séances
de stratégie.

Jean Chrétien est très fier de l'organisation qu'il a mise
sur pied pour venir en aide à Daniel Johnson. Par rapport à
la campagne de 1980 à laquelle il a lui-même participé, il a
voulu que la coordination entre les fédéraux et les provinciaux
soit bien meilleure, que les personnalités politiques fédérales
soient moins nombreuses et moins visibles. Ceci expliquant
peut-être cela, les sondages de Maurice Pinard rapportent
aussi que les Québécois sont très sensibles aux mises en garde
des politiciens et des hommes d'affaires venus de l'extérieur.
Prudence, donc…

La campagne référendaire est lancée le 7 septembre sur
une question – « Acceptez-vous que le Québec devienne souverain, après avoir offert formellement au Canada un nouveau partenariat économique et politique, dans le cadre du
projet de loi sur l'avenir du Québec et de l'entente signée le
12 juin 1995 ? » – qui n'est pas de la plus grande limpidité, il
faut bien en convenir.

Mais le mot d'ordre de Jacques Parizeau à ses troupes est,
quant à lui, sans équivoque : « Si on vote Oui, on fait un pays ! »

C'est donc un faux débat de prétendre que la question
n'était pas claire. Le président du Comité des Québécois pour
le Oui – et ses « partenaires pour la souveraineté », syndicats et
groupes de pression –, de même que Lucien Bouchard par
obligation et Mario Dumont par souci tactique, ne cachent
pas leurs intentions. C'est bien de la souveraineté du Québec
qu'il s'agit.

C'est cependant le «comment» qui est flou. Et pour cause! Jacques Parizeau ne lèvera le voile sur son «grand jeu» que deux ans plus tard, en mai 1997, dans son livre *Pour un Québec souverain*[4]. Le premier ministre du Québec avait bien l'intention, dans l'hypothèse d'une victoire du Oui, de déclarer le Québec indépendant «dans la semaine ou les dix jours suivants».

«Mes discours en ce qui touche les négociations avec le Canada, raconte-t-il dans son livre, sont rédigés de façon à permettre une telle déclaration de souveraineté. Et je ne me suis jamais engagé en public ou en privé à ne pas faire de déclaration unilatérale de souveraineté.»

C'est un peu à la suggestion de l'ancien président de la France, Valéry Giscard d'Estaing, que Parizeau avait rencontré au début de 1995 à l'insu des diplomates canadiens en poste à Paris, que le premier ministre du Québec avait conçu ce «grand jeu». Cette déclaration unilatérale d'indépendance devait aussitôt permettre à la France de prendre acte de la décision et de reconnaître le nouvel État.

On comprend ainsi le sens de la blague lancée par Jacques Parizeau à un groupe de diplomates étrangers en poste à Ottawa: les Québécois, en votant Oui, seraient «pris comme des homards», incapables de sortir de la cage où – à reculons bien sûr! – ils se seraient enfermés par leur vote.

Personne, ni Lucien Bouchard ni aucun des membres du Conseil des ministres de Jacques Parizeau, n'était au courant de ce grand jeu. Ottawa non plus d'ailleurs. Mais le gouvernement fédéral avait lui aussi son «grand jeu».

Le mot d'ordre de Jean Chrétien à ses troupes est un peu curieux: «Si on vote Non, le Canada continue.»

À vrai dire, que ce soit Oui *ou* Non, Jean Chrétien avait décidé que le Canada continuerait comme si de rien n'était. Le gouvernement fédéral avait en effet l'intention d'ignorer le résultat du référendum. Marcel Massé explique: «Une des

---

4. Montréal, VLB éditeur, 1997.

stratégies possibles que nous avions élaborées, face à un vote très serré ou qui aurait été gagné par le Parti québécois, c'était la stratégie de l'attente. Le gouvernement fédéral n'avait rien à perdre parce qu'à chaque action du gouvernement provincial – et on avait analysé toute une série d'actions possibles – nous aurions nous-mêmes lancé une autre action en contrepartie, du même genre et égale en importance à celle du gouvernement québécois. Nous savions que nous avions une meilleure main à jouer que le Parti québécois : la stratégie de l'inertie était donc la meilleure… »

Par exemple, à la reconnaissance de la France, Ottawa aurait pu opposer le refus des États-Unis de prendre acte du vote des Québécois, la Maison-Blanche s'en tenant à sa position traditionnelle qui était de « préférer un Canada uni ». On frissonne à l'idée de ce qui se serait passé si…

Et on retiendra de tout cela que ni Jacques Parizeau ni Jean Chrétien n'ont joué franc jeu avec les Québécois.

Maurice Pinard avait prévenu que la marge en faveur du Non à la souveraineté pourrait être considérablement réduite, de 16 points de pourcentage à aussi peu que trois ou quatre points.

Le 7 octobre, un événement qu'on n'avait pas prévu à Ottawa survient à l'occasion d'un Conseil national du Parti québécois : Lucien Bouchard est nommé négociateur en chef de l'offre de partenariat que le gouvernement du Québec ferait au reste du Canada en cas de victoire du Oui. Non seulement cette nomination rassure les Québécois, mais elle projette à l'avant-scène de la campagne référendaire un chef beaucoup plus charismatique que Jacques Parizeau.

Jour après jour, les intentions de vote se mettent à bouger, toujours dans le même sens, toujours en faveur du Oui. On prend l'hypothèse d'un vote serré tellement au sérieux que Daniel Johnson commence à parler de « majorité claire : on ne

décide pas de l'avenir d'un pays sur un recomptage judiciaire », dit-il.

Chaque vote comptera donc, même celui de Jean
Chrétien !

Le « petit gars de Shawinigan », qui n'avait pas daigné
s'inscrire sur les listes électorales pour l'élection provinciale
de 1994, se préoccupe soudain du vote référendaire prévu
pour le 30 octobre 1995. Il se sert d'une subtilité de la *Loi
électorale* du Québec pour s'inscrire, ainsi qu'Aline Chainé, son
épouse, sur la liste électorale de la 101ᵉ section de vote de la
circonscription provinciale de Laviolette.

La *Loi électorale* du Québec fait une distinction entre « résidence » et « domicile ». Cela permet aux étudiants, aux personnes hospitalisées et aux travailleurs en déplacement de
voter à l'endroit de ce qu'ils considèrent être leur principale
« demeure ». Dans le cas des Chrétien, l'interprétation est
douteuse : le couple a toujours voté en Ontario et se faisait
même envoyer ses comptes de taxes municipales et scolaires,
pour sa résidence secondaire du lac des Piles, à son adresse
à Ottawa.

Jean Chrétien pourra voter, bien sûr. De toute manière,
vers la fin de la campagne, on n'en est plus à un vote près.
Dix jours avant le scrutin, le Oui a une avance de sept points
de pourcentage !

Un des ministres de Jean Chrétien, Brian Tobin, décide
alors d'annuler tous ses rendez-vous de ministre des Pêches
et Océans et de se consacrer exclusivement à l'organisation
d'un grand rassemblement de Canadiens venus des quatre
coins du pays pour supplier les Québécois de ne pas commettre l'irréparable.

L'inquiétude est telle à Ottawa que Jean Chrétien – qui
avait pourtant décidé de rester discret pendant cette campagne – parle trois fois en moins d'une semaine : un grand
discours à Verdun le mardi 24 octobre, devant 12 000 personnes, une déclaration à la télévision le mercredi 25 octobre,

et un autre discours lors du rassemblement de masse de la place du Canada à Montréal, le vendredi 27 octobre.

Le mardi soir à Verdun, le chef du gouvernement fédéral ouvre enfin son jeu. Tout est maintenant possible, «y compris la voie constitutionnelle», pour reconnaître le caractère distinct de la société québécoise. Il promet que «tout changement aux compétences constitutionnelles du Québec ne se fera qu'avec le consentement des Québécois», une sorte de droit de veto, donc. Et il fait enfin preuve d'ouverture sur le dossier de la formation de la main-d'œuvre. Bref, il n'y a pas que le Oui qui garantisse le changement: le Non aussi.

Mais la réponse des leaders du Oui, de celui qu'on appelle maintenant «saint Lucien» en particulier – Bouchard – est cinglante: «Les propos de Jean Chrétien ne sont pas crédibles parce que lui-même ne l'est pas!» Et les militants du Oui de lancer: «On aime mieux confier notre avenir à Lucien Bouchard qu'à Jean Chrétien!»

Le mercredi, les souverainistes tiennent un grand rassemblement dans le même auditorium de Verdun. Lucien Bouchard répond à cette promesse référendaire en brandissant la première page du *Journal de Québec* du 6 novembre 1981 où, au-dessus de la photographie de Pierre Trudeau et de Jean Chrétien, hilares, un gros titre annonce: «Le Québec est trahi!»

Cela va décidément mal pour les fédéralistes. Jean Chrétien fond en larmes, le mercredi matin avant le vote fatal, au cours de la rencontre hebdomadaire de son groupe parlementaire. Et le soir à la télévision nationale, en anglais et en français, il affirme d'un ton grave: «Le Canada, notre pays, notre héritage, sont en danger.»

Cela cogite beaucoup dans la capitale fédérale pendant cette dernière semaine. Le Conseil privé, alors dirigé par la greffière Jocelyne Bourgon, a préparé quatre scénarios selon que l'option souverainiste recueillerait 40, 45, 50 ou 55% des suffrages exprimés. Le gouvernement ne s'est pas attardé longtemps sur l'hypothèse d'une défaite du Oui avec 40 % des suffrages exprimés puisque, répétition du scrutin de mai 1980, elle permettait de tourner rapidement la page et de retourner aux affaires courantes. On n'imaginait pas non plus que le Oui puisse recueillir une nette majorité de 55 % des suffrages exprimés. Restait donc l'hypothèse d'une victoire ou d'une défaite serrée, autour de 50 % donc. Le cabinet s'était même penché sur différentes versions du discours que Jean Chrétien devrait prononcer à la télévision le soir du vote.

Le dimanche, le «petit gars de Shawinigan» participe à une dernière manifestation à Hull. Il a l'air d'un homme qui porte un poids excessif sur ses épaules. «Je viens de vivre une des pires semaines de toute ma carrière politique, dit-il à Marcel Massé: au lieu de contrôler les événements, j'ai l'impression que ce sont les autres qui m'ont contrôlé.»

Bluffe-t-il ou veut-il rassurer ses homologues des provinces anglaises? Toujours est-il que dans des conversations téléphoniques, à quelques heures de la fermeture des bureaux de scrutin au Québec, le premier ministre du Canada évoque encore la possibilité d'une marge de quatre à six points de pourcentage favorable aux fédéralistes.

Jean Chrétien est à sa résidence officielle d'Ottawa en compagnie de Jean Pelletier, d'Eddie Goldenberg et de Jocelyne Bourgon dans la soirée du 30 octobre 1995. Après des heures de suspense où le Oui et le Non se disputent la majorité, les résultats sont catastrophiques: 2 362 648 Non (50,58 %) contre 2 308 360 Oui (49,42 %), une minime différence de 54 288 voix – moins que le total des bulletins rejetés. Il eût suffi que 27 145 électeurs québécois – l'équivalent de la population de Mirabel ou de Côte-Saint-Luc! – changent d'avis pour que le pays soit plongé dans le chaos.

D'un bout à l'autre du Canada, et même au-delà puisque la chaîne américaine CNN diffuse le résultat en direct, c'est un choc indescriptible. Et, les angoisses de la nuit à peine passées, une autre tuile s'abat sur les fédéralistes dès le lendemain:

Jacques Parizeau démissionne. Le cauchemar que Jean Chrétien envisageait avec Bob Rae au cours de l'été 1994 – un Bouchard « très populaire » au lieu d'un Parizeau « impopulaire » ! – se réalise jusqu'au moindre détail.

À Ottawa, on ne doute pas un seul instant que Lucien Bouchard va devenir premier ministre. Et on croit fermement qu'il va profiter de la moindre erreur du gouvernement fédéral pour organiser un autre référendum.

C'est donc un Jean Chrétien passablement abattu qui se présente devant ses ministres, le mercredi 1ᵉʳ novembre. Et l'analyse qu'il leur présente de la situation n'est guère réjouissante : certes il est soulagé – « Il y a une différence considérable entre avoir gagné de peu et avoir perdu de peu », leur dit-il –, mais le résultat est trop serré pour qu'on l'ignore. Ce référendum, au lieu d'avoir résorbé la crise – « Le Canada continue », a-t-il prédit au début de la campagne référendaire –, ne fait que la prolonger.

Comme il a été prévu dans les scénarios du Conseil privé, le premier ministre crée immédiatement, sous la présidence de Marcel Massé, un comité de ministres représentant toutes les tendances de son Cabinet – des durs comme le vice-premier ministre Herb Gray, l'Ontarien David Collenette, le Manitobain Lloyd Axworthy, et des progressistes comme Lucienne Robillard et Marcel Massé lui-même.

C'est qu'il a fait des promesses, ce premier ministre, à l'occasion de ses trois discours de la dernière semaine de campagne, et il s'agit de voir comment on pourrait les réaliser. Le choc du référendum a été tel à travers le pays que les Canadiens veulent voir des résultats tout de suite.

Le samedi soir, Jean Chrétien et son épouse dînent à *L'Orée du Bois,* un restaurant d'Aylmer, près du parc de la Gatineau, avec un couple de très bons amis, l'ancien député Robert Gourd et son épouse. Les Chrétien doivent partir le lendemain midi, plus tôt que prévu, pour assister aux funérailles officielles du premier ministre d'Israël, Yitzhak Rabin, assassiné deux jours plus tôt.

Mme Chrétien décide de préparer les bagages du couple avant de se coucher, sachant que les services de sécurité viendront les ramasser très tôt le lendemain matin. Elle n'est donc pas trop surprise lorsqu'elle entend quelqu'un marcher dans l'escalier menant à sa chambre, vers 2 h 45. Mais le bruit persiste, se fait plus gênant. Elle se lève, s'apprêtant à demander aux représentants des services de sécurité de faire moins de bruit, lorsqu'elle se trouve face à face avec un homme armé d'un petit couteau à cran d'arrêt. Elle referme aussitôt la porte, va boucler une autre porte qui mène aussi à la chambre du couple, et réveille son mari.

– Il y a un étranger dans la maison, dit-elle.

– Tu as fait un mauvais rêve, grogne l'endormi.

– Non! Il porte une tuque et il ressemble à Forrest Gump...

Les Chrétien vont ainsi attendre un quart d'heure, se demandant à qui ils ont affaire. Le premier ministre empoigne une sculpture inuite, prêt à se défendre. Rétrospectivement, il se rend compte que le malfaiteur aurait pu l'atteindre facilement: la porte devant laquelle il se trouvait était à moins de deux mètres du côté du lit où il dormait.

«Il a été extrêmement secoué par ça», m'ont raconté plusieurs ministres à ce moment-là. Pour lui, ce n'était pas seulement un «incident» un peu risible – la GRC fut ridiculisée et il s'avéra que l'assaillant était un peu dérangé. Il se crut à la merci d'un homme armé. Cet «attentat», survenant alors qu'il se préparait à se rendre aux funérailles d'un autre chef de gouvernement qui avait été assassiné, «cela lui fit comme un choc qui l'amena à se concentrer sur ses problèmes personnels plutôt que sur ceux du pays», raconte Marcel Massé.

Le directeur de cabinet du premier ministre, qui l'accompagne dans son voyage, décrit lui-même son patron comme un homme «sombre, très fatigué, psychologiquement ébranlé».

Le voyage en Israël n'était qu'un détour sur un long chemin devant emmener Jean Chrétien en Nouvelle-Zélande, pour un Sommet des pays du Commonwealth, puis au Japon pour un Sommet de l'Association des pays d'Asie et du Pacifique.

Tout au long de ce périple de deux semaines, en particulier aux funérailles de Rabin, il parle à une trentaine de chefs d'État et de gouvernement qui n'ont qu'une question pour lui: «Ce référendum sur la "séparation" du Québec, comment cela a-t-il pu se produire chez vous?» demandent-ils.

Certains sont incrédules: «Dans un pays aussi riche que le Canada, cela n'a pas de sens!» disent les Asiatiques. D'autres se montrent carrément choqués: «De quoi avez-vous donc peur? Nous, nos séparatistes, on s'en occupe!» dit l'Espagnol en pensant à ses Basques. Le Secrétaire général des Nations Unies, l'Égyptien Boutros Boutros Ghali, le prend même à partie: «Comment pouvez-vous laisser faire cela? Si vous acceptez des sécessions aussi facilement que cela, il va y avoir 500 nouveaux États et le monde sera ingouvernable...» Un autre chef d'État lui dit enfin: «Comment pouvez-vous accepter une sécession qui se décide à la moitié des suffrages exprimés plus une voix?»

«Quand il est revenu de son voyage de deux semaines, raconte Marcel Massé, le premier ministre n'avait plus le même sentiment d'urgence que nous. Il y avait comme un décalage entre lui et nous.»

Après avoir paniqué et s'être dit prêt à faire des concessions importantes au Québec pour désamorcer la crise, Jean Chrétien admoneste maintenant ses ministres: «Wow! Le reste du monde ne voit pas la situation comme nous. En fait, plusieurs de mes collègues m'ont dit de répondre aux séparatistes québécois: on ne se laissera pas faire comme ça!»

Tout en laissant ses ministres réfléchir sur la meilleure façon de répondre aux griefs des Québécois, Jean Chrétien prépare un «plan B», celui qui, croit-il, épargnera à jamais au Canada un autre référendum sur la sécession.

À Ottawa, tout le monde a remarqué pendant la campagne référendaire un jeune professeur d'université souvent invité par les réseaux de télévision pour défendre la cause fédéraliste. Ce jeune professeur porte un nom connu: celui d'un des sociologues les plus respectés du Québec, confident de tous les premiers ministres, professeur à l'Université Laval de Québec, Léon Dion.

Stéphane Dion se trouve à l'Université d'Ottawa le 25 novembre, participant à une conférence sur la campagne référendaire du mois précédent. Il dresse, comme beaucoup d'autres d'ailleurs, un bilan sévère de la stratégie de Jean Chrétien: «Les promesses faites *in extremis* (dans le discours de Verdun et à la télévision) n'ont pas aidé la cause du Non, dit-il. Au contraire, les contradictions au sein du camp fédéraliste et le manque de clarté de ces promesses ont probablement convaincu des électeurs d'opter pour le Oui.»

C'est ce jour-là que Jean Chrétien le rejoint au téléphone et, profitant de sa présence à Ottawa, l'invite aussitôt à déjeuner à sa résidence officielle. On se doute que le premier ministre a du mal à convaincre le jeune professeur d'université de se joindre à son équipe! Celui-ci lui suggère même de recruter plutôt Pierre Pettigrew – ce que le premier ministre fait, d'ailleurs, se retrouvant avec deux jeunes recrues du Québec – et il a l'incroyable audace de poser ses conditions sur la façon dont il envisagerait son rôle à Ottawa dans une longue lettre à son futur patron!

Dès le retour de Jean Chrétien après son long périple en Asie, il est donc clair que les partisans de la ligne dure au sein du gouvernement fédéral auront le droit de s'exprimer. Ils auront même leur champion en la personne de Stéphane Dion qui, président du Conseil privé de la reine et ministre des Affaires intergouvernementales, prend carrément la place de Marcel Massé.

Jean Chrétien coupe aussi au plus court pour remplir ses promesses de la campagne référendaire.

La reconnaissance solennelle, par la Chambre des communes, que «le Québec forme au sein du Canada une société distincte» fait l'objet d'une simple résolution qui ne lie que le gouvernement de l'époque. Elle «incite» les pouvoirs législatifs et administratifs à «prendre note» de cette reconnaissance et à «se comporter en conséquence». Des vœux pieux en somme, qui resteront sans lendemain.

Marcel Massé, qui parrainait cette résolution, explique qu'il était pratiquement impossible à l'époque de faire mieux en aussi peu de temps et surtout en évitant un débat qui risquait de déraper. Seuls le Bloc québécois et le Parti réformiste se sont opposés à la résolution.

Puis l'offre d'un droit de veto au Québec se concrétise par un court projet de loi – lui aussi susceptible d'être remis en cause en tout temps par un autre gouvernement – obligeant le Parlement du Canada à solliciter la permission des assemblées législatives provinciales des cinq régions du Canada – les Maritimes, le Québec, l'Ontario, l'Ouest, et la Colombie-Britannique – pour modifier leurs compétences constitutionnelles.

Ironiquement, Jean Chrétien n'a pas demandé la permission des régions, encore moins celle de provinces récalcitrantes comme l'Alberta et Terre-Neuve, avant de présenter son projet de loi. «C'est la période des Fêtes, ce n'est pas le temps d'être controversé», dit-il lorsque cette loi est adoptée aux Communes, le 14 décembre 1995.

Quant à la nouvelle répartition des compétences provinciales, elle attendra un peu plus longtemps. La machine à sondages du gouvernement fédéral travaille sans relâche à Ottawa et, selon Marcel Massé, elle découvre plusieurs choses importantes: les Canadiens veulent voir du changement, rapidement, mais ils ne souhaitent pas que le gouvernement central «vende la boutique», comme dirait Jean Chrétien. En fait, dans l'administration des programmes sociaux comme l'assurance santé, les Canadiens voient pour le gouvernement fédéral un rôle de «fiduciaire» qui mettra ces programmes sociaux à l'abri des gouvernements d'extrême droite comme ceux de Mike Harris en Ontario ou de Ralph Klein en Alberta. C'est un «recentrage» de la fédération que prépare maintenant le ministre Lloyd Axworthy, plutôt qu'une véritable décentralisation.

Au crédit de Jean Chrétien, il faut reconnaître que pendant toute cette période troublée, le gouvernement libéral est resté uni, et son chef incontesté. Mais à l'extérieur du parti, le «petit gars de Shawinigan» est fortement critiqué.

Au cours des traditionnels entretiens télévisés de fin d'année, le premier ministre tient des propos bizarres. Il en reste à son interprétation rassurante des événements de l'automne 1995: «Il ne faut pas s'en faire [...] Nous avons gagné le référendum et le bilan, c'est deux à zéro, on est dans une bonne position.» Il est bien le seul à voir la réalité de cette façon!

Il refuse de dire ce qu'il fera s'il y a un troisième référendum sur la souveraineté du Québec. «Dites-moi lorsqu'il y aura un autre référendum et je vous dis que nous serons prêts, lance-t-il, excédé, aux journalistes qui l'interrogent. Il n'y a aucun problème, ce n'est rien. Qu'est-ce qu'un référendum après tout? C'est une campagne de trente-cinq jours, c'est tout!»

Puis il revient sur «l'attentat» du 5 novembre à sa résidence officielle du 24 Sussex. «Si Dieu a épargné ma vie, c'est parce que je veux la consacrer à la cause du Canada!»

Le chef du Parti réformiste, Preston Manning, s'interroge carrément sur la santé mentale du chef du gouvernement! Il se demande s'il n'est pas *screw loose*, s'il ne lui manque pas une case, dirait-on en français! Puis il va encore plus loin: il réclame la «destitution» du chef du gouvernement en invoquant son «irrationalité» politique et constitutionnelle. «Le premier ministre devrait démissionner dans l'intérêt de l'unité nationale», affirme Manning en demandant au Comité permanent de la procédure et des affaires de la Chambre des communes qu'une requête soit adressée au gouverneur général, le chef de l'État canadien, pour que le chef du gouvernement soit destitué.

«Monsieur le premier ministre, ne devriez-vous pas songer à démissionner?» lance en direct à CBC, la télévision nationale de langue anglaise, une participante à l'émission spéciale de fin d'année.

Et la grande presse de Toronto s'en mêle: «Le Québécois qui nous dirige a perdu le contact avec sa propre province», écrit le *Globe and Mail*. «Le premier ministre doit partir: il est désemparé et n'a pas les ressources intellectuelles pour se ressaisir», renchérit le *Toronto Star*. Un rapport confidentiel de l'aile québécoise du Parti libéral du Canada se retrouve même dans *Le Soleil*: «Chrétien est un boulet!»

C'est à cette période, le jeudi 15 février 1996, que se produit un incident unique dans les annales politiques canadiennes. Alors qu'il participe à la Journée du drapeau, au parc Jacques-Cartier à Hull, Jean Chrétien empoigne un manifestant par le collet et l'écarte brutalement de son chemin. Le pauvre Bill Clennett se retrouve avec une dent cassée mais refuse toute indemnité de la part de la Gendarmerie royale qui assure la protection du premier ministre. «On est pris à la gorge! lance Clennett. Ce sont des emplois qu'il nous faut!»

Mais si Jean Chrétien inquiète, c'est surtout qu'il ne fait pas le poids devant Lucien Bouchard qui s'apprête à devenir, le 29 janvier 1996, premier ministre du Québec.

Discrètement, des hommes d'affaires importants font pression sur le chef du gouvernement du Canada, non pas pour qu'il se retire, car on ne peut tout de même pas lui demander cela deux ans après son arrivée au pouvoir, mais pour qu'il s'efface devant d'autres. La contestation est assez sérieuse pour que des organisateurs libéraux de Toronto remettent la machine de Paul Martin en marche... Nous sommes en décembre 1995! Et on rêve aussi, pour la première fois, au tandem idéal qui sauvera le Canada: «Paul Martin à Ottawa et Jean Charest à Québec!» Comme quoi certaines grandes manœuvres sont préparées de longue date...

Le vrai coup de semonce, c'est le président du prestigieux Conseil canadien des chefs d'entreprises et de l'influent Conseil pour l'unité canadienne qui le donne. Je déjeune avec Guy Saint-Pierre, l'ancien ministre de Robert Bourassa, devenu président de SNC-Lavalin ce jour-là. L'homme, qui a déjà transmis le message en personne à Jean Chrétien, en compagnie d'une demi-douzaine des plus puissants hommes d'affaires du pays, décide de le rendre public.

«Il y a un engouement pour Lucien Bouchard avec lequel il faut vivre, me dit-il. Bouchard est le seul qui puisse vendre quelque chose aux Québécois.» Le propos ne me surprend guère puisque Marcel Massé l'a déjà tenu devant moi, sauf que le ministre fédéral attribue cela, quant à lui, à «des médias très péquicisants».

Saint-Pierre, qui n'ose peut-être pas me tenir les mêmes propos, avance cependant une explication plus plausible: «Je ne pense pas que Jean Chrétien soit capable de vendre quoi que ce soit au Canada anglais ou au Québec. S'il délègue suffisamment, il aura cependant sa place dans l'Histoire pour avoir trouvé une solution pendant qu'il était premier ministre.»

Entre un chef de l'Opposition qui veut le «destituer» et un président du Conseil pour l'unité canadienne qui lui demande de «s'effacer», le pauvre «petit gars de Shawinigan» doit commencer à se poser des questions. Après quelques parcours de golf en Floride, il va se ressaisir, passer à la contre-attaque. Il brandit désormais aux Québécois un bâton et une carotte...

Le 25 janvier 1996, il accueille Stéphane Dion – de même que Pierre Pettigrew – à son Conseil des ministres. C'est l'homme au bâton en quelque sorte, celui qui avait dit à Toronto, juste avant la campagne référendaire, que «plus ça va faire mal, plus l'appui à la souveraineté va diminuer»!

À partir de l'arrivée de Dion à Ottawa, le dossier de l'unité canadienne est confié à une «troïka» de ministres: Allan Rock (Justice) et Stéphane Dion (Affaires intergouvernementales), les deux faucons, et Marcel Massé (Trésor), la colombe. Il suffit de lire le Discours du Trône, quatre semaines plus tard, pour deviner quelle tendance a gagné.

«Tant qu'il sera question d'un autre référendum au Québec, lit-on en effet, le gouvernement (du Canada) s'acquittera de sa responsabilité, qui est de s'assurer que l'on joue cartes sur table, que les règles sont équitables, que les conséquences sont clairement énoncées et que les Canadiens, où qu'ils vivent, ont leur mot à dire sur l'avenir de leur pays...»

Comme toujours lorsqu'il prépare un coup de force, le gouvernement fédéral demande à la Cour suprême de lui donner sa bénédiction. Et en 1996, il aura deux occasions plutôt qu'une de le faire.

Ottawa décide d'abord d'appuyer un avocat de Québec, Guy Bertrand, qui conteste devant la Cour supérieure le droit du Québec de déclarer unilatéralement sa séparation du reste du Canada. Puis le ministre de la Justice pose lui-même à la Cour suprême du Canada une double question: est-ce que la déclaration unilatérale d'indépendance d'une province avec le reste du Canada est conforme à la Constitution? Et est-ce que cette déclaration d'indépendance est conforme au droit international?

Dans le fond, le gouvernement de Jean Chrétien vérifiait l'hypothèse du secrétaire général des Nations Unies: l'indépendance du Québec entraînerait-elle une vague de sécessions à travers le monde, provoquant l'apparition «d'au moins 500 nouveaux États»? Marcel Massé semble bien avoir déjà accepté l'argument : « J'ai rencontré des Catalans et je peux te dire qu'ils attendent seulement qu'on prouve que la démarche québécoise fonctionne pour l'essayer eux-mêmes ! »

Un peu cyniquement d'ailleurs, cet homme qui tient maintenant les cordons de la bourse à la présidence du Conseil du Trésor évoque une nouvelle stratégie pour le Québec. Le gouvernement de Jean Chrétien attendra en effet que le gouvernement de Lucien Bouchard présente son premier budget, assorti de compressions sévères dans les secteurs de l'éducation et de la santé, pour sortir la carotte fédérale.

« Les préoccupations des gens sont très concrètes, m'explique-t-il : quand Bouchard va devoir couper, nous à Ottawa nous pourrons démontrer que nous avons les moyens de préserver l'avenir des programmes sociaux. »

Mais il ne suffit pas de menacer les Québécois, voire de leur dire qu'ils sont trop pauvres pour se passer de l'argent du gouvernement fédéral, il faut les séduire aussi. Et pour cela, il faut contourner l'obstacle d'une presse « québécisante ». C'est alors que j'apprends – le jour de la Fête du Canada ! – une nouvelle qui fait bien vite le tour du pays…

Marcel Massé m'avait expliqué lui aussi que le message du gouvernement fédéral ne passait pas au Québec. « Cela nous prend un *quick response team.* » Il veut parler d'une sorte de commando comme Pierre Trudeau en avait mis un sur pied, sous la direction de Paul Tellier, après la première élection d'un gouvernement du Parti québécois en 1976. « On ne peut se contenter de ces revues de presse qu'on nous remet très tôt le matin. Il faut quelque chose de plus élaboré et cela prend une organisation considérable, des gens qui connaissent la politique, qui analysent les journaux, les déclarations des uns et des autres. Et il faut que ces gens-là préparent des réponses, qu'ils s'assurent qu'il y ait un porte-parole, un ministre, un député ou un membre de l'organisation locale… Tu vois, cela prend beaucoup de monde. »

Ainsi va naître ce qui s'appelait d'abord l'Agence de promotion de l'identité canadienne et qui devint par la suite le
Bureau d'information du Canada (le BIC), puis Communication Canada, dotés de budgets de 25, 50, plus de 100 millions
de dollars.

Très vite, il m'apparaît qu'il s'agit d'une véritable
«Agence à drapeaux» – qu'elle distribuera généreusement
d'ailleurs! – tant il est vrai que son premier objectif est de
mieux renseigner les Québécois sur les bénéfices du fédéralisme. Rattachée au ministère du Patrimoine de Sheila Copps
et dirigée par un sous-ministre adjoint, cette agence se lancera
dans des études de contenu des médias, préparera des répliques pour les ministres et les députés, développera des stratégies de publicité pour combattre «les vieux mythes» que
propagent les leaders séparatistes et les médias du Québec.

Il y a là le premier embryon du futur «Programme de
commandites» dont on parlera tant dans les derniers mois
du gouvernement de Jean Chrétien…

CHAPITRE 12

L'acharné

Par un beau matin de printemps, le «petit gars de Shawinigan» décide de se rendre à son bureau à pied. De l'autre côté de la rivière des Outaouais, il voit un resplendissant soleil se lever au-dessus du Québec…

— Bonjour, monsieur Soleil, dit le premier ministre en regardant le ciel. Que dit-on de moi aujourd'hui?

— Que vous êtes le meilleur premier ministre du Canada, répond le soleil.

Cela met le premier ministre d'excellente humeur. Il passe une si belle journée que, le soir venu, il décide de rentrer à pied à sa résidence officielle.

— Bonsoir, monsieur Soleil. Que dit-on de moi aujourd'hui?

— Que vous êtes le pire premier ministre que le Canada ait jamais eu!

— Mais, monsieur Soleil, comment cela se peut-il? Ce matin, vous disiez que j'étais le meilleur…

— C'est que ce matin, j'étais à l'Est. Ce soir, je suis à l'Ouest, dit le soleil…

Telle est la parabole que me racontait en 2001, dans son bureau de Regina, le chef du Saskatchewan Party, Elwin Hermanson. J'aurais aussi bien pu l'entendre à Edmonton ou à

Victoria. Et on aurait tout aussi bien pu me la conter en 1981, à propos de Pierre Elliott Trudeau. Ou de Brian Mulroney en 1991...

Est-ce donc le sort de tous les chefs libéraux que d'être autant détestés dans l'Ouest? Est-ce donc le lot de tous les premiers ministres que d'être tant maudits après deux mandats au pouvoir?

Et dire que Jean Chrétien va s'accrocher à son troisième, menaçant même d'en réclamer un quatrième!

Le «petit gars de Shawinigan» va diriger le gouvernement du Canada pendant plus de huit années après la débâcle référendaire d'octobre 1995. Et pendant tout ce temps, les élites du pays vont l'affubler des pires critiques, réclamer son départ!

Pourtant, aucun premier ministre n'a été aussi populaire aussi longtemps. Au début de 2003, à soixante-neuf ans, après quarante ans aux Communes, treize ans à la tête du Parti libéral et près de dix ans comme premier ministre, il est toujours le premier.

Ce doit être pour cela qu'il aime tant faire appel au peuple, tous les trois ans et demi en moyenne, voire moins que cela comme en 2000 lorsqu'il déclenche des élections générales trois ans et cent quarante-deux jours après sa réélection de 1997. La Constitution lui permet pourtant de gouverner pendant cinq ans mais, en précipitant les choses, il ne laisse pas aux oppositions le temps de se remettre de leur défaite précédente ni de se réorganiser.

On peut d'ailleurs mesurer les succès politiques de Jean Chrétien au nombre des adversaires auxquels il a survécu. En dix ans de pouvoir à Ottawa, il aura vu 12 chefs de partis d'opposition différents assis en face de lui aux Communes. Et il aura «passé» trois premiers ministres souverainistes à Québec. Cela aussi, c'est un record absolu!

Avec le temps cependant, les électeurs deviennent désabusés et se donnent de moins en moins la peine d'aller aux

urnes. Les Canadiens ont voté dans une proportion de 75,3 %
en 1988, puis de 69,6 % en 1993, puis de 67 % en 1997 et
d'aussi peu que 61,2 % en 2000. Les libéraux de Jean Chrétien
ont ainsi pu gouverner le pays avec l'appui du quart des
Canadiens en âge de voter!

Jean Chrétien rit cyniquement de tout cela. L'essentiel
pour lui est de battre des records avec trois majorités consé-
cutives – faire mieux que Pierre Trudeau et que Brian Mulroney! – et de gouverner selon son bon plaisir. «Après moi le
déluge», semble-t-il dire à ses détracteurs.

Pourquoi changerait-il d'ailleurs? Le 2 juin 1997, il hérite
d'un véritable «parlement à l'italienne», avec quatre partis
d'opposition devant lui. Mais il n'y a pas de quoi pavoiser:
avec ses 155 députés, il n'a que cinq voix de majorité sur les
60 réformistes, les 44 élus du Bloc, les 21 néo-démocrates et
les 20 conservateurs. Et les 38 % de suffrages qu'il a obtenus
ne représentent que 25,4 % de tous les électeurs inscrits.

Au Québec, d'ailleurs, les candidats de Jean Chrétien
obtiennent encore une fois moins de voix que ceux de Gilles
Duceppe. Décidément, les Québécois ne sont pas encore
prêts à pardonner au «petit gars de Shawinigan»!

C'est tout de même une deuxième victoire consécutive,
ce que Pierre Trudeau n'a jamais réussi à obtenir pendant ses
seize ans de règne à la tête du Parti libéral du Canada. Pourtant, c'est... Paul Martin que le magazine *Time* désigne
comme la personne qui a marqué l'année 1997. Cette année-
là en effet, le gouvernement fédéral enregistre un premier
excédent budgétaire. «Au moment où d'autres leaders soucieux de pratiquer l'austérité budgétaire perdaient leur majorité, le programme de M. Martin a contribué à assurer un
autre mandat au gouvernement du premier ministre Jean
Chrétien», commente le prestigieux magazine. Autrement
dit, Jean Chrétien doit sa victoire à son ministre des Finances.

Si le magazine n'avait été américain, il aurait aussi bien
pu accorder le titre au ministre des Affaires étrangères, Lloyd

Axworthy, qui pilote l'adoption à Ottawa, par 121 pays mais sans les États-Unis, d'un Traité pour l'interdiction des mines antipersonnel. C'est une belle victoire de la diplomatie canadienne tout de même, qui vaut d'ailleurs au ministre d'être mis en nomination pour le prix Nobel de la Paix, mais qui ne rejaillit pas sur Jean Chrétien.

Après deux mandats consécutifs, un premier ministre canadien devient une sorte de *has been*, un chef en sursis. On s'intéresse déjà à la succession. Tout le monde admet que Jean Chrétien ait envie de célébrer l'arrivée de l'an 2000 au pouvoir, mais les machines politiques se préparent déjà en vue d'un congrès à la direction du Parti libéral du Canada qui devrait survenir dans le courant de cette année-là.

Jean Chrétien aime prolonger l'incertitude sur son avenir : « J'ai été élu pour cinq ans et j'entends mener mon mandat à terme. Je serai premier ministre jusqu'à ce que je tombe malade. » Et il dresse lui-même son bilan de santé : « Je dévale [*sic*!] encore les marches d'escalier pour me rendre à mon bureau, je nage et je joue au golf. Je n'ai pas tous mes cheveux mais, à soixante-trois ans, ils ne sont pas tous gris. Et regardez – dit-il en se tapant le ventre ! – j'ai encore à peu près le même poids ! »

Mais le premier ministre est-il encore sain d'esprit ? On a le droit de se poser la question puisqu'un sérieux magazine anglais – *Saturday Night* – entreprend d'expliquer « pourquoi Jean Chrétien a souvent l'air mêlé » !

Battant le rappel des experts de l'Université McGill à Montréal, l'auteur de l'article, Brad Evanson, raconte ainsi que lorsque le premier ministre a évoqué le danger, pour les enfants, de jouer avec des armes nucléaires à la maison (!), il venait d'apprendre que son fils, Michel, avait de nouveau des démêlés avec la justice.

Encore en 1997, à Vancouver cette fois, la police fédérale a copieusement arrosé de poivre de Cayenne les manifestants venus protester contre la participation de quelques dictateurs au Sommet des pays d'Asie et du Pacifique. «Moi, le poivre, c'est quelque chose que je mets dans mon assiette», dit Jean Chrétien en mimant le geste. Puis, comme sa plaisanterie passe très mal, il tente de se rattraper en disant que c'est tout de même moins brutal que de se faire assommer par un *bat* de baseball, ou de se faire renverser par des canons à eau, ou de suffoquer à cause des gaz lacrymogènes... On ne manque pas de moyens contre les manifestants!

Jean Chrétien, lui, se fait *entarter* à l'Île-du-Prince-Édouard. La crème fouettée a tout de même meilleur goût que le poivre de Cayenne! Le «petit gars de Shawinigan» aura donc tout vu dans sa longue carrière politique. Il fut un temps où les premiers ministres – Pierre Trudeau en l'occurrence – disaient aux manifestants d'aller «manger de la marde»! Et où les ministres de l'Agriculture – Eugene Whelan – se faisaient jeter du lait à la figure. À la fin des années 1990, les protestataires se font arroser de poivre de Cayenne et les premiers ministres de crème fouettée...

Cela ne va pourtant pas si mal au Canada à cette époque-là. En 1998 par exemple, il s'est créé 450 000 emplois et Ottawa – après avoir promis de ne plus abuser de son pouvoir de dépenser pendant la campagne référendaire au Québec... – peut désormais se lancer dans toutes sortes de nouveaux programmes très populaires comme les Bourses du millénaire, un autre Programme d'infrastructures, ainsi que des investissements considérables dans la santé.

Mais il ne se passe pas non plus d'année, voire de mois, sans qu'une bourde de Jean Chrétien vienne faire oublier les plus grandes réussites de son gouvernement. Il donne l'une de ses plus pitoyables performances à l'occasion d'un dîner-bénéfice à 450 $ le couvert qui se tient à l'*Hôtel Reine-Elizabeth* de Montréal au printemps de 1999. Se mettant soudain à improviser en français après avoir évoqué, en anglais, le long conflit qui perdure en Yougoslavie, il veut évoquer les dangers du nationalisme ethnique: «Il faut se méfier, dit-il, des gens qui disent qu'il faut que la terre soit couverte par le même sang…» Les convives, d'importants bailleurs de fonds du Parti libéral, ont tenté de traduire la phrase en anglais pour essayer de comprendre ce qu'il voulait dire!

Au printemps de l'an 2000, le premier ministre du Canada entreprend un premier voyage officiel en Israël. Visitant Jérusalem, il se fait reprocher de ne pas aller dans la partie est de la ville, considérée comme une capitale par les Palestiniens. «Je ne sais pas où je suis! s'excuse-t-il. Au nord, au sud, à l'est ou à l'ouest, c'est la même chose.»

Plus tard, dans les territoires sous administration palestinienne mais encore sous occupation israélienne, Jean Chrétien y va d'un invraisemblable conseil au président Yasser Arafat: «Si vos négociations avec Israël échouent, vous seriez justifiés de déclarer l'indépendance unilatéralement. Cette menace serait une bonne technique de négociation!»

Au Canada, les membres de la communauté juive sont catastrophés. Au Québec, les souverainistes pouffent de rire…

«Chaque fois que Jean Chrétien ouvre la bouche, il se met les pieds dans les plats», ose écrire l'éditeur du *Brandon Sun,* résumant assez bien l'opinion générale des commentateurs du Canada anglais.

Il n'est pas exagéré de dire qu'à partir de sa réélection de 1997, Jean Chrétien ne pense qu'à régler deux vieux comptes: l'un avec le Québec et l'autre avec Paul Martin. Ses bons coups ne sont désormais perçus que comme des expédients pour mousser sa popularité personnelle, gagner une autre élection ou se faire une place dans les livres d'histoire.

Dans l'un et l'autre cas, contre le Québec et contre Paul Martin, il sera certes vainqueur aux points, mais sans réussir à envoyer l'adversaire au tapis.

En 1998, les sages de la Cour suprême du Canada lui fournissent une bonne raison de s'intéresser à nouveau au cas du Québec. Les juges ne penchent plus «toujours du même côté» comme disait René Lévesque, ils oscillent plutôt d'un extrême à l'autre! En réponse aux questions que leur posait Stéphane Dion en effet, ils suggèrent que le Québec n'a pas le droit de se séparer unilatéralement du Canada. Par contre, la province pourrait se séparer *de facto* si son gouvernement obtenait une majorité claire de Oui à une question claire. Et dans ce cas, Ottawa et les autres provinces auraient l'obligation de négocier les modalités de la sécession. Un jugement à la Salomon en somme...

Lucien Bouchard ne pourra donc pas se servir de ce nouveau diktat de la Cour suprême pour soulever les Québécois contre Ottawa et gagner ses élections. D'ailleurs, il fait face à un nouveau chef de l'Opposition, Jean Charest, que l'on croit plus coriace que Daniel Johnson.

Un vrai «messie», ce Charest, que les milieux d'affaires et les fédéralistes du Québec ont littéralement conscrit. Mais il devait bien se douter que la partie ne serait pas facile pour lui. En juin 1996, commentant les difficultés de Robert Bourassa avec Pierre Elliott Trudeau, il m'avait lui-même confié: «Ce qui frappe dans l'histoire des libéraux du Québec, c'est qu'ils n'ont jamais bénéficié de la présence du grand frère libéral à Ottawa. Et le pire, c'est que l'histoire se répète: le plus grand adversaire de Daniel Johnson, c'est Jean Chrétien.»

Le «petit gars de Shawinigan» sera aussi son pire ennemi à lui! À la veille du déclenchement des élections au Québec, Jean Chrétien a en effet l'audace d'affirmer à *La Presse* que «la Constitution n'est pas un magasin général!» Autrement dit, que Jean Charest ne s'attende pas à des concessions de sa part!

Le Parti libéral du Québec aurait sans doute perdu l'élection du 30 novembre 1998 de toute manière, mais le «grand frère libéral à Ottawa » ne l'a pas aidé non plus ! Le Parti québécois obtient 76 sièges à l'Assemblée nationale et le Parti libéral, 47. Mais avec 43,55 % des suffrages exprimés, le PLQ devance le PQ – 42,87 % – par 27 618 voix.

Le rêve des gens d'affaires du Québec après la débâcle référendaire – « Martin à Ottawa et Charest à Québec » – n'est pas près de se réaliser !

C'est encore une fois une situation idéale pour Jean Chrétien : des souverainistes forment le gouvernement du Québec – il sera donc plus facile de le bousculer ! – mais ils sont tellement affaiblis qu'il n'y a plus lieu de craindre la tenue d'un autre référendum.

Profitant de la situation, le gouvernement fédéral présente donc son fameux projet de loi C-20 « donnant effet à l'exigence de clarté formulée par la Cour suprême du Canada dans son avis sur le renvoi sur la sécession du Québec ». Le projet de loi investit le Parlement fédéral du pouvoir d'approuver le texte de la prochaine question référendaire et de déterminer si les résultats sont assez clairs pour justifier des négociations sur la sécession du Québec.

C'est une sorte de loi du cadenas contre laquelle Lucien Bouchard tente, mais en vain, de mobiliser les Québécois. Comme après les négociations constitutionnelles de novembre 1981, les souverainistes espèrent tout au moins donner une leçon à Jean Chrétien à l'occasion des élections fédérales du 27 novembre 2000, en faisant élire une majorité de souverainistes québécois aux Communes. C'est plutôt le « petit gars de Shawinigan » qui va donner la leçon, tellement humiliante d'ailleurs pour Lucien Bouchard qu'il va rapidement constater son échec et se retirer de la vie publique.

Au Québec en effet, les candidats de Jean Chrétien vont recueillir 1 529 642 voix (44,2 %) et ceux du Bloc québécois de Gilles Duceppe 1 377 727 voix (39,9 %). Le résultat est sans appel : après la loi dite de « la clarté référendaire » et cette victoire électorale, c'est deux à zéro contre les souverainistes pour Jean Chrétien !

Mais au fait, pourquoi y a-t-il eu des élections en 2000 ? Jean Chrétien ne devait-il pas plutôt se retirer cette année-là ? C'était compter sans la légendaire opiniâtreté du « petit gars de Shawinigan »….

Paul Martin s'était résigné à attendre l'an 2000 pour devenir premier ministre du Canada. Une sorte de trêve s'était installée entre le premier ministre et son ministre des Finances. Un pacte avait même été conclu. Mais peu de temps avant un congrès du Parti libéral du Canada, en mars 2000 à Ottawa, les choses se précipitent.

Un groupe de 23 députés, inquiets pour leurs chances de réélection, se réunissent dans un hôtel de Toronto avec les principaux adjoints de Paul Martin. Jean Chrétien croit qu'une mutinerie s'organise contre lui. C'en est peut-être une d'ailleurs. Ce sera en tout cas un prétexte pour le « petit gars de Shawinigan » de convaincre sa femme, Aline, qu'il n'est pas encore temps de se retirer et qu'il doit plutôt lancer une autre campagne électorale.

Cela sent la poudre dans les couloirs du Centre des congrès d'Ottawa en ce week-end de mars 2000. Les pauvres députés qui osent braver ouvertement le chef se font traiter de « traîtres ». Jean Chrétien lui-même, lorsqu'il rencontre un député ou un organisateur important dont il sait qu'il favorise Paul Martin, lui plante un doigt accusateur sur la poitrine et lui dit, d'un ton menaçant : « Toi, je sais que tu travailles pour Paul Martin ! »

Le « petit gars de Shawinigan » se conduit maintenant comme un « parrain », sollicitant le serment d'allégeance et proférant des menaces à peine voilées. La nervosité des principaux conseillers du chef est telle que lors d'une réception, où je suis pourtant l'invité du ministre Alfonso Gagliano, lieutenant politique de Jean Chrétien, je suis invectivé par

Jean Pelletier, directeur du cabinet du premier ministre. «Sale pute!» me lance-t-il, devant un groupe de militants libéraux ébahis.

Il est clair alors que Jean Chrétien se comporte comme un chef menacé. Mais est-il en sursis?

Un premier ministre – surtout lorsque son gouvernement accumule les excédents budgétaires par milliards de dollars – a virtuellement toutes les cartes dans son jeu. Et Jean Chrétien sait jouer…

Au cours de l'été, il prépare un plan machiavélique: il offrira une vingtaine de milliards de dollars aux provinces au cours d'une grande Conférence des premiers ministres sur le refinancement de la santé publique, et il convaincra Paul Martin de présenter un mini-budget assorti de réductions d'impôts massives. Avec cela, comment aurait-il pu se faire battre?

Le 27 novembre 2000, le Parti libéral augmente sa proportion des suffrages exprimés à 40,8 % et le nombre de ses sièges aux Communes à 172. Les autres partis n'ont que des miettes: 66 sièges pour l'Alliance canadienne qui remplace le Parti réformiste, 38 pour le Bloc québécois, 13 pour les néo-démocrates et 12 pour les conservateurs.

C'est le «tour du chapeau», dirait-on d'un joueur de hockey. Les records de Mackenzie King, de Wilfrid Laurier et de John A. Macdonald sont égalés!

«Nous avons tellement d'excédents budgétaires que les électeurs doivent nous dire quoi en faire», a lancé Jean Chrétien le jour du déclenchement de la campagne électorale. Les électeurs n'ont pas eu grand-chose à dire. En fait, c'est Aline Chrétien qui explique, indirectement, la vraie raison de cette élection pour le moins prématurée: «Quand j'ai vu qu'il voulait faire des élections, j'ai convenu que ce n'était pas un mauvais moment…»

«Faire des élections» au bon moment, c'est une raison comme une autre en effet. En cette année 2000, à l'aube du

XXIe siècle, le chef du Parti libéral avait-il un avenir à proposer au pays ? Des rêves à partager avec ses concitoyens peut-être ? Non ! Le « petit gars de Shawinigan » voulait simplement « faire des élections ». Pour les gagner. Pour battre un autre record.

De toute manière, cette victoire de Jean Chrétien en l'an 2000 allait être éclipsée, quelques semaines avant le déclenchement de la campagne électorale, par le décès de Pierre Elliott Trudeau. Les pages des journaux et des magazines sont remplies d'hommages à l'ancien premier ministre et la comparaison qu'ils provoquent inévitablement avec la performance de Jean Chrétien n'est guère flatteuse pour le « petit gars de Shawinigan ».

Il règne, depuis 1999, comme une odeur de fin de régime autour du gouvernement de Jean Chrétien. Le *National Post*, encore propriété de Conrad Black – biographe de Maurice Duplessis mais grand détracteur de l'actuel député de Saint-Maurice –, s'acharne à déterrer de vieilles histoires de conflits d'intérêts et d'obscures interventions auprès des administrateurs du Programme temporaire de création d'emplois du ministère des Ressources humaines et de la Banque fédérale de développement en faveur d'entrepreneurs de la circonscription du « petit gars de Shawinigan ».

Il ne s'agit certes pas de sommes considérables – environ sept millions de dollars pour le programme de création d'emplois et des prêts de l'ordre du million de dollars dans le cas de la Banque fédérale de développement –, mais elles révèlent à quel point, quand on en vient au favoritisme, le sens moral du chef du Parti libéral du Canada devient douteux.

Car enfin, qu'un député intervienne pour un hôtel de sa circonscription parce qu'il va attirer des touristes et participer à la création d'emplois, il n'y a là rien de répréhensible en soi. Le Programme temporaire de création d'emplois a d'ailleurs été conçu pour cela : permettre aux membres de la Chambre des communes de participer à la distribution de la manne fédérale. Que l'homme d'affaires ainsi favorisé verse une « ristourne » à la caisse électorale du parti au pouvoir, c'est courant et cela se passe ainsi sous tous les régimes. Qu'un premier ministre soit aussi un député, cela va de soi. Et qu'il se conduise comme un (bon ?) député, on peut s'y attendre quand celui-ci s'appelle Jean Chrétien.

Si le « petit gars de Shawinigan » a dû se mêler personnellement de cette affaire, c'est tout simplement que le cas d'Yvon Duhaime – le propriétaire de l'*Auberge Grand-Mère* – était indéfendable. Condamné à trois reprises pour infractions au Code criminel, il n'en a pas fait état dans sa demande de prêt à la Banque de développement du Canada. Il a été poursuivi par plusieurs fournisseurs pour factures impayées. Après avoir reçu son prêt de 615 000 $ de la BDC, il lui a envoyé plusieurs chèques sans provision. Bref, il ne se qualifiait auprès d'aucune institution financière, pas même une Banque fédérale.

Les rapports du premier ministre lui-même avec un homme aussi peu recommandable sont pour le moins curieux. Duhaime avait en effet racheté de Jean Chrétien une part dans le terrain de golf adjacent à son auberge. Ce terrain acheté en 1988 pour la somme de 1 million de dollars, a été revendu, cinq ans plus tard, pour la somme de 525 000 $. Mais on n'a jamais su si M. Chrétien avait été payé. S'il en était encore propriétaire, il serait effectivement coupable de conflit d'intérêts. Même libéré de sa créance, il ne s'en est pas moins placé en situation « apparente » de conflit d'intérêts. C'est ce que Jean Chrétien refuse de comprendre. Au contraire, il se vante de son rôle dans les circonstances les plus étranges…

Retour en 1996, au moment du départ de Lucien Bouchard d'Ottawa pour Québec : le chef de l'Opposition tient à faire une dernière visite de courtoisie au premier ministre.

Les deux hommes ont échangé des propos très durs pendant la campagne référendaire de l'année précédente. L'un est premier ministre du Canada, l'autre sera bientôt premier ministre du Québec. L'un veut sauver le Canada, l'autre le briser. Mais de quoi parlent-ils donc lors de cette rencontre?

De la construction d'un nouvel hôtel à Shawinigan! Jean Chrétien tente même de faire de Lucien Bouchard son complice: «Il y a beaucoup de touristes français qui passent par chez moi avant d'aller dans ta région du Lac-Saint-Jean», dit-il. Et il explique la difficulté de ses démarches: «Je veux un hôtel chez nous. J'essaie de convaincre quelqu'un mais personne ne veut prêter. J'appelle moi-même...»

L'appel que fait le premier ministre du Canada est destiné au président de la Banque fédérale de développement, l'un de ses propres employés! Et en faveur d'un homme d'affaires poursuivi pour fraude par la justice belge! C'est douteux!

Pourtant, quelques mois plus tard, quand le très fédéraliste premier ministre du Canada rencontre le très souverainiste premier ministre du Québec à Montréal – au moment même où son gouvernement réfléchit sur la façon d'empêcher un gouvernement du Parti québécois d'organiser un autre référendum sur la souveraineté! -, le premier change de siège pour se rapprocher du second et lui faire une confidence importante: «Tu sais, mon hôtel, c'est réglé!»

On croirait que des chefs de gouvernement ont des choses plus importantes à se dire!

Si les «affaires» se multiplient à Ottawa dans les dernières années du régime de Jean Chrétien, c'est d'abord que le Parti libéral sera toujours le Parti libéral. Les dernières années du régime de Pierre Trudeau n'étaient pas différentes. Mais la nouveauté avec Jean Chrétien, c'est que son gouvernement jouit maintenant d'importants excédents budgétaires: son «pouvoir de dépenser» devient progressivement un

« pouvoir de gaspiller ». Et lorsque les besoins de la propagande fédérale au Québec profitent aussi, comme dans le cas du Programme de commandites, à la caisse du parti, tout est pour le mieux dans le « plus meilleur » pays du monde !

« L'Agence à drapeaux » dont j'avais découvert l'existence en 1996, devenue le Bureau d'information du Canada (le BIC) sous la direction du ministre Alfonso Gagliano, distribuait généreusement les contrats pour augmenter la « visibilité » du gouvernement du Canada au Québec. Au moins trois entreprises de Montréal, généreux bailleurs de fonds du Parti libéral du Canada, avaient acquis un quasi-monopole sur ces contrats. Et elles ne se gênaient pas pour abuser de la situation. C'est ainsi qu'un 1996, le même consultant – Groupaction – a fait payer trois fois le même rapport intitulé « Visibilité Canada » ! L'affaire coûtera d'ailleurs son portefeuille de ministre à Alfonso Gagliano qui sera éloigné au Danemark en tant qu'ambassadeur du Canada...

On ne s'étonnera donc pas que plus des deux tiers des membres du Parti libéral du Canada souhaitent changer de chef à la fin de l'année 2001. En plus des « affaires », Jean Chrétien a eu beaucoup de difficultés à gérer la crise provoquée par les attentats du 11 septembre à New York et à Washington. Il a même réussi à choquer l'opinion publique américaine. Bref, le pays n'est pas fier de son « petit gars de Shawinigan ». Et celui-ci n'inspire plus la loyauté aux membres de son parti. Il maintient tant bien que mal son autorité en menaçant ses députés de déclencher des élections et de refuser de signer leur bulletin de candidature.

Inconscient – ou bravache ! –, celui-ci commence à se demander s'il ne pourrait pas, après tout, réclamer un quatrième mandat en organisant des élections générales en 2004. (Le plus ironique est qu'il l'aurait sans doute obtenu !) Mais pour cela, il faut d'abord se débarrasser du rival, Paul Martin.

Depuis quelques mois, mais surtout au mois de mai 2002, les relations entre les cabinets du premier ministre et du ministre des Finances se sont considérablement détériorées. En fait, Paul Martin les qualifie d'«improductives». Le gouvernement est tout simplement menacé de paralysie.

Le dimanche 2 juin, Jean Chrétien rend publique une lettre qu'il vient d'écrire à Paul Martin, une lettre qui est aussi un chef-d'œuvre d'ambiguïté... «Des questions n'ayant aucun rapport avec la conduite des affaires publiques sont devenues des obstacles à notre capacité de travailler ensemble sur la politique gouvernementale. Par conséquent et avec regret, nous reconnaissons tous deux qu'il est dans l'intérêt du gouvernement et du pays que vous quittiez le Cabinet.»

Jean Chrétien n'a pas vraiment renvoyé son ministre et Paul Martin n'a pas vraiment démissionné puisque l'un et l'autre décident ensemble de se séparer!

Le «petit gars de Shawinigan» n'avait sûrement pas mesuré les conséquences de son geste. En excluant Paul Martin de son Conseil des ministres, il le libère de son devoir de solidarité envers les décisions du Cabinet. Simple député, Martin peut donc critiquer ouvertement son gouvernement. L'ancien ministre des Finances peut aussi lancer officiellement sa campagne pour succéder à Jean Chrétien: il prendra ainsi une longueur – et neuf millions de dollars! – d'avance sur les autres prétendants au Trône.

Et les députés favorables à Paul Martin sont furieux, désormais prêts à la mutinerie puisqu'ils n'ont plus rien à perdre.

Or, trois événements décisifs pointent à l'horizon pour Jean Chrétien: une réunion de son groupe parlementaire en août 2002 à Chicoutimi, un congrès de l'aile québécoise de son parti en novembre à Québec, et le congrès national de février 2003 au cours duquel les militants libéraux devront renouveler leur confiance à leur chef.

Tout le monde s'entend pour dire que Jean Chrétien devra annoncer ses intentions avant de se présenter devant ses militants, surtout ceux du Québec en novembre. Le sort du chef sera plutôt réglé dès le mois d'août.

Juste avant la réunion du groupe parlementaire à Chicoutimi, les amis de Jean Chrétien tentent de donner le change en publiant la liste de 49 sénateurs – sur 62 –, puis de 94 députés – sur 170 – qui confirment leur appui au premier ministre. Mais Jean Chrétien commet une erreur irréparable : en arrivant à Chicoutimi pour la réunion de ses députés, il s'en prend méchamment à Paul Martin, le comparant à l'éphémère Kim Campbell !

Cette fois, c'en est trop pour les partisans de Paul Martin – beaucoup plus nombreux, quoi qu'en aient dit les partisans du chef, que ceux de Jean Chrétien à l'intérieur du groupe parlementaire. Ses lieutenants du Québec, Martin Cauchon et Denis Coderre, le préviennent qu'il va bientôt faire face à une véritable mutinerie. Le premier ministre fait venir précipitamment son épouse d'Ottawa durant la nuit. Et le mercredi 21 août 2002, de Chicoutimi, le chef du Parti libéral est contraint de confirmer qu'il ne sollicitera pas un quatrième mandat et qu'il se retirera d'ici le mois de février 2004.

C'est encore bien loin, certes, et pour justifier ce long échéancier, il s'invente un programme : une entente avec les provinces sur le financement de la santé – qu'il va réussir à obtenir, avec la complicité du nouveau premier ministre du Québec, Bernard Landry. Une nouvelle loi sur le financement des partis politiques fédéraux – qui va lui permettre de se comparer au vertueux René Lévesque ! La ratification du Protocole de Kyoto sur les changements climatiques – qui va le poser en écologiste modèle face aux producteurs de pétrole de l'Ouest ! De nouvelles mesures pour lutter contre la pauvreté des enfants et des autochtones – qui lui donneront des airs de vrai libéral de gauche ! Et un programme d'amélioration des infrastructures municipales – qui lui vaudra bien quelques «boulevards Jean-Chrétien» d'un bout à l'autre du pays…

Mais tout cela, si tard dans sa vie de premier ministre, a l'air improvisé, la plupart du temps inachevé.

C'est sans doute pour cela que le magazine américain *Time*, qui n'aime décidément pas Jean Chrétien, décidera que l'homme de l'année au Canada c'est… le perdant, Paul Martin! Se faire expulser du Cabinet et couvrir d'honneurs en même temps, il n'y a qu'aux princes héritiers que cela puisse arriver. Jean Chrétien a connu cela en son temps mais en 2002, c'est au tour de Paul Martin d'en profiter.

Le parcours du «petit gars de Shawinigan» est tout de même inusité! Devenu premier ministre à la fin de 1993, les élites du pays commencent à douter de lui dès 1996, moins de trois ans plus tard. Et en août 2002, ses propres députés le mettent carrément dehors! Comme il est malgré tout populaire, on a l'impression que les Canadiens le garderaient encore un peu, mais c'est son propre parti qui le met dehors!

Il y a peut-être une explication à tout cela. Dès qu'il s'installe dans l'édifice Langevin, rue Wellington à Ottawa, le siège du Bureau du premier ministre, le «petit gars de Shawinigan» change. Il est manipulé par une bureaucratie toute-puissante et par des conseillers politiques revanchards. Jean Chrétien, le préféré des militants libéraux, est maintenant considéré comme un despote dérangeant. Après son «tour du chapeau» de l'an 2000, il ne lui restait que sa sortie à organiser. Il la rata lamentablement!

Après être monté par le rang, de «petit gars de Shawinigan» à premier ministre du Canada, après avoir gagné toutes ses batailles contre les souverainistes du Québec – même de justesse à l'occasion! – il ratait la paix de tous ceux qui ont mérité leurs victoires.

Insoumis à l'école, revanchard en politique, obstiné au pouvoir, cabochard au Québec, le voilà devenu un peu voyou! Après quarante années au pouvoir, il s'accroche à la porte de l'Histoire.

«Nous avons mis le pays en ordre et nous avons passé la loi sur la clarté (référendaire)», dit-il en pointant lui-même du doigt les deux faits qu'il considère être les plus marquants de sa longue carrière politique.

Le vieux loup de mer a donc, comme il l'avait promis en 1993, ramené le Canada à bon port. Mais il a aussi mis le Québec aux fers...

Un Canadien pure laine

La chronologie de la carrière de Jean Chrétien trace un formidable parcours, l'égal de ceux de grands premiers ministres comme Sir John A. Macdonald, William Lyon Mackenzie King ou Sir Wilfrid Laurier. Mais personne n'oserait prétendre qu'il fut leur égal, pas même celui de Pierre Elliott Trudeau ni de Brian Mulroney que de savants universitaires – Jack Granatstein et Norman Hillmer – classent meilleurs que lui.

« Le vingtième premier ministre du Canada [Jean Chrétien] n'a apparemment aucune grande vision durable du pays, outre sa passion pour celui-ci, mais il a commis très peu d'erreurs », commentent les universitaires. Ils le classent donc au neuvième rang, dans la catégorie des premiers ministres « moyens » comme Brian Mulroney – huitième – et loin derrière Pierre Elliott Trudeau – cinquième – qu'ils jugent supérieur à la moyenne. De tous les premiers ministres originaires du Québec, Jean Chrétien est le moins bien classé.

Douze élections personnelles en quarante ans, trois campagnes référendaires, huit ministères, et plus de dix ans à la tête du gouvernement grâce à trois victoires successives du Parti libéral du Canada qu'il dirigeait : ce n'est pas rien, tout de même! Certains pourront dire qu'il a été servi par une conjoncture favorable et la dispersion des oppositions, d'autres que, prudent à l'excès, il a gouverné à la petite semaine. Il n'en demeure pas moins que Jean Chrétien a su se hisser au pouvoir, s'y maintenir et même... s'y accrocher!

L'insolite de l'interminable carrière de Jean Chrétien fut que les Canadiens se soient toujours dits prêts à le garder, mais que son propre parti ait finalement eu raison de lui, le poussant à la retraite alors qu'il aurait certainement pu remporter une autre victoire électorale!

Mais la politique n'est pas seulement une question de longévité et de victoires électorales. Tous les chefs accumulent de bons et de mauvais coups. Dans le cas de Jean Chrétien, ce fut une désespérante suite de hauts et de bas.

Ainsi, on ne peut pas dire qu'il ait été un enfant modèle ni un élève studieux. Ce n'est d'ailleurs pas tant qu'il se soit fait renvoyer de trois collèges, mais plutôt qu'il obtenait des résultats assez médiocres. Être reçu au Barreau à vingt-cinq ans, ce n'est pas la marque d'un prodige.

Plus jeune ministre de l'histoire moderne, il fut un bon ministre. Aux Affaires indiennes en particulier, ainsi qu'au Trésor et à l'Industrie et au Commerce, il avait la réputation d'un chef pratique qui excelle à résoudre les problèmes. Le Québec en a beaucoup profité d'ailleurs et les chefs syndicaux comme les milieux patronaux lui en ont su gré.

Mais son obsession du Québec a fini par agacer et surtout par faire du tort à sa propre province. Rural et fier de l'être, Jean Chrétien a longtemps cru qu'il était l'objet du mépris des intellectuels et des bourgeois. Il fit tout pour le mériter. Et s'en vanta à l'occasion!

« *I am a French pea souper and proud of it* », répétait-il sans cesse à ses auditoires du Canada anglais sans penser que la soupe aux pois est aussi le plat traditionnel de l'«habitant». Évidemment, ses compatriotes ont fini par le trouver un peu «habitant»!

Sa traversée du désert, de 1986 à 1990, alors qu'il réussissait en affaires et remportait un remarquable succès d'estime en librairie, le libéra un peu de ses complexes de rural. « Je les bats tous, y compris Trudeau ! » disait-il avec fierté.

Pourtant, quand il devient enfin chef du Parti libéral du Canada et leader de l'Opposition officielle aux Communes, c'est un politicien rouillé, sans vision et gaffeur qui revient à Ottawa. Il faudra le départ du premier ministre conservateur, Brian Mulroney, et l'assurance qu'il allait enfin devenir premier ministre, quoique par défaut, pour que Jean Chrétien commence à se préparer sérieusement à cette importante fonction.

Dans un premier temps, il fut certainement un bon premier ministre. Sans lui, Paul Martin n'aurait pu réussir à mettre fin à la tradition des déficits et à rembourser la dette publique. Il donnait ainsi à la bureaucratie fédérale, qu'il a toujours laissée gouverner à sa place, la marge de manœuvre dont elle avait besoin pour « recentrer » la fédération canadienne. Si Pierre Trudeau avait affaibli les provinces avec sa Charte des droits et libertés, Jean Chrétien aura redonné au gouvernement fédéral les moyens financiers de prendre leur place, même dans des domaines comme ceux de l'éducation et de la santé, qui devraient pourtant rester de leur compétence exclusive.

Après être passé, en octobre 1995, à quelques milliers de voix de plonger le Canada dans une crise politique sans précédent, Jean Chrétien s'est ressaisi avec une audace surprenante, fixant une fois pour toutes des conditions très rigoureuses à tout projet de sécession du Québec.

En somme, si la politique se résumait à un exercice mathématique, le résultat des hauts et des bas de la carrière de Jean Chrétien aboutirait sans doute à zéro.

Cependant, finir à zéro, cela ne veut pas forcément dire qu'on est un zéro.

La lecture que feront les uns et les autres de la carrière de Jean Chrétien sera très influencée par leurs convictions respectives.

Ce côté « habitant » qu'il cultive par exemple avec tant de plaisir, voire de provocation pour ses compatriotes, plaît au Canada anglais. Après les années tourmentées et exigeantes de Pierre Trudeau et de Brian Mulroney, Jean Chrétien rassurait.

Le Canada anglais retiendra aussi son acharnement à débarrasser le Canada de la menace séparatiste du Québec. Même s'il y fut un peu poussé par l'opposition réformiste de l'Ouest et surtout par la communauté internationale – en particulier par le secrétaire général des Nations Unies, Boutros Boutros Ghali – il n'en demeure pas moins que Jean Chrétien est allé jusqu'au bout.

Jean Chrétien se vantait aussi d'être un *loner*, un marginal en quelque sorte. C'était sans doute pour lui une façon de composer avec le comportement hautain, voire méprisant, des élites du pays dont il n'a jamais été le favori. Politique plutôt ordinaire, il n'était guère apprécié que de Canadiens ordinaires sans grande ambition pour leur pays.

Bien sûr, on ne retiendra pas la même interprétation au Québec. Les gestes les plus spectaculaires de Jean Chrétien sont d'autant moins acceptés par ses compatriotes que, contrairement à ce qui était le cas pour Pierre Elliott Trudeau et Brian Mulroney, ils ne reposent pas sur une vision de l'avenir de son pays, encore moins sur une conception de la place qui devrait y être faite au Québec.

Jean Chrétien fut un politicien prudent, dont chacune des décisions était d'abord inspirée par le désir d'assurer la réélection de son gouvernement, qu'il voulait rapide et fréquente d'ailleurs !

Le « Vive le Canada ! » lancé à la fin de chacun de ses discours est un peu devenu sa marque de commerce. Mais cette extraordinaire passion pour le pays ne s'appuya jamais sur une vision qui satisfasse non seulement le Québec, mais également d'autres provinces comme l'Alberta, la Colombie-Britannique, Terre-Neuve...

Contrairement à ce que disent ses plus virulents détracteurs du Québec, le «petit gars de Shawinigan» n'était pas un «traître», ni un «vendu» non plus. Son seul souci fut de marquer des points contre l'engeance séparatiste, et il ne se rendit pas compte que, ce faisant, il faisait grand tort au Québec lui-même.

On ne peut conclure, comme je l'avais fait à propos de Pierre Trudeau, que Jean Chrétien est un Québécois. Certes il est né au Québec, il y maintient un pied-à-terre, mais cela fera bientôt quarante ans qu'il habite en Ontario et qu'il y paie tous ses impôts. D'ailleurs, «Chrétien le Québécois», il n'aimerait pas ça! Il a passé sa vie à s'en défendre.

Il n'était pas *Canadian* non plus, ni même «Ontarien» comme Lester Pearson, ou «de la Saskatchewan» comme John Diefenbaker. Sans racines en quelque sorte, il est devenu un politicien d'Ottawa et un résidant de la région de la Capitale nationale. C'est-à-dire de nulle part au Canada.

Il se prétendait «Canadien français», mais c'est une espèce rare et en voie de disparition. En Saskatchewan, au Manitoba ou en Ontario, ceux qui parlent français se disent «Canadiens». Au Nouveau-Brunswick, ils sont Acadiens. Et à Shawinigan comme partout au Québec, ils sont Québécois.

Personnage hybride donc, Québécois de naissance, Ontarien par adoption et Canadien par choix, Jean Chrétien est l'archétype du politicien du Québec qui s'est «déraciné» pour mieux réussir à Ottawa.

Antinomique, Jean Chrétien fut «un Canadien pure laine» en quelque sorte!

Il est quand même troublant que Jean Chrétien soit le premier, de tous les chefs de gouvernement canadiens originaires du Québec, à ne pas se retirer chez lui. Il s'est acheté un luxueux appartement à Ottawa, non loin de la résidence officielle de ses successeurs! Et il s'est fait aménager un bureau dans l'ancien hôtel de ville d'Ottawa, rue Sussex encore.

Après avoir passé sa vie à critiquer les bourgeois du Québec, ceux d'Outremont en particulier, il refuse de retourner vivre parmi eux. Et il choisit plutôt une ville qui refuse obstinément d'être bilingue! Est-ce une sorte de dernier pied de nez que Jean Chrétien fait ainsi à ses adversaires politiques qui ont tant fait pour l'envoyer à la retraite, et au Québec où il refuse de mourir?

Dans vingt ans, il ne faudra pas seulement expliquer aux jeunes Québécois *qui* était Jean Chrétien. Le défi sera surtout de leur faire comprendre *comment* ce «petit gars de Shawinigan» a pu devenir premier ministre du Canada...

CHRONOLOGIE

1934   (11 janvier) Naissance à Shawinigan (Québec).

1939   Pensionnat Le Jardin de l'Enfance à Shawinigan.

1945   École du Sacré-Cœur à La Baie de Shawinigan.

1948   Séminaire de Joliette.

1951   Séminaire de Trois-Rivières.

1955   Université Laval.

1957   (10 septembre) Marié à Aline Chainé.

1958   Naissance de France Chrétien.

1959   (Juin) Admis au Barreau du Québec.

Avocat au bureau Lafond Gélinas de Shawinigan.

1963   (8 avril) Élu député de Saint-Maurice – Laflèche avec 1 944 voix de majorité. Le libéral Lester Pearson forme un gouvernement minoritaire.

1964   Naissance de Hubert Chrétien.

1965   (8 novembre) Réélu député de Saint-Maurice – Laflèche avec 6 966 voix de majorité. Deuxième gouvernement minoritaire de Lester Pearson.

1966   (9 janvier) Secrétaire parlementaire du ministre des Finances.

1967   (4 avril) Ministre d'État aux Finances.

1968   (18 janvier) Ministre du Revenu national.

(25 juin) Réélu député de Saint-Maurice avec une majorité de 1 697 voix. Pierre Elliott Trudeau forme un gouvernement majoritaire.

(6 juillet) Ministre des Affaires indiennes et du Nord canadien.

1969   Adoption de Michel Chrétien

1972   (30 octobre) Réélu député de Saint-Maurice avec une majorité de 8477 voix. Pierre Elliott Trudeau forme un gouvernement minoritaire.

1974 (8 juillet) Réélu député de Saint-Maurice avec une majorité de 14 994 voix. Troisième gouvernement, majoritaire, de Pierre Elliott Trudeau.

(8 août) Président du Conseil du Trésor.

1976 (14 septembre) Ministre de l'Industrie et du Commerce.

(15 novembre) Élection du premier gouvernement du Parti québécois.

1977 (16 septembre) Ministre des Finances.

1979 (22 mai) Réélu député de Saint-Maurice avec une majorité de 20 406 voix. Le gouvernement libéral est défait. Le chef du Parti progressiste-conservateur, Joseph Clark, devient premier ministre du Canada.

1980 (18 février) Réélu député de Saint-Maurice avec une majorité de 24 840 voix. Pierre Elliott Trudeau reprend la direction du gouvernement.

(3 mars) Ministre de la Justice, ministre d'État au développement social, responsable des négociations constitutionnelles.

(20 mai) Référendum sur la souveraineté du Québec pour lequel Jean Chrétien est porte-parole du gouvernement fédéral.

1981 (5 novembre) Accord constitutionnel prévoyant le rapatriement de la Constitution et l'adoption d'une Charte des droits et libertés.

1982 (17 avril) Jean Chrétien signe la nouvelle Constitution en présence de la reine Elizabeth II.

(10 septembre) Ministre de l'Énergie, des Mines et des Ressources.

1984 (16 juin) Candidat défait à la direction du Parti libéral du Canada.

(1er juillet) Vice-premier ministre et ministre des Affaires extérieures.

(4 septembre) Réélu député de Saint-Maurice avec une majorité de 9 582 voix. Le gouvernement libéral est défait. Le conservateur Brian Mulroney devient premier ministre du Canada.

1986 (27 février) Démissionne de la Chambre des communes.

1990 (23 juin) Élu chef du Parti libéral du Canada avec 57% des suffrages des délégués.

(10 décembre) Élu député de Beauséjour (N.-B.) avec une majorité de 4 745 voix.

(21 décembre) Assermenté chef de l'Opposition officielle à la Chambre des communes.

1992   (26 octobre) Référendum national sur l'Accord de Charlottetown. Pierre Trudeau s'y oppose et l'Accord est rejeté.

1993   (25 octobre) Réélu député de Saint-Maurice avec une majorité de 6 304 voix. Le Parti libéral du Canada forme le gouvernement et le Bloc québécois, l'Opposition officielle.

(4 novembre) Premier ministre du Canada.

1995   (30 octobre) Deuxième référendum sur la souveraineté du Québec. Le Non l'emporte avec une majorité de 54 288 voix ou 50,58 % des suffrages exprimés.

(5 novembre) Tentative d'assassinat à sa résidence officielle d'Ottawa.

1997   (2 juin) Réélu député de Saint-Maurice avec une majorité de 1 559 voix. Deuxième gouvernement libéral. Le Parti réformiste forme l'Opposition officielle.

2000   (29 juin) Proclamation de la loi dite de la «clarté référendaire».

(27 novembre) Réélu député de Saint-Maurice avec une majorité de 6 524 voix. Troisième gouvernement libéral. L'Alliance canadienne forme l'Opposition officielle.

2002   (2 juin) Expulsion de Paul Martin du Cabinet fédéral.

(21 août) Jean Chrétien annonce qu'il se retirera d'ici le mois de février 2004.

2003   (16 novembre) Paul Martin devient chef du Parti libéral du Canada.